はしがき

キャッシュレスという言葉をよく聞くようになった。北欧などでは新しい支払い方法が普及しているというニュースを目にすることも増えた。一方で、私たちも電子マネーやクレジットカードをよく使うようになった。オンラインショッピング（インターネットショッピング）では代金引換も使えるが、ほとんどの場合はクレジットカードで支払う。銀行の店舗を訪れる人は減少し続けており、オンライン銀行（インターネット銀行）のサービスの普及をうかがわせる。

にもかかわらず、統計を取ると日本は間違いなく現金大国だ。クレジットカードを受け付けない店舗も数多く存在する。北欧が進んでいて日本が遅れているのは、技術や国民性のせいだと考えがちだが実は違う。技術面では日本は全く後れを取っておらず、むしろ進んでいる方だ。国民性というが、キャッシュレス先進国でも昔は現金が使われていた。何か他の原因があるに違いない。ちなみに、日本のキャッシュレスの歴史はかなり古い。どれくらい古いかは第1章で確認していただきたい。

キャッシュレスな支払いには様々な分類があるが、本書では、銀行預金を使ったシステム、電子マネー、仮想通貨、電子通貨の4つに分類する。この分類法は私たちユーザー側からの使い勝手ではなく、キャッシュレスな支払いを支える仕組みの違いによるものだ。ヨーロッパだけでなく、アメリカ、日本、途上国などのキャッシュレス化を見ながら、各国の現状に加えて仕組みにまで迫っていくのが本書の特徴の1つだ。第2章から第5章まではどこから読んでいただいても構わない。第6章ではキャッシュレス経済で何が変わるのか見ていこう。実は2018年は日本のキャッシュレス元年になる可能性があることも指摘しておきたい。

第7章では金融教育を取り上げた。日本では全くダメな分野で、私たちは適切な金融教育を受けていないために経済的な苦境に陥りやすい。本書では一般的なアセットマネジメントの理論に時間の概念を加え、人生全体を通じたライフプランとマネープランの考え方を提示した。キャッシュレスな支払いを考えていくと、「おかねとは何か」という問いに行きつく。本書でも第8章で考えてみよう。

本書は筆者の研究の成果であるが、研究書のスタイルではなく、できるだけ読みやすいようにくだけた表現を用いた。厳密さよりも分かりやすさを優先させている。お金の受け渡しの表現として、個人のお金のやり取りには支払い、企業間や金融機関同士のお金のやり取りには決済という用語を原則使っている。参考資料についてはWｅｂで検索すれば詳細が分かることから、簡略化した表記で紹介している。ほとんどの資料はWｅｂで無料で手に入るか、図書館で借りることができる。

文眞堂の前野隆氏、山崎勝徳氏の両氏には本書の企画を快く受け入れていただいた。感謝申し上げる。また、本書で用いたイラストには、「イラストAC」、「いらすとや」、「TOPECONHEROES」のフリー素材を使わせていただいた。作者の方に感謝申し上げたい。

キャッシュレス経済

21世紀の貨幣論

川野祐司【著】

文眞堂

目　次

第1章

キャッシュレスは新しくない！

スマートフォンを利用した先進的な取り組みだというイメージとともに、キャッシュレスという言葉が広く普及するようになった。新しい技術がキャッシュレスな支払いを支えていることからそのイメージは間違ってはいない。しかし、キャッシュレスはかなり古い時代から存在していた。本章では。古い時代の取り組みも見ながら、キャッシュレスな支払いとはどういうものなのか考えてみよう。

1　キャッシュレスとは何か

「キャッシュレス」のイメージ

キャッシュレスと聞いてあなたは何を想像するだろうか。スマートフォンを使ってコンタクトレスな支払いをし、財布に現金が入っていない人を想像するかもしれない。スマートフォンなどの機械のことをデバイスとかガジェットとか呼んでいる人もいる。キャッシュレスという言葉も英語だが、詳しく調べようとするとカタカナ用語がたくさん出てくる。しかも、新しい方式が日々生まれており、ニュースを追うだけでも大変だ。どうしてもキャッシュレスは新しい現象だというイメージが付きまとう。また、形が見えないのに支払いができてしまうことから、「なにやら怪しいもの」というイメージを持つ人もいるようだ。特に第４章で取り上げる仮想通貨についてはかなり多くの人が「なにやら怪しいもの」という印象を持っているようだ。

このイメージは半分は正しい。キャッシュレスというのはキャッシュ、つまり現金を使わないということだ。小切手などが普及していた地域もあったが、20年前には多くの人々が現金で日常の買い物をしていた。そもそも20世紀にはスマートフォンもなかった。しかし現在ではカードやスマートフォンを使って買い物をするのは日常的な光景となった。1年間の電子マネーでの支払い金額は5兆1994億円に上り[*1]、クレジットカードの利用額も47兆5078億円になっている[*2]。特にオンラインショッピングではクレジットカードがないとそもそも買い物すらできないこともある。画面上でボタンをクリックしてカード番号を入力するだけで自宅に商品が届く。初めてオンラインショッピングを利用した人は買い物をしている感覚がなく不思議に感じるだろう。

一方で、もう半分の正しくない方を見てみると、20世紀にはすでに私たちは銀行振り込みや引き落としを使っていた。光熱費や家賃などは引き落としという人は以前からたくさんいた。今でもコンビニの窓口などで現金と支払い用紙を使っている人もいるが、少数派だ。住宅ローンなどの定期的なローン支払いでも銀行預金からの引き落としを利用している人がほとんどだろう。これらは特に新し

＊1　日本銀行『決済動向』2018年1月。2017年のデータ。電子マネーは、楽天Edy、SUGOCA、ICOCA、PASMO、Suica、Kitaka、WAON、nanacoを集計したもの（切符としての利用を除く）。支払い件数は54億2300万件、1件当たりの支払い金額は959円、発行枚数は3億5833万枚。

＊2　日本クレジット協会『日本のクレジット統計2016年版』。2016年のデータ。このうち、ショッピングクレジットの利用は6兆3968億円、決済件数は2072万件、この2つの数値から1件当たりの決済金額は30万8726円になる。発行枚数は2億6600万枚。

いものではないのは明らかだ。

銀行預金はバーチャルなお金だ。銀行で口座を開いて現金をＡＴＭで預けると通帳に記入されて残高が増える。残高として使われている数値は銀行が生み出したものであり、預金通貨と呼ばれている。預金通貨は政府や日本銀行が作ったものではなく、あくまでも銀行が作り出したバーチャルな存在だ。銀行にお金を預けるということは、お札などの現金通貨をバーチャルな預金通貨に交換することでもある。逆に、ＡＴＭで現金を引き出すのはバーチャルな預金通貨を実体のある現金通貨に交換することになる。私たちはお金の面では現実とバーチャルをすでに行き来している。通帳の数字を見てお金が貯まっているのを確認して安心したりニヤニヤしたりする人は、実はバーチャルな数字を見ているだけであり、実体のないものに感情移入している。実店舗がないオンライン銀行（インターネット銀行）では、通帳がないところも多い。通帳という物理的なものを手に取って内容を確認するという行為は、ＰＣやスマートフォンの画面で確認するという行為に取って代わられつつある。

日本では1個人1銀行につき1０００万円とその利息まで預金保険制度で保護されているが、本来は銀行が破綻すれば預金は失われる。預金保険制度が整備される前は、銀行が破綻すると預金が失われていた。そのため、銀行の経営不安の噂が立っただけで人々は銀行に詰めかけて預金の返還を求める。これを「取り付け」というが、英語では run という。人々が先を争って銀行に走っていくイメージが思い浮かぶ。取り付けなんて先進国では起きないと思われるかもしれないが、２００7年にはイギリスのノーザンロック銀行で取り付け騒ぎが起こり、ノーザンロックはその後国有化された。金融先進国のイギリスでも、21世紀の世界であっても取り付けは現実の脅威だ。イギリスや日本を含めて多くの国では預金保護制度が整備されているが、預金の全額は保護されない[*3]。それは、預金は政府ではなく銀行が発行しているものだからだ[*4]。

預金通貨がバーチャルだということを見たので、次に預金通貨がどれくらい日本にあるのか見てみよう。図表1－1は2017年末の日本の「お金」の総額を表している。図表から お札（紙幣）やコイン（硬貨）などの現金に比べて預金は10倍以上あることが分かる。多くの読者も現金よりも預金の残高の方が多いのではないだろうか。実は私たちが使っているお金の多くはすでにバーチャル化しており、企業も含めて

図表1-1　日本の通貨残高（2017年末、兆円）

現金	111.5
うち硬貨	4.8
うち紙幣	106.7
うち１万円札	98.7
預金	1188.5
うち普通預金	635.4
うち定期預金	553.1
通貨残高（M3）	1319.2

注：普通預金はマネーストック統計の預金通貨、定期預金は準通貨の数値。

出所：日本銀行『マネーストック統計』、『貨幣流通高統計』。

＊3　執筆現在（2018年5月）、イギリスはまだEUの加盟国であるため、銀行の破綻に際してEUのルールが適用される。EUの銀行同盟のルールでは1人1銀行当たり10万ユーロ相当までが保護される。加盟国が独自の積立制度を使ってさらに多くの金額を保護することもできる。

＊4　政治的判断で預金全額を保護するケースが多いが、リーマンショック後のキプロスではEUルールが適用されて預金のうち10万ユーロを超える部分が実際にカットされることになった。銀行預金は安全ではないという意識が広がり、ビットコインを購入する人が増え、ビットコイン価格は2013年に急騰した。

多くの経済取引はバーチャルなお金を用いて行われている。

中世のキャッシュレス

本章のタイトルは「キャッシュレスは新しくない！」だった。私たちがすでにキャッシュレスな銀行預金を持っているからだが、キャッシュレスはもっとさかのぼることができる。そこで、少し寄り道をして、古い時代のキャッシュレスな取引を見てみよう。[*5]

日本では683年頃に富本銭が発行されて以降、958年に乾元大宝が発行されるまで、合わせて金貨1種類、銀貨2種類、銅貨13種類が発行されている。この間様々な名前の銅貨が発行されているが、発行後に価値が下落したために名前を変えて新しい銅貨を発行するということが繰り返されたようだ。その後、日本では硬貨の発行が途絶え、11世紀には硬貨の使用そのものが途絶えて布や米がお金の代わりに利用された。このような使い方を商品貨幣という。12世紀の後半になると中国から硬貨が輸入されるようになり、再び硬貨が使われるようになった。1226年には鎌倉幕府によって布をお金として使用することを禁止して、硬貨を使うようにとの法令が出されている。硬貨といってもこの時代には日本政府による硬貨の鋳造は行われておらず、1636年に寛永通宝が発行されるまでは宋や明の硬貨を利用していた。

硬貨は使用しているうちに形が欠けたり、どこかに失くしたり、貯めこまれたりするため、放っておくと市場で流通する形のきれいな硬貨は減少していく。また、経済の発展に伴って取引に必要とされる硬貨の量、つまり硬貨への需要は多くなる。しかし、政府が硬貨を発行せず、外国からの流入に頼っている状況では、民間で硬貨を偽造するか何か他の方法を考え出すかしなければならない。何か他の方法とは硬貨を使わなくても取引を進める方法を指しており、つまりキャッシュレスな支払い方法の開発を意味している。いくつか紹介しよう。

まずは「切符（きりふ）」である。今から1000年以上も前の10世紀末に登場した。「米1貫文に相当する分だけ支払うように」などと書かれた文書だ（例文は分かりやすくしたもの。歴史上の文書とは関係がない）。1貫文は銅貨1000枚分なので大きな額といえる。この時代は米がお金として使われていた時代であることを思い出そう。地方で作られた米を都市部の役所に送るのは大変なため、地方に倉を立ててそこで米を管理していた。都市部の役所が支払いをする際に、その場で米を渡すのではなく切符を渡す。受け取った人は倉まで切符を持って行きそこで米を受け取るという仕組みだ。この仕組みはキャッシュレス（この場合は米レス）な支払いといえるだろう。切符を受け取った人は倉まで行かずに庁宣（ちょうせん）というところに切符を持ちこんで米をもらうこともできたが、基本的には一度限りの支払いに使うもののようだ。

14世紀になると「割符（さいふ）」が登場した。このころには硬貨による支払いが復活しており、「この割符をAさんに見せればAさんから10貫文の硬貨をもらえます」というような文言が書かれて

＊5　桜井英治・中西聡編『流通経済史』山川出版社、第1章、第2章。

いる。割符を受け取った人はAさんの所に持って行って硬貨を受け取ってもいいし、他の支払いに使うこともできた。割符は1枚で10貫文、つまり銅貨1万枚が基準だったようだ。1万枚の銅貨を持ち運ぶよりも紙の割符を1枚持ち運ぶ方が楽であるだけでなく、盗難や紛失などの対策もしやすい。時代劇では帯の内側などに大切な書類を縫い込むシーンがあるが、割符も同じように隠すことができる。割符を受け取った人は他の支払いにも使うことができ、1枚の紙が何度も支払いに使えるということでキャッシュレス度合いがより高くなる。

15世紀になると「折紙（おりがみ）」も支払いに使うようになった。折紙はもともと「いついつまでにお金を支払いますよ」と書かれたいわゆる目録だ。折紙に記載する際には金額を疋単位で書くことになっていた。1疋は10文なので割符よりも少額の支払いに使うことができた。もらったお歳暮を他の人へのお歳暮に回すというような使い方も可能で、折紙を他の支払いに転用することもできた。最終的に折紙を受け取った人が発行者から銅貨を受け取る。AさんからBさんに10月までに1000疋、BさんからAさんに11月までに1000疋というような2枚の折紙があった場合には、相殺することもできたようだ。ただ、実際には約束通りに支払いをしない人も多かったようで15世紀末には下火になったという。

16世紀になると金（きん）も支払いに使われるようになる。この場合の金は金貨ではなく板状の金の地金（じがね）を指している。金の価格にもよるが、1枚で15貫文だとすれば金2枚と割符3枚が同じ価値になる。金は持ち運びが不便だが、割符は最終的には記載されている支払人の所に行って銅貨を受け取る必要があるのに対して、金はそのものに価値があるので受け取った時点で支払いが完了するという利便性がある。

いくつかの例を見てきたが、かなり高度な手段が古い時代からあったと感じるのではないだろうか。日本だけでなく中世のヨーロッパにも同じような仕組みがあった。紙幣や電子マネーが使える現代と違って、中世では硬貨の原料となる金属の量が経済取引を制限していた（詳しくは第8章）。多額の取引をするには金貨が便利だが、地域に金山がなければ金貨を作ることができない。金は十分な量を採れる場所が限られていたため、銀が使われることが多かったようだ。経済のグローバル化が進み、金が国境を越えて移動するようになっても、金が貴重な存在だったことには変わりがない。そこで、できるだけ硬貨を節約しながら取引を行う方法が考えられたわけだ。これらのシステムは手形など名前を変えて現在も残っている。

支払いを分解する

支払いとは何か、ここでは哲学や法律などは持ち出さず、あまり難しく考えないで仕組みを確認しよう。最も簡単な支払いには2人が登場する。図表1－2では、AさんはBさんに直接現金を支払っている。コンビニでお茶を買うときに現金を渡すのと同じだ。現金を渡した時点で支払いは完了する。支払者と受取者の間で直ちに完了する取引だ。

Aさんが現金ではなく、何か他のもので支払うと話は複雑になる。今では少なくなったが、昔は互いが同意すれば少額の支払いを切手や収入印紙などで行うこともあった。この場合、Ａさんが正当な持ち主であるかどうかを確かめる必要がある。Ａさんが盗んだ切手で支払いをすれば、後で正当な持ち主に返す義務が生じ、Ｂさんは最終的な受け取りに失敗する（ここでは法律的な問題は考えない）。現在ならカードや電子マネーを使うことになるだろうが、同じように電子マネーが本当にＡさんのものかということが問題となる。

Ａさんとの取引がオンライン上で行われたらどうなるだろうか。この場合、Ｂさんは今通信している相手が本当にＡさんかどうかを知る必要がある。他の人がＡさんになりすまして支払いの約束をした場合、後からＢさんがＡさんに支払いを要求してもＡさんから支払いは受けられない。Ｂさんは通信の相手がＡさんであるという保証が必要で、この仕組みを認証という。取引の仕

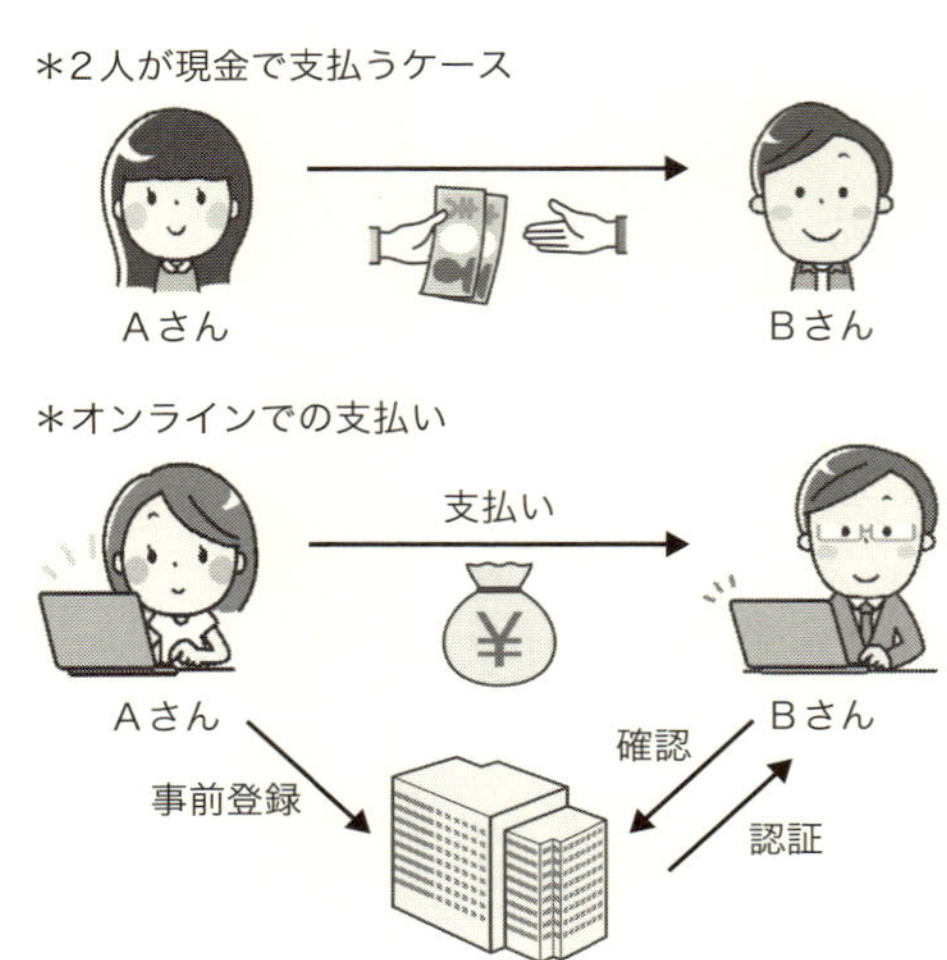

図表１-２　２人間での現金やオンライン支払い

組みに認証の手続きを入れるか、認証機関に登録することが必要となる。オンライン取引では、顧客を知っているという意味のKYC（know your costumer）の確保が重要な問題となる。現金は持ち運びが不便で数えたり本物かどうか確認したりする手間があるが、相手の認証が必要ないという特徴を持っている。

Aさんは Bさんに今すぐ支払うのではなく、月末に支払うことを約束するケースを考えてみよう。中世の折紙と同じ方式だ。もちろん2人の間で同意が必要だが、Bさんが後払いを受け入れてくれれば取引は成立する。ただし、現時点では支払うという約束が成立しただけで、Bさんは月末まではお金を受け取ることができない。BさんはAさんが月末にきちんと支払ってくれると信じたので約束が成立しているが、本当にAさんが支払ってくれるかどうかは分からない。例えば月末までにAさんが死亡してしまって連絡先が分からなくなれば、お金を受け取れなくなるかもしれない。このようなリスクは信用リスクというが、支払いの約束と支払いの完了までの間の時間が長くなるにつれて信用リスクも大きくなる。[*6]

次に登場人物が3人の支払いを見てみよう（図表1－3）。2人のケースのようにAさんがBさんに支払いをする義務があるが、実際のお金の動きはCさんからBさんに移動している。中世の切符や割符と同じ仕組みだ。AさんがCさんにお金をあらかじめ預けてある場合や、CさんがAさんから借

＊6　時間に応じたリスクはタームプレミアムというが本書では単に信用リスクとしておく。

金をしている場合、Ｃさんが立て替え払いをしてくれる場合などに相当する。事前にＡさんとＣさんの間で支払いに関する取り決めをしておき、Ｃさんに支払いしてもらう。このケースではＣさんは決済サービス事業者であり、ＡさんがＣさんに事前にお金を預けていればＣさんは銀行や電子マネー事業者、立て替え払いの場合はＣさんはクレジットカード会社になる。

Ｂさんの立場からすれば、ＡさんではなくＣさんから支払いを受けることになる。ＢさんはＣさんに請求しなければならず、Ｃさんが破綻すれば支払いを受けられないという信用リスクがある。Ｃさんが後日払いを主張すれば受け取りまでの期間が長くなるという不便もある。このような不便がある一方で、Ａさんがお金を持っていなくても取引することができる。Ｂさんはお金を持っていないＡさんにものを売ることができ、経済全体で見ると取引が増えて経済が活発になるというメリットがある。Ｃさんは決済サービスを提供する見返りにＡさんまたはＢさんから手数料を受け取ることができるだけでなく、ＡさんがＢさんに支払いをしたというデータを入手することができ

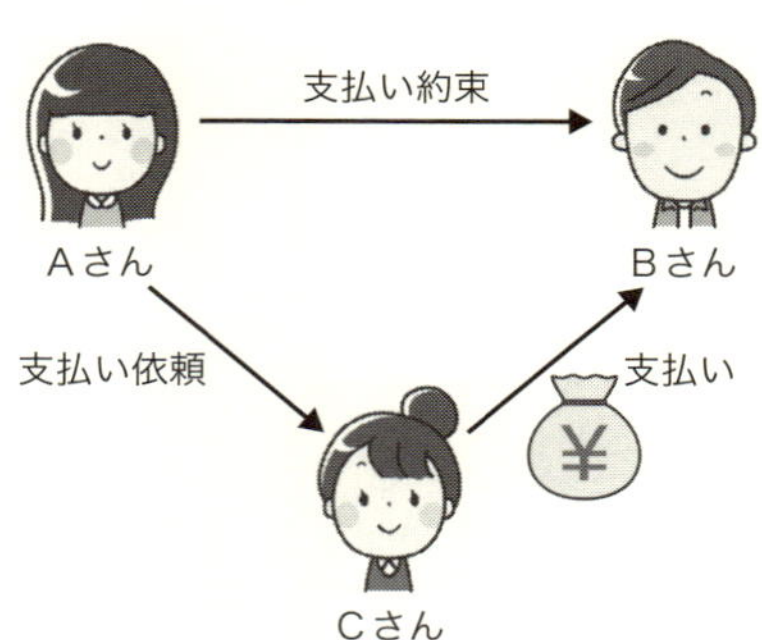

図表１-３　３人での支払い

る。

現金や預金などを移動させない支払いも可能で、ネッティング（相殺）という。AさんがBさんに100の支払予定があり、BさんもAさんに100の支払予定があれば、互いに支払いを相殺すればよい。ネッティングは支払いを履行しているがお金の移動はなく、お金の受払を節約できる。相殺される金額は一致する必要がなく、AさんからBさんに100の支払いと50の支払い、BさんからAさんに120の支払いがあれば、ネッティングしてAさんからBさんに30支払えばよい。

ネッティングは3人以上の取引でも利用できる。図表1－4の下段は少し特殊なネッティングだ。AさんはBさんに対

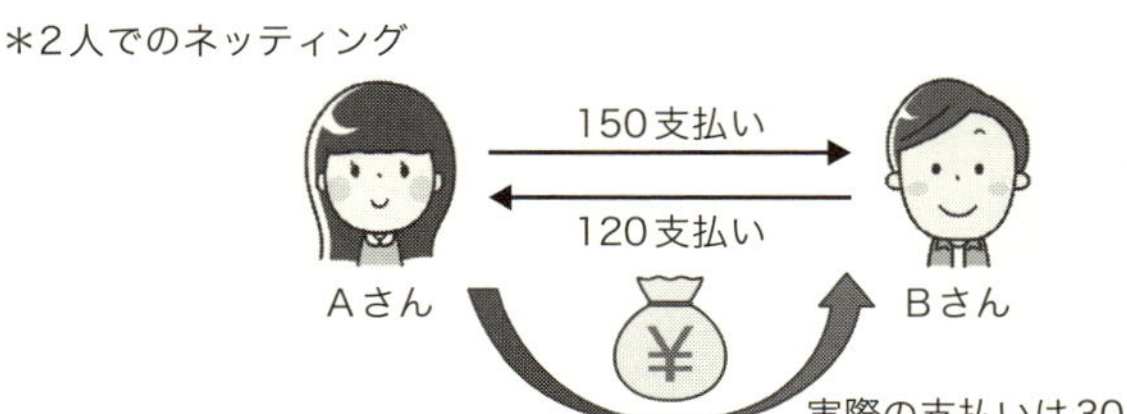

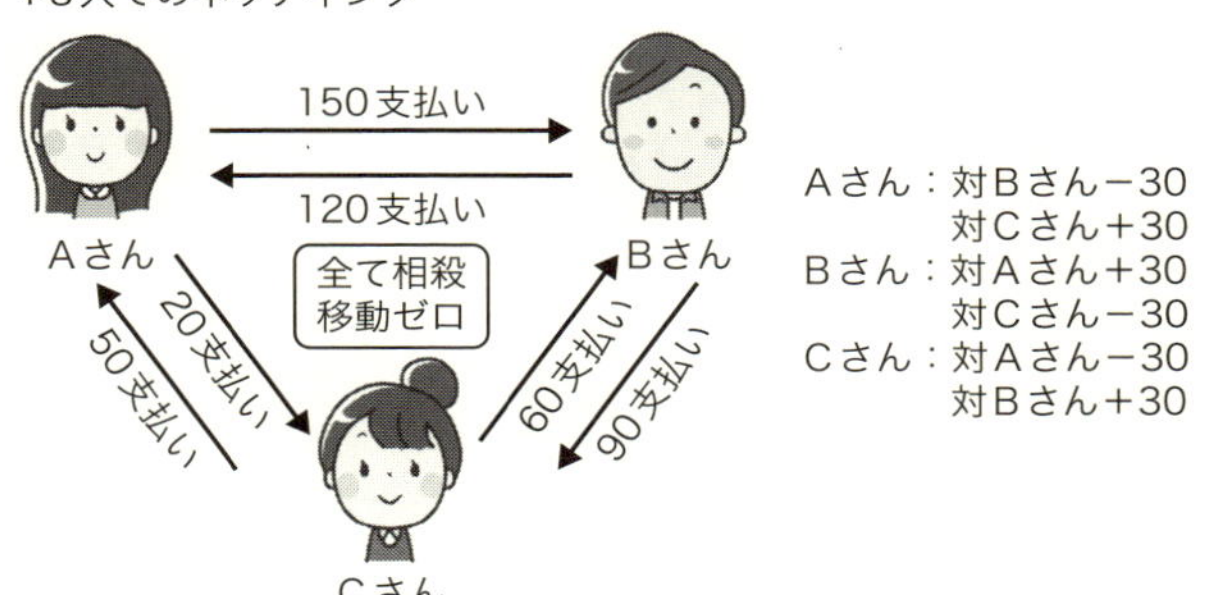

図表1-4　ネッティング

して支払い超過でマイナス30、Cさんに対しては受け取り超過でプラス30となる。Aさんは Cさんから30受け取って Bさんに30払えばよい。同じように、Bさんは Aさんから30受け取って Cさんに30支払い、Cさんは Bさんから30受け取り Aさんに30支払えばよい。そうすると、30のお金が Aさんから出発して Bさんを経由して Cさんに移動し、また Aさんに戻ってくる。Bさんから出発しても同じことだ。このデータがあれば、全ての取引は相殺されてお金の移動は不要になる。このようにピッタリうまくいかないときには、差額だけを支払えばよい。

4人以上でもネッティングは使えるが、参加する人数が増えれば増えるほど取引が複雑になる。そこで、図表1－5のように

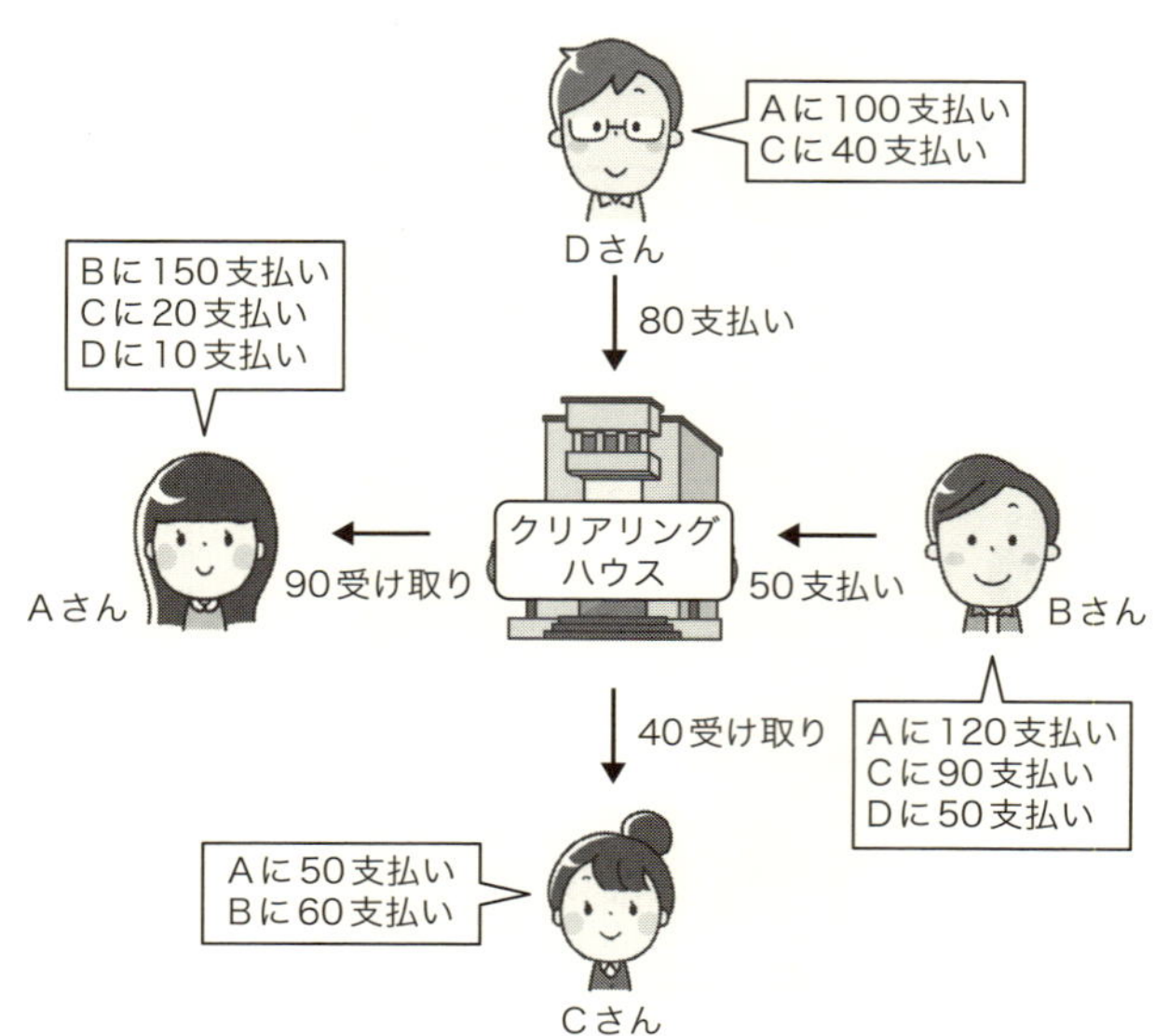

図表1-5　クリアリングハウス

全ての参加者の仲立ちをする人がいるとネッティングしやすくなる。図の中央に入る機関をクリアリングハウスまたはセントラルカウンターパーティ（ＣＣＰ）という。クリアリングとは清算するという意味で、カウンターパーティとは取引相手を意味する。セントラルカウンターパーティとは、人々の中心で取引を仲介する人、という意味になる。

図表１－５ではＡさんは３人に対して合計で１８０支払い、３人から合計２７０受け取る。差し引きは90の受け取りになるが、クリアリングハウスが差し引きの計算をしてくれる。４人の合計の支払額と合計の受取額は一致し、クリアリングハウスは４人と差額だけの受け渡しをする。この方式なら多くの人々が参加しても円滑な支払いが実現できる。その代わり、クリアリングハウスの運用ルールや技術的な問題点などを事前に決めておかなければならない。例えば、クリアリングハウスの支払いを直ちに行うのか（リアルタイム送金）、一定時間ごとに行うのか（時点ネット送金）、という問題がある。リアルタイム送金を実現させると受け取りまでのタイムラグがなくなるため信用リスクはなくなるがお金の効率化は図れない。一方、時点ネット決済ではネッティングによるお金の節約ができる一方で信用リスクは残る。時点ネット送金からリアルタイム送金への移行が最近の傾向だ。これらの問題は第2章、第6章などで見ていこう。

2　キャッシュレス化はどの程度進んでいるか

キャッシュレス化の国際比較

図表1－6には各国のキャッシュレス化の指標が掲載されている。日本の現金残高のＧＤＰ比率は約20％と突出して高い。ＧＤＰ（国内総生産）は経済の規模を表す指標だ。商品やサービスの売り上げから原材料費を引いて計算する。引き算の残りは給料や企業の利益、税金などに相当する。最もよく知られた式は、ＧＤＰ＝消費＋投資＋政府支出＋輸出－輸入だ。ＧＤＰの増加率は経済成長率として使われる。経済の規模が大きくなればなるほど使われる現金も増えるため、現金の総額をそのまま使うよりもＧＤＰで割って経済規模の違いをなくした方が国際比較しやすい。ＧＤＰ比率は国際比較でよく使われる。

アジアや南米も日本よりも大幅に現金残高の数値が低い。シンガポールのような先進国だけでなくインドのような途上国でもキャッシュレス化が進んでいる。特にインドでは２０１６年に高額紙幣の切り替えがあったことでキャッシュレス化が大きく進んだ。インドについては第3章で見ていこう。ヨーロッパでは北欧で現金比率が低い。特にスウェーデンでは、近年、現金残高が大きく減少しており、近い将来ほぼゼロになると見られている。一方でスイスは近年現金比率が高まっている。これは２０１４年に導入されたマイナス金利政策の影響がある。多額の銀行預金に対してマイナス金利が課

図表1-6　各国のキャッシュレス化の進展（2016年）

国	現金比率	クレジットカード	デビットカード	電子マネー
日本	20.0%	2.1枚 17.9%	3.3枚 0.2%	2.7枚 1.7%
韓国	5.9%	1.9枚 76.5%	3.2枚 19.4%	0.6枚 0.1%
シンガポール	10.4%	1.7枚 33.2%	1.9枚 23.0%	na 1.8%
インド	8.8%	0.0枚 3.7%	0.6枚 30.3%	0.1枚 0.9%
スウェーデン	1.4%	1.0枚 9.3%	1.1枚 31.3%	0.0枚 0.0%
デンマーク	3.4%	0.3枚 1.2%	1.2枚 35.1%	na na
ノルウェー	1.6%	1.3枚 9.8%	3.2枚 50.5%	0.0枚 0.0%
フィンランド	9.9%	0.4枚 2.9%	1.5枚 32.6%	0.0枚 na
イギリス	3.9%	0.9枚 12.0%	1.5枚 57.0%	na na
ドイツ	9.9%	0.1枚 0.2%	1.3枚 8.0%	1.0枚 0.0%
フランス	9.9%	0.3枚 1.1%	1.2枚 35.8%	0.0枚 0.1%
ベルギー	9.9%	0.2枚 0.2%	1.8枚 36.9%	0.4枚 0.2%
イタリア	9.9%	0.4枚 6.1%	0.9枚 11.3%	0.4枚 0.5%
スイス	12.3%	0.8枚 10.0%	1.2枚 13.4%	0.3枚 0.5%
アメリカ	8.1%	3.2枚 25.8%	1.0枚 20.1%	na na
カナダ	4.2%	2.1枚 36.9%	0.8枚 18.4%	na na
メキシコ	7.3%	0.3枚 7.1%	1.1枚 6.6%	na na
ブラジル	3.7%	0.7枚 16.9%	1.5枚 22.5%	0.0枚 0.2%

注：現金比率は現金残高のGDP比、上段は1人当たりの保有枚数、下段は利用額の民間最終消費支出に占める比率。na (not available) はデータがないという意味。

出所：BIS, Statistics on payment, clearing and settlement systems in the CPMI countries, Figures for 2016；ECB；Sveriges Riksbank；Norges Bank；Danmarks Nationalbank.

せられるケースが出てきたため、資産の一部を現金で保有する動きが広がった。ドイツ、フランス、ベルギー、イタリアは現金比率が9・9％で等しいが、これは統計上の理由による。ドイツなど19カ国はユーロに参加している。ユーロの紙幣は19カ国で統一デザインだが、ユーロの硬貨は片面だけデザインが共通でもう片方は国ごとにデザインが異なる。デザインが異なっていてもユーロであることには違いなく、エストニアで受け取った1ユーロをポルトガルで使っても問題ない。ヨーロッパに行ったときにはぜひユーロ硬貨をチェックしてみてほしい。各国で発行された硬貨がごちゃ混ぜに流通していることが分かる。そのため、どの国にどれくらいの現金があるのかを計算することができず、ユーロ地域19カ国全体の統計しかない。表にはユーロ地域19カ国の数値である9・9％を記載しているが、実際には国ごとの偏りがあるに違いない。

表の右側は1人当たりのカードの保有枚数と利用状況を表している。各国の民間最終消費支出を1年間の支払い総額に見立てて、それぞれの利用額から割って計算することでキャッシュレス比率を割り出している。過去の数値は、日本クレジット協会『日本のクレジット統計』でも見ることができる。

日本を見てみると、1人当たりのクレジットカード、デビットカード（銀行のキャッシュカード）、電子マネーの保有枚数合計は約8枚と突出して多い一方で、利用額は合計で20％に届いていない。つまり、日本人はカードやアプリは持っているがあまり使っていないことが分かる。その中でも電子マネーの使用が他の国よりも大きく、日本では特殊なキャッシュレス化が進んでいることが読み取れる。この大きな原因は銀行がキャッシュレス化を進めてこなかったことにある。他の国ではカードの発行枚数は日本ほど多くはない。

韓国は2000年頃のクレジットカード普及策によりキャッシュレス化が進んでいる。カード破産者が大量に出るなどの問題もあったが、統計上はほぼ100%の支払いがキャッシュレスになっている。

北米ではクレジットカードを中心にデビットカードも利用されている。アメリカの銀行はApplePayなどと連携したサービスの展開を進めているが第3章で取り上げる。

ヨーロッパはキャッシュレス先進国？

ヨーロッパの国々ではクレジットカードの保有や利用は少なく、クレジットカードの保有者はEU人口の40%にとどまっている。ヨーロッパでカード払いというとデビットカードでの支払いを指しているといってもよい。デビットカードは銀行のキャッシュカードのことで、クレジットカードと同じように店舗で使えるが、クレジットカードと異なり使った瞬間に銀行口座から利用額が差し引かれる。デビットカードを使うためには銀行の口座を持つ必要がある。銀行は顧客に逃げられないようにデビットカードの利便性を高めてきており、近年はスマートフォンでの支払いが可能になっている。第2章で特に北欧に注目して銀行が進めるキャッシュレス化を見ていこう。

ヨーロッパではキャッシュレス化が進んでいるといわれているが、キャッシュレス化が進んでいるのは北欧であり、図表1－7のようにヨーロッパの多くの国ではまだ現金払いが主流となっている。ユーロ地域19カ国の平均は79％と高いが、大雑把に言えば南に行けば行くほど現金指向が高まるといえる。ただ、ヨーロッパ最大の経済大国であるドイツでも現金払いは80％と非常に高い。なお、図表1－6と図表1－7は統計の元となるデータが異なるため、数値が一致しない。

ユーロ地域で現金払いが多い理由にカードを受け付けない店舗が多いことや給与が現金で支払われるケースが残っていることなどが考えられる。[*7] ユーロ地域ではカードが使える店舗は全体の72％にとどまっており、レストランやカフェでは62％にとどまっている。ホテルやゲス

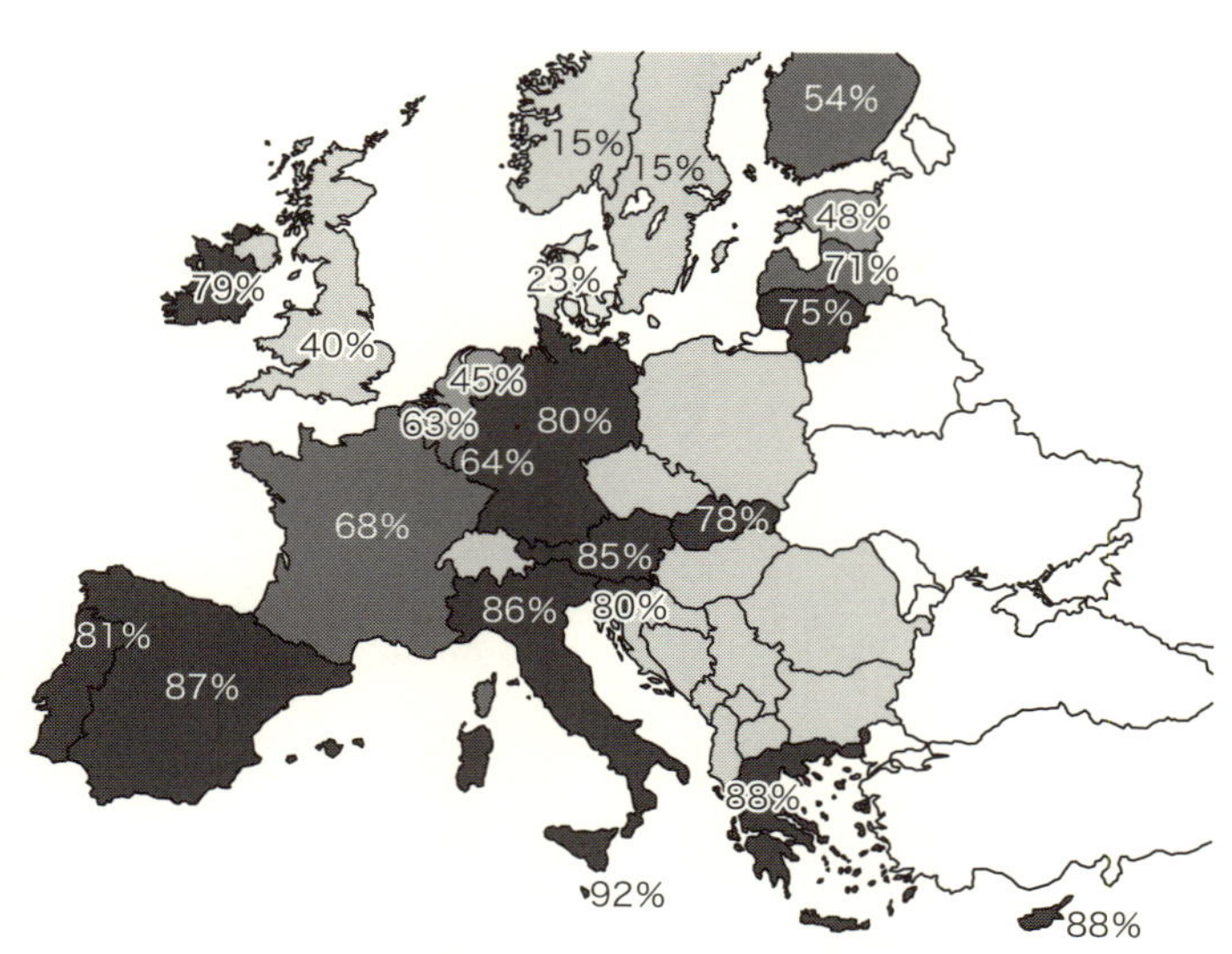

図表1-7　ヨーロッパにおける現金払いの比率

出所：Danmarks Nationalbank (2017), Danish households opt out of cash payments, p.5にSiveriges Riksbank, Norges Bank, Payments UKのデータを加筆。

トハウスでも45％は現金で支払われており、クレジットカードの支払いは14％、デビットカード支払いも18％にとどまっている。なお、小切手は個人の支払いではほとんど利用されていない。南欧では給与の受け取りが現金というケースもあり、ギリシャでは57％の人が少なくとも3カ月に1回は現金で給料を受け取っている。給料を現金で受け取れば、日々の支払いに現金を使うのは自然な行為だといえる。

3　様々なキャッシュレス

キャッシュレスを分類する

キャッシュレスな支払いで現金の代わりに使われるものには、物理的な実態のあるものから電子的なものまでかなり多くの種類がある。それらをうまく分類しようとする試みも多く、最近は図表1－8が引用されることが多くなってきている。まずは図を詳しく見てみよう。一番左の輪は誰もが利用できるかどうかを表している。会員制など利用者を制限しているかどうかを意味しており、利用者の制限がない支払い手段が含まれている。最も分かりやすいのは現金（Cash）だ。現金は誰でも受け取って使うことができる。次の輪は電子的な媒体かどうかということだ。図のほとんどの項目は「電

＊7　Esselink and Hernández（2017），"The use of cash by households in the euro area," ECB Occasional Paper Series, No. 201.

子的」という項目に入っている。次は中央銀行（central bank）が発行しているかどうかの分類だ。中央銀行はお札を発行して決済システムを管理し、金融政策を行う特殊な銀行だ。CBCCという言葉に網掛けが付いているが、これは「中央銀行が発行する暗号通貨（Central Bank CryptoCurrencies）」というもので、名前は論文著者たちの独自の呼び方だ。本書では電子通貨（e-cash）と呼ぶ。紙幣や硬貨のような形のあるものではなく、中央銀行が電子的な通貨を発行するべきか、という議論の高まりを受けて設けられた項目だ。電子通貨については第5章で詳しく見ていこう。最後の分類はピア・トゥー・ピア（P2P）となっているが、簡単に言うと手渡しできるかどうかを表しているようだ。ただ、彼ら

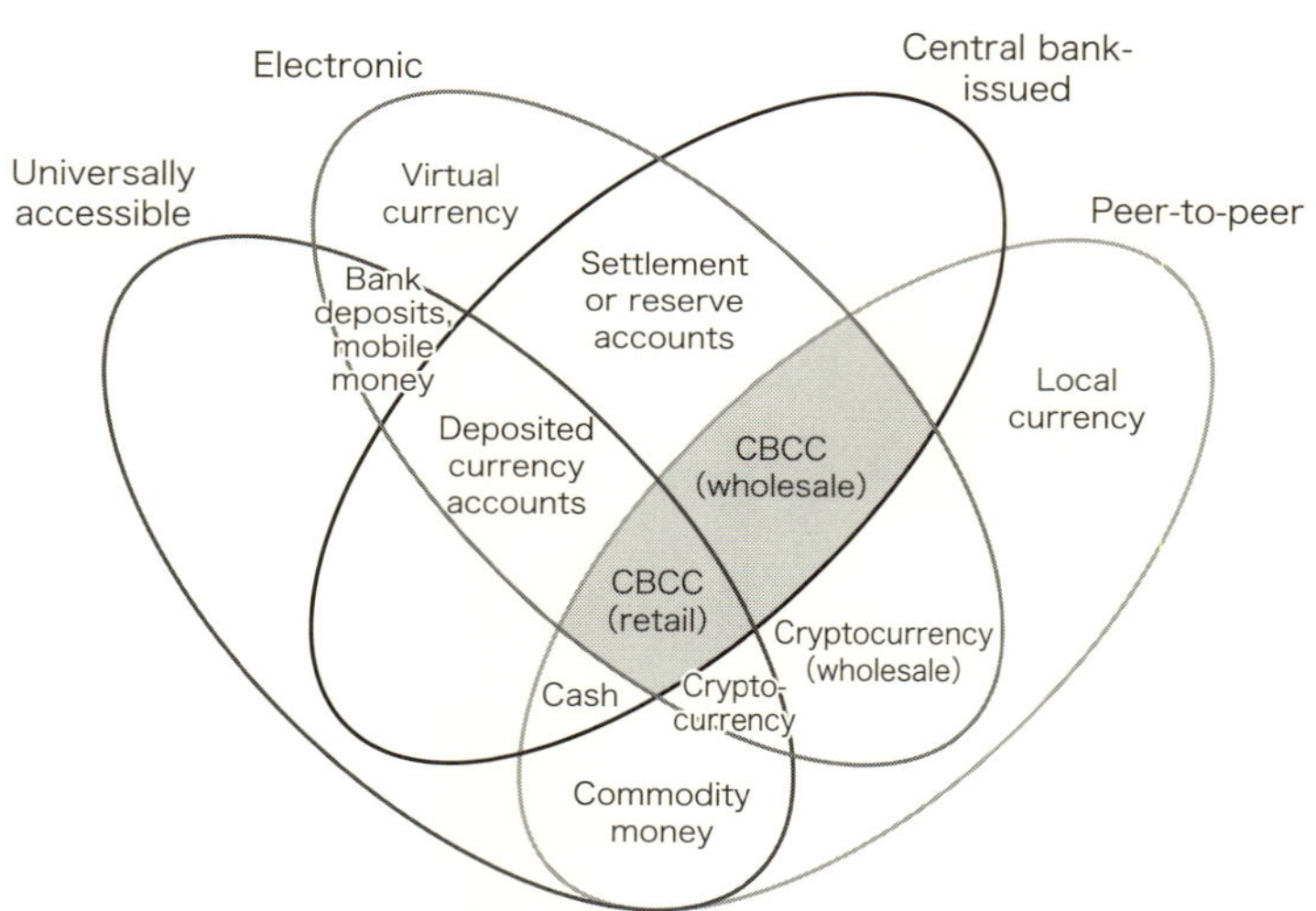

図表1-8　キャッシュレスな支払いの分類

出所：Bech and Garratt, “Central bank cryptocurrencies,” BIS Quarterly Review, September 2017, p.60.

の語法には揺れもあるので後でもう一度見ることにする。

図の分類はかなり複雑で、支払い手段が11種類掲載されている。いくつか見ていこう。商品貨幣（Commodity money）はすでに紹介した。日本では米や布がお金の代わりに使われたが、このような例は世界中にある。銀行預金（Bank deposit）もすでに紹介したが、銀行預金での支払いが紙の振込用紙ではなくスマートフォンのアプリに移行しつつある。仮想通貨（Virtual currency）は日本で言う電子マネーを表している。ビットコインなどは暗号通貨（Cryptocurrency）というのが国際的な呼び方だが、日本ではなぜか仮想通貨という名前で通っており、法律でも使われている。地域通貨は一定の地域だけで流通している通貨を指している。この論文ではバークシェアーズ（BerkShares）が紹介されている。アメリカのマサチューセッツのバークシャー地域で通用する地域通貨で、１ドル分のバークシェアーズを95セントで買うことができるという。日本の地方自治体が発行する地域商品券と同じだ。

準備預金（Settlement or reserve accounts）は民間の銀行が中央銀行に口座を開いて預けているお金を指している。日本では日銀当座預金とも呼ばれている。分かりづらいのがその隣にあるDeposited currency accoutsという項目だ。論文ではエクアドルのDinero electrónicoが例として挙げられている。エクアドルでは２０００年に自国通貨スクレ（Sucre）を放棄してアメリカドルを使っている。このような現象はドル化（dollarisation）と呼ばれる。市民の政府への信用や政府の経済統治が失敗して自国通貨への信認が失われ、人々が他の国の通貨を使うケースはたびたび見られる。このようなネガティブな理由だけでなく、人口の少ない国ではあえて自国通貨を発行しないケースもある。[*8] Dinero electrónico は２０１５年12月に始まったサービスで、エクアドル市民はスマートフォンでアメリカドルの支払いができるというものだ。エクアドル政府がサポートするサービスということで注目を集めた。しかし人口１６００万人に対して35万口座しか開かれず、２０１８年2月にはサービスの停止が発表された。Dinero electrónico というスペイン語は電子マネーと翻訳されるが、機能面を見ても電子マネーだといえる。

図表１－８は興味深い分類ではあるが、不必要な分類があったり実態をうまく表していなかったりする。銀行預金は誰もがアクセスできるものになっているが、これは先進国の発想だ。途上国では（先進国でも）経済的に困難な状況に置かれている人にとって、銀行に口座を開くのはハードルが高い。Ａさんが銀行振り込みで支払うよ、といってもＢさんが銀行に口座を持っているとは限らない。アクセスについては、図では電子マネー（図中では Virtual currency）はアクセス制限ができることになっている。論文ではポケモンＧｏで使えるポケコインが例に挙げられている。確かにポケコインはポケモンＧｏを購入してプレイしている人にしか使う意味がなく、アプリの購入という制限があるといえる。一方で、日本で普及している電子マネー、例えばＳｕｉｃａは誰でも駅の券売機でカードを手に入れることができる。日本では電子マネー中心の特殊なキャッシュレス化が進んでいることは欧米の研究者にはあまり知られていないのだろう。また、ピア・トゥー・ピア（Ｐ２Ｐ）はビットコインがブロックチェーンを使っていることを念頭においた用語だ。Ｐ２Ｐについては第４章で説明す

るが、これはデータの管理方法であってお金の機能ではない。仮想通貨はブロックチェーンを使わなくても実装できるため、P2Pにこだわる必要はない。また電子通貨の管理にブロックチェーンを使うのは現実的ではない。一方で現金や地域通貨はP2Pでデータを管理しているわけではなく、手渡しができるという意味で使われているようだ。用語の使い方に揺らぎがある。さらに、近年は地域通貨も電子化されてきている。紙や金属でできたトークンを使う地域もあるが、スマートフォンのアプリにチャージしてQRコードで使ったり、データを分散型台帳で管理したりする試みが進んでいる。

このような問題は、全てを1つの図で分類しようとしていることに原因がある。1つの図ですべて説明できる良い図があれば筆者も使いたいが、キャッシュレスな支払いは日々方式が増えており、図を作ってもすぐに陳腐化する。あまり細かい分類にこだわる必要はないだろう。そこで本書ではキャッシュレスな支払いを大きく4つに分けることにし、第2章から第5章までそれぞれ説明する。ここでは簡単に紹介しておこう。

＊8　2006年にセルビア＝モンテネグロから独立したモンテネグロはユーロを使っている。人口は62万人。モンテネグロは独立前の2002年よりユーロを使っていたため政治的な意味もあるが、自国通貨を発行して流通させるよりもユーロを使った方が経済的なメリットが大きい。ユーロを使うことはユーロ化（euroisation）という。ただし、人口31万人のアイスランドは独自通貨クローナ（ISK）を持っている。国によって事情は様々だ。

銀行預金を使った支払い

第1は、銀行預金を使った支払いだ。銀行預金を使った支払いは振込み、引き落とし、デビットカードの3つに分けられる。振り込みはお金を支払う側が銀行に支払いを指図する。銀行の窓口で振り込み用紙をもらい相手先の口座番号などの情報を記入して印鑑と通帳を渡せば振り込みができる。自分の口座の残高が減少して、相手の残高が増える。今ではPCやスマートフォンから銀行のWebページにログインして振り込みを行う方が多いだろう。

引き落としはこれとは逆で受け取り側が銀行に支払いを指図す

＊振り込み

＊引き落とし

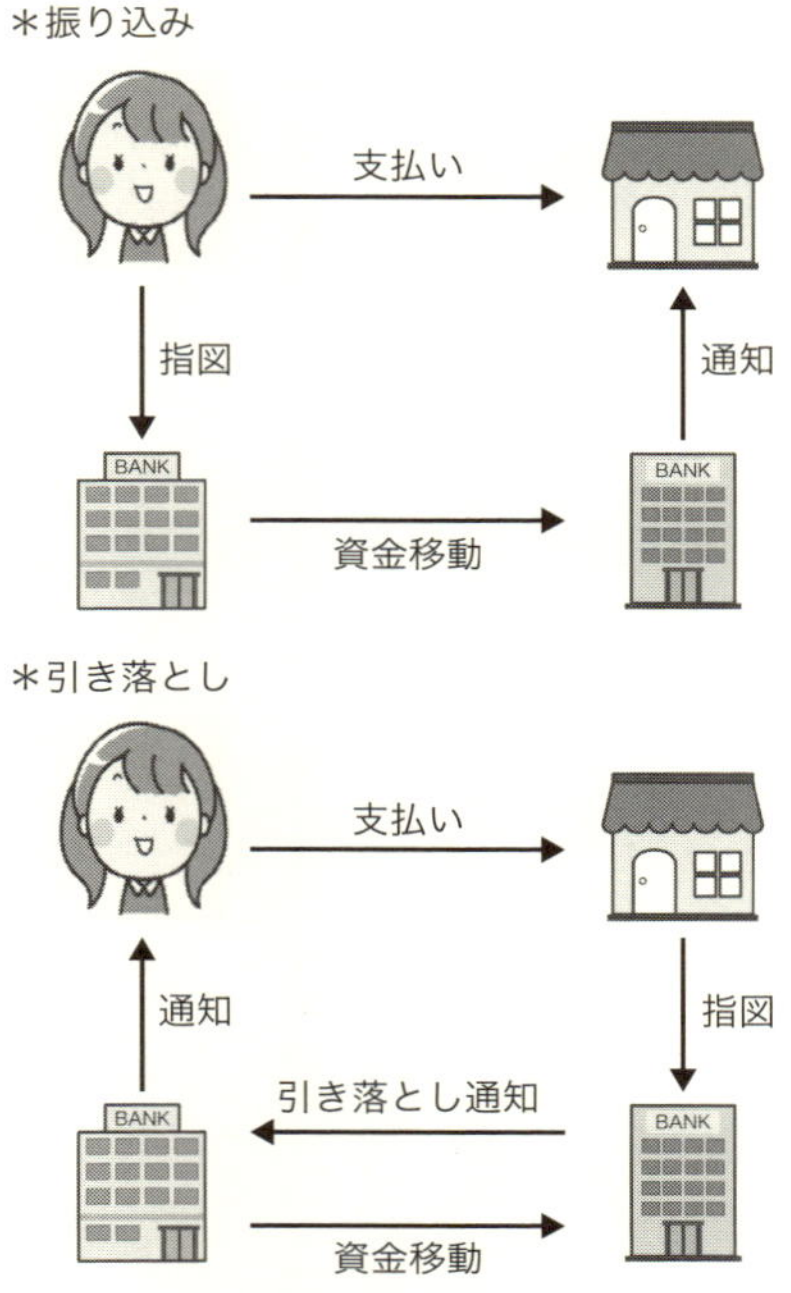

図表1-9　振込みと引き落とし

る。光熱費、スマートフォン、クレジットカードなどの代金を口座引き落としにしている人は多いだろう。デビットカードでの支払いは、店頭などでキャッシュカードを提示して支払う方式だ。手続きが終了次第、口座の残高が減少する。振り込みではあらかじめ相手先の口座番号を知る必要があり、引き落としでは自分の口座番号を相手に教える必要がある。デビットカードの場合はそのような事前の手続きは必要ない。

銀行預金を使った支払いは銀行が参加する決済システムを利用する。何だか難しい言葉が出てきたが、ここでは銀行同士のお金のやり取りをするシステムだとしておこう。支払い側と受け取り側で異なる銀行に口座がある場合に銀行間のお金の移動が発生する。現金を直接やり取りするのは労力もかかるし盗難などの面で安全性にも問題がある。決済システムは中央銀行が運営するものや民間で運営するものがあるが、いずれにせよ、決済システムの仕組みが古ければ便利なサービスは展開できない。決済システムをバージョンアップするには法律の修正が必要なだけでなく、銀行の側でもソフトウェアの修正などが必要となる。金融業界の「やる気」がサービスの進歩のカギを握っている。この分野で日本はかなり遅れている。

なお、クレジットカードはクレジット会社が立て替え払いをするものだが、私たち個人のユーザーから見ると最終的には銀行預金の引き落としを利用するため（現金支払いも不可能ではないが）、ここに分類しておく。近年はクレジットカード会社が提供するデビット機能のカードが増えてきている。

なお、日本ではまだ磁気ストライプ式のカード（カードの裏に黒い線が付いているもの）が使われているが、多くの国ではＩＣチップ付きのカードに移行しており、磁気ストライプ式が使えない国もある。磁気ストライプはカード情報を簡単に読み取れるため安全性が低い。日本ではショッピングモールなどで磁気ストライプ式のカードで支払いをする際にサインが紙ではなく電子ペンで書く方式が広がっており、中途半端に技術が進歩しているが、そうではなくＩＣチップ付きカードとＰＩＮコード（４ケタの暗証番号を入力して緑のＯＫボタンを押す方式）に移行すべきだ。

電子マネー

第２は、電子マネーを使った支払いだ。楽天Ｅｄｙ、Ｓｕｉｃａ、ｎａｎａｃｏ、ＷＡＯＮなど日本には多くの電子マネーがあり普及しているため、日本人にとってはイメージするのが簡単だ。企業や団体などが電子マネー発行体となって独自のルールに基づいた電子マネーを発行する。私たちユーザーから見ると、現金、預金、クレジットカードなどで電子マネーを「買って」それを使うことになる。チャージするという言葉が使われるが実際には買っているのと同じだ。

歴史上、そして今でも、一定の範囲の人々だけで通用する「お金のようなもの」は数多く発行されてきた。「お金のようなもの」をトークンと呼ぶことにしよう。バザーなどのイベントで当日だけイベント会場で使える商品券のようなものを作ればそれもトークンだ。地域通貨もトークンで、これが電子化されれば電子マネーということになる。オンラインゲームの中だけで使えるトークンも電子マネーといってよく、図表1－8でも電子マネーに分類されている。様々なポイントも電子マネーということができる。電子マネーのルールは発行体が自由に決めることができる。有効期限をつけてもいいし、原則として現金に戻せないというルールを作ってもいい。自社のサービスに使うときに優遇してもいいだろう。実際には各国で電子マネーに関する法律があるため、ビジネスとして不特定多数の広い範囲の人々を対象にサービスを展開する際に本当に何でも自由というわけにはいかないが、銀行預金とは大きな違いがある。また、システムの管理、システムの更新やルール変更も発行体が実施できるため、サービスの展開や進展のスピードが速い。一方で、原則として、発行体が経営破綻すると電子マネーは無価値になる可能性がある。

仮想通貨（暗号通貨）

第3は、仮想通貨を使った支払いだ。日本では「仮想通貨」という呼び方が定着して法的にも使われているが、本来の名前は「暗号通貨」だ。本書では日本の習慣に倣って仮想通貨としておくが、英語のニュースや文献を検索するときは暗号通貨（cryptocurrency）という用語を使う必要がある。ビットコインをはじめとする仮想通貨は、日本では2014年頃にメディアに登場した。当初は国境を越えた支払いが簡単にできる未来の新技術として紹介されたが、投機の対象になると一転して怪しいものという評判が立つようになった。

仮想通貨を手に入れる方法はいくつかあるが、最も簡単なのは仮想通貨を持っている人からもらうことだ。仮想通貨は現金と同じように個人間で受け渡しできる。仮想通貨取引所から購入するのもポピュラーな入手方法だ。日本では改正資金決済法が２０１７年に成立して仮想通貨取り扱い業者が登録制になった。ただし、登録申請中の「みなし業者」は要件を満たしていない業者であり、取引にはかなり大きなリスクがある。

仮想通貨での支払いは、場所や時間や相手を選ばない。代表的な仮想通貨であるビットコインの場合、利用するためには暗号学的に作られたアドレスという英数字の文字列があればよい。もちろん一般のユーザーは暗号の詳しい仕組みを知らなくても利用できる。仮想通貨の支払いにはインターネットにつながるスマートフォンやＰＣなどの端末が必要だが、仮想通貨の保管は紙でもできる。銀行の口座もクレジットカードも必要なく、仮想通貨のアドレスは金融機関に頼ることなく誰でも自由にいくつでも作ることができる。個人情報の提供も個人の認証も不要だ。既存の金融システムの外で支払いできるのが最大の特徴だ。

代表的な仮想通貨であるビットコインを例に見てみると、支払いのデータを中央で管理する仕組みがなく、発行枚数や支払いのプロセスはプログラムによって決められている。支払いデータを記述するブロックチェーンというデータベースは、現在のところ、書き換えが事実上不可能であり、データの堅牢性を生かしたビジネスが立ち上がっている。ビットコインは支払いの手段ではあるが、現在ではデータベースとして活用されている。

クレジットカードなどは受け取り側の店舗が手数料を負担するが、多くの仮想通貨は支払い側が手数料を負担する。ビットコインの場合、支払いをブロックチェーンに記載する作業を行うマイナーと呼ばれる人々が高い手数料を提示した取引から順次処理するのが一般的であり、支払いが集中すると手数料が高くなるという問題点もある。手数料の高騰は２０１７年ころから見られるようになり、現在、ビットコインで少額の支払いをするためには、工夫が必要となる（第５章）。

電子通貨（e-cash）

最後に第4は、電子通貨（e-cash）を使った支払いだ。電子通貨は中央銀行が発行するデジタル形式の法定通貨のことだ。法定通貨（legal tender）とは、法によってお金と認められたもので、日本では1円から５００円までの硬貨と１０００円から１００００円までの紙幣が相当する。法定通貨は金属や紙で作られたものでなければならないというのは法律が勝手に決めたことだ。デジタル時代には法定通貨がデジタルなものであっても構わない。法律を改正すれば済む話だ。電子通貨については様々な呼び方もあり、すでに登場しているかどうかについても意見が分かれるが、本書では、執筆時点（２０１８年5月）では電子通貨はまだ登場していないという立場を採っている。

電子通貨が発行されれば、硬貨や紙幣を使わなくてもお金のやり取りができるようになる。電子マネーや仮想通貨に似ているが、電子通貨は政府が保障しているという点が大きく異なる。電子通貨が発行されて金属や紙の現金が廃止されれば本当のキャッシュレス経済が到来することになるが、それまでには解決すべき問題がいくつもある。電子通貨が発行される世界では、私たちのお金の受け渡しは変わるのか、経済の仕組みに影響があるのかなども現在のところは未知数で、研究が進められているところだ。

次章からは、これらの４つの支払い手段の特徴や進捗状況について詳しく見ていくことにしよう。

第2章

銀行はオンラインからモバイルへ

本章ではヨーロッパに注目して銀行が進めるキャッシュレス化を見ていこう。第1章で見たように、ヨーロッパのキャッシュレス化はクレジットカードや電子マネーではなくデビットカードが中心になっている。デビットカードのカード自体もＩＣチップ付きカードや非接触型カードなど進化を続けているが、物理的なカードを使わないスマートフォンのアプリでの支払いが普及しつつある。特に北欧のサービスが注目を集めている。また、銀行は収益力向上策の一環として店舗の機能を絞ったり店舗の削減を進めたりしている。店舗が減少して銀行の使い勝手が悪くならないように、各行はオンライン銀行（日本風に言うとインターネット銀行）を進めており、顧客を実店舗からオンライン銀行に移行させせようとしている。もちろん日本と同じようにオンライン専業銀行も登場している。現在はオンライン銀行からモバイルサービスへの移行も進んでいる。

本章ではまずオンライン銀行の展開を見た後に、モバイルペイメントの取り組みとその背後にある決済インフラについて見ていこう。

1　オンライン銀行

なぜオンライン銀行なのか

本書の多くの読者はオンライン銀行の利用経験があるのではないかと思うが、簡単に説明しておこう。オンライン銀行はインターネット上で展開されている銀行であり、実店舗は不要だ。ユーザーにとっては、24時間いつでも自分の口座情報を見ることができ、国によっては24時間いつでも振り込みなどの取引もできる。実店舗よりも手数料を安くしていることが多く、ヨーロッパの銀行で一般的な口座維持手数料を無料にしているところも多い。日本の銀行では口座維持手数料は無料だが、ヨーロッパの銀行では毎月数百円程度の口座維持手数料が必要なところが多い。ＰＣだけでなくスマートフォンやタブレット用のページも開発されているのが普通で、自宅の外でも銀行を利用できる。

銀行側から見ると、オンライン銀行を展開すれば実店舗を減らすことができ、最も重い費用である人件費を削減できる。実店舗は夜間や休日に開けるのは難しいが、オンライン銀行なら24時間３６５日サービスを提供でき、競争力を向上させることができる。現在ではオンラインサービスがあるのが当たり前なので、競争力を失わずに済む、という方が当を得ている。

図表２－１のように、ヨーロッパでは銀行数や従業員数が減少傾向にあることが分かる。２００８年から２０１８年にかけて銀行数は29％、従業員数は18％減少している。支店数は実数で見ると２００８年の23万８０００支店から２０１８年には17万４０００支店に減少しており、ヨーロッパ全体の銀行員は２００８年の３２６万人から２０１８年には２６７万人へと減少している。今後もこの傾向が続くだろう。銀行数を見ると、２０１５年から２０１６年の1年間だけで４５０行ほど減少しているが、この中にはオランダの１１３行の減少が含まれている。オランダのラボバンクは、２０１６年1月に地域ごとに別々の銀行として運営していた方式からオランダ全土で一つの銀行として運営する方針に変更した。このような銀行の再編も数の減少に寄与している。

日本では銀行の支店に行くと窓口があってそこで現金を預けたり引き出したりできる。もちろんＡＴＭも利用できる。しかし、ヨーロッパではその常識が崩れつつある。特にスウェーデンでは約半数の銀行が窓口で現金を扱っておらず、ＡＴＭがない支店も増えている。ＡＴＭの維持にはコストがかかるためだ。銀行の立場としては、可能であればＡＴＭを削減したいだろう。図表２－２はヨーロッパ各国のＡＴＭ設置台数の推移だ。

日本はＡＴＭの台数は非常に多いが人口10万人当たりで見ると、ドイツ、イギリス、スペインなどと同じくらいの水準だ。ドイツやフランスではＡＴＭが増え続けているように見えるが、２０１４年をピークに減少に転じつつある。表にはないが、韓国の10万人当たりのＡＴＭ台数は日本の2倍近くある。ポーランドのような発展途上の国はまだＡＴＭの普及期のようだ。

支店やＡＴＭを無くしてコストを削減するというのは銀行側の勝手な論理だ。経費削減のために顧客の利便性

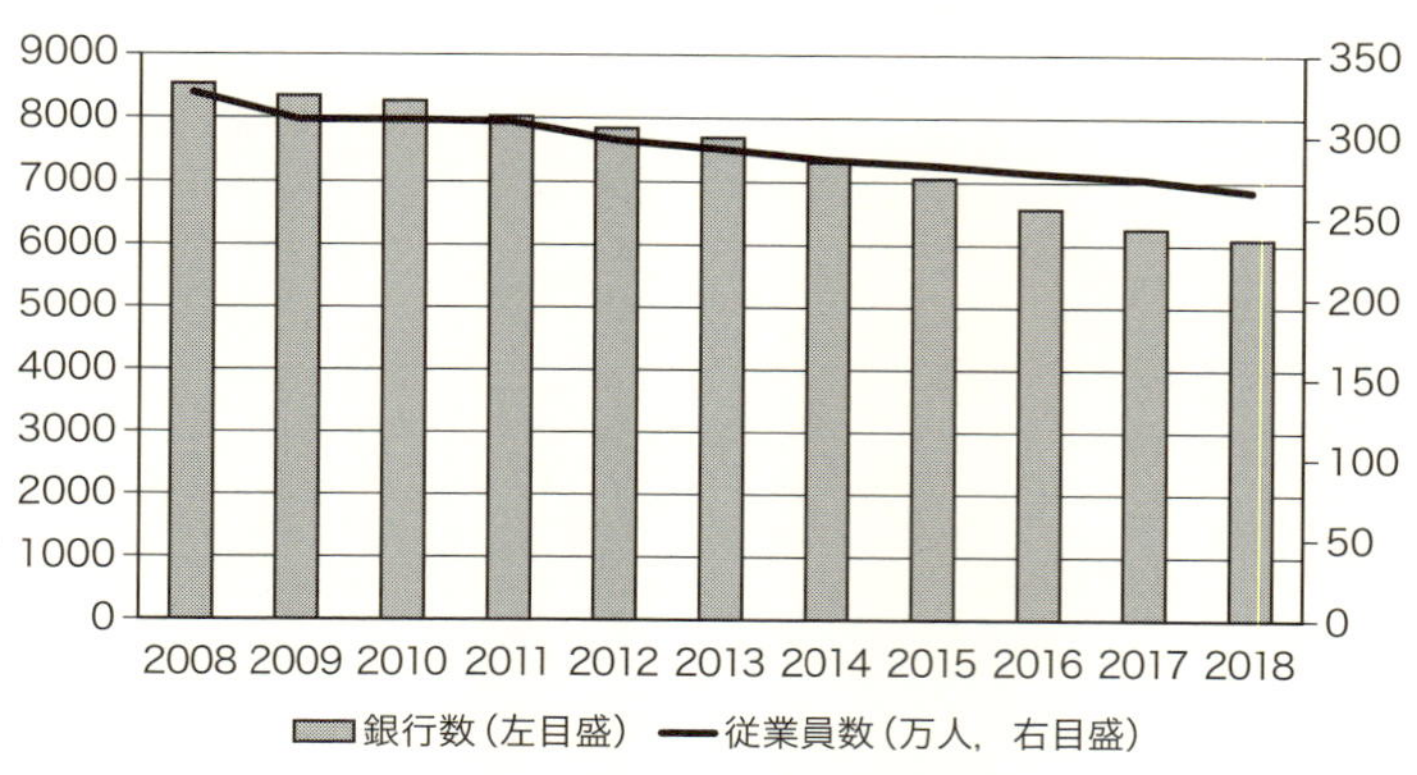

図表2-1　EUの銀行数と従業員数

出所：European Banking Federation

を犠牲にすれば、顧客離れを招く。重要なのは顧客の利便性を高めることが結果的に銀行の経費を削減させて競争力を高めることにつながる、という論理だ。考えてみると、自分の口座の残高を知るためだけになぜわざわざ銀行に行かなければならないのか、同じように、振り込みをするためだけになぜ銀行に行かなければならないのか、という疑問がわく。銀行に行かなくて

図表2-2　ATMの推移（台）

	2004年	2008年	2012年	2016年
スウェーデン	2701 (30.0)	3236 (35.1)	3416 (35.9)	2850 (28.7)
デンマーク	2943 (54.5)	3083 (56.1)	2706 (48.4)	2299 (40.1)
ノルウェー	2180 (47.6)	2283 (48.1)	2157 (43.2)	1679 (32.2)
フィンランド	3470 (66.4)	3211 (60.4)	2265 (41.8)	1923 (35.0)
ドイツ	52595 (64.6)	77733 (96.2)	82610 (102.7)	85352 (103.5)
フランス	43714 (69.8)	53326 (83.0)	58536 (89.2)	58480 (87.5)
イタリア	39704 (68.6)	52260 (88.2)	50746 (84.1)	49286 (81.3)
スペイン	55399 (129.3)	61714 (134.2)	56252 (120.3)	49963 (107.5)
ポーランド	8054 (21.1)	13537 (35.6)	18667 (48.4)	23451 (61.0)
イギリス	54412 (90.8)	63916 (103.3)	66134 (103.8)	70020 (106.8)
EU全体	326214 (70.9)	423888 (85.4)	435656 (86.8)	443686 (86.8)
日本	136500 (106.8)	139200 (109.0)	137287 (107.6)	136811 (107.8)

注：カッコ内は人口10万人当たりの台数。
出所：BIS、ECB、Norges Bank、全国銀行協会。

も済むサービスを提供すれば顧客にとっての利便性は高まる。オンライン銀行のサービスを展開すれば、顧客はわざわざ銀行に行く必要はない。ＡＴＭにも同じことが言える。ＡＴＭを削減したければ、その前に顧客にとって代わりとなる利便性の高いサービスを展開しなければならない。デビットカードが使える店舗が多ければ現金を下ろす必要はない。さらに、スマートフォンのアプリで支払えればカードを持ち歩く必要すらない。顧客本位のサービス改善を図ろうとすればオンライン銀行やモバイルペイメントに辿りつくのは自然なことだといえる。

図表２－３はヨーロッパの現金残高の推移を表している。図表１－６（17ページ）の時系列データ版だ。日本は直近で約20％だったことを思い出してほしい。それに比べると北欧のキャッシュレス化はかなり進んでいるだけでなく、以前から進んでいることが分かる。特に、スウェーデンでは１９５０年代の約10％か

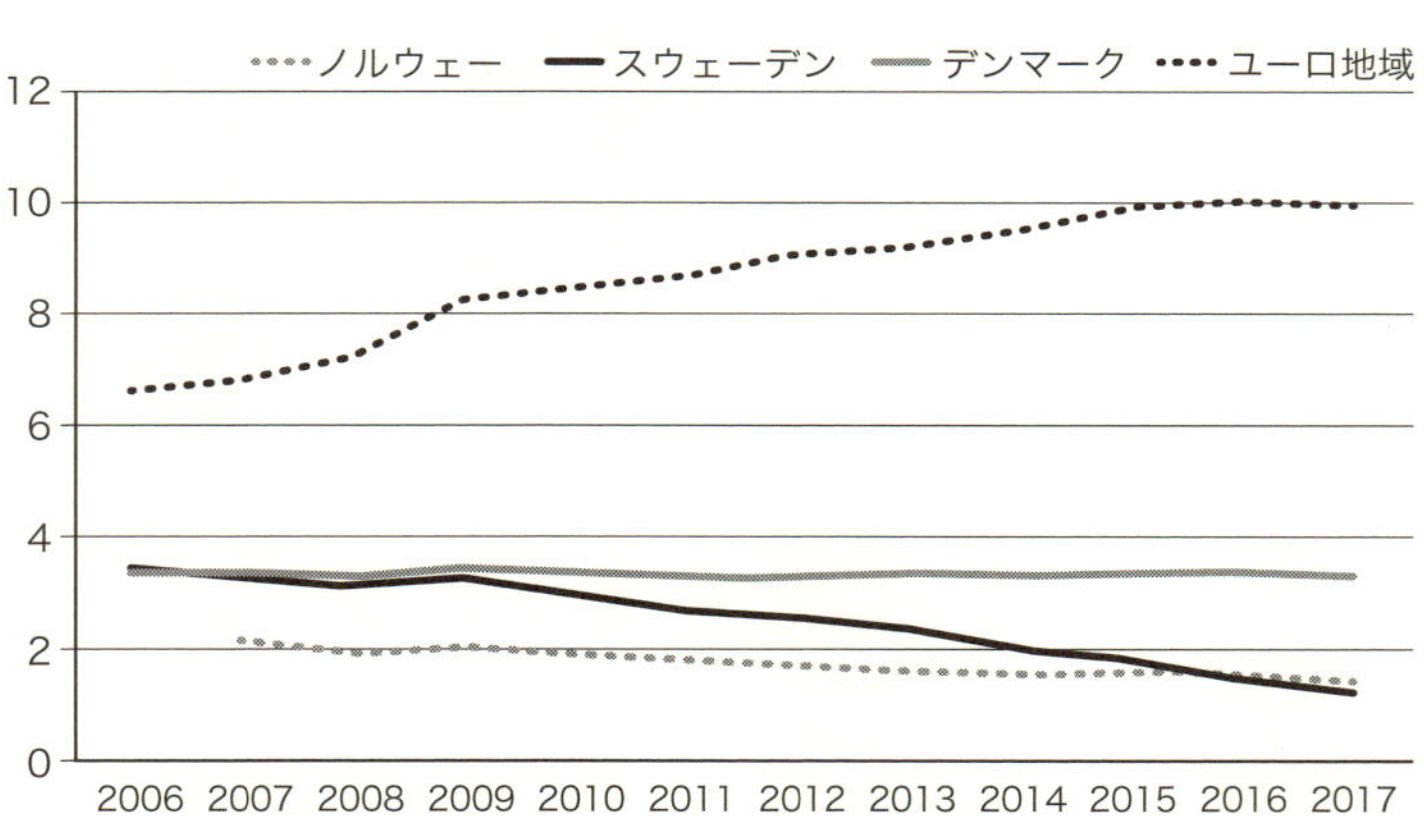

図表2-3　現金残高のGDP比率（％）
出所：データは各中央銀行。

ら傾向的に下がり続けており、２０２０年には１％を割り込むと予想されている。[*1]

図をよく見ると、２００８年から２００９年にかけてユーロ地域の現金が大きく伸びている。この時期は金融危機があった時期であり、人々は現金を手元に置こうとしたことが図に現れている。経済危機や大災害などがあると、人々は現金を手元に置いておこうとする。キャッシュレス化が進んで現金の入手が困難になれば、現金を求める人々の間で混乱が起こる可能性もある。この点については第５章でもう一度考えよう。

eコマースの影響

ここまではコスト削減の面から見てきたが、近年ヨーロッパでも普及しているeコマース（オンラインショッピング）も見逃せない。北欧を除くヨーロッパでは全ての買い物のうち11・３％がオンラインで購入されている。[*2] オンラインショッピングを利用している人のうち、54％は他のヨーロッパの国のＷｅｂサイトで買い物をしたことがあると答えている。ヨーロッパではＥＵ28カ国に加えてアイスランド、リヒテンシュタイン、ノルウェーからなるＥＥＡ（欧州経済領域）の合計31カ国が単一市場に参加しており、国境を越えた買い物は当たり前になっている。国境の近くに住んでいる人は、簡単に隣の国で買い物ができる。バスで２―３駅行くと隣の国、という町もある。オンラインショッピ

＊1　Sveriges Riksbank, The Riksbank's e-krona project, 2017.
＊2　dpd, E-shopper barometer 2017, Global report – Europe.

ングならクリック1つで隣の国で買い物できる。ヨーロッパではEUの単一市場のおかげで基本的なビジネスルールが統一されており、国境を越えたオンラインショッピングの展開がしやすくなっている。ちなみに、オンラインショッピングでの購入上位は服（46%）、本（39%）、靴（38%）、化粧品・ヘルスケア（33%）となっている。

東欧ではオンラインショッピングで現金代引きを利用するケースもまだまだ多く、（北欧を除く）ヨーロッパ全体でも13%の利用がある。しかし利用が多いのは、PayPalやAlipayなどのデジタル支払い（43%）、クレジットカード（35%）、デビットカード（23%）、銀行振り込み（20%）となっている。

一方、北欧では図表2－4のようにカードが上位に来ているが、この場合のカードはデビットカードが多いと予想される。ただし、越境の買い物ではクレジットカードやPayPalが使われているのだろう。デビットカード、オンライン銀行、Swishなどの支払い手段は銀行を使うものであり、銀行側のサービス改善が前提だ。北欧は4カ国合計の人口が2600万人程度と少ないのに

図表2-4　北欧でのオンラインショッピングでの支払い手段

デンマーク	カード（94%）、MobilePay（37%）、PayPal（20%）、オンライン銀行（12%）
スウェーデン	カード（83%）、請求書（49%）、オンライン銀行（48%）、Swish（28%）
フィンランド	オンライン銀行（76%）、カード（56%）、請求書（33%）、Paypal（28%）
ノルウェー	カード（85%）、PayPal（43%）、請求書（29%）、Vipps（24%）

注：「過去3カ月で使ったことがある方法」への複数回答。
出所：Paytrail, Finnish e-commerce, 2017.

対して、銀行は隣国へも展開しており競争が激しい。北欧の銀行は時には争いながら、時には連携しながら新しいサービスを展開している。ここからは国別に見ていこう。

オランダ

オランダはベネルクスのうちの1国で面積は日本の約10％、人口も約１７００万人と小国だといっていい。しかし、ＩＣＴ（情報通信技術）を駆使した農業の競争力は高く、農産物の輸出はアメリカに次ぐ世界第2位だ。ＩＣＴを金融に応用すればフィンテックということになる。２０１６年には現金の支払いが29億ユーロであったのに対して、デビットカードでの支払いは９７３億ユーロ、オンラインでの支払いは２０２億ユーロだった。オンラインショッピングは小売りの７・２％を占めている。２０１５年からはオランダ支払い協会、銀行、消費者団体などが「デビットカードで支払おう！」キャンペーンを実施しており、特にスマートフォンなどを使った非接触型支払いの普及を目指している。非接触型支払いとはスマートフォンを支払い機にかざすだけでＯＫという方式のことを指している。キャンペーンの主要なターゲットは女性とのこと。[*3]

オランダで最大、ベネルクスでも最大の銀行であるＩＮＧは「Think Forward」戦略によるデジタル化を進めている。「Clear and easy」「Anytime, anywhere」「Empower」「Keep getting better」

＊3　Dutch Payments Association, Annual Report 2016. キャンペーンの英語名は「Pay using your debit card? Yes, please!」という。

という4つのテーマを掲げているが、2番目の「いつでもどこでも」と4番目の「進み続ける」は分かりやすいテーマだ。INGはオランダ語で Mijn ING、英語では My ING という意味のオンライン銀行サービスを展開している。機能自体は日本のオンライン銀行と特に変わりはないが、PCでの使用からスマートフォンやタブレットへの移行を促すメッセージが出てくる。INGに限らず、ヨーロッパの銀行のWebサイトに行くと、オンライン銀行のタブやページがトップに来ることが多く、モバイルバンキングへの移行も進んでいる。

オランダには iDEAL というサービスがある。2005年10月にサービスを開始しており、主にオンラインショッピングでの支払いで使われている。2016年にはQRコードによる支払いも可能となり、実店舗での支払いだけでなくチャリティーイベントでの寄付や罰金の支払いにも使えるようになった。2017年には800万ユーザーがスマートフォンでQRコードが使えるようになった。2017年には3億7820万回の支払いで合計330億ユーロが支払われた。オランダ国内だけでなく、50カ国以上のオンラインショッピングサイトでも使うことができる。オランダのオンラインショッピングにおける iDEAL のシェアは57%と約10%にとどまっているクレジットカードを大きく上回っている。[*4] ABNアムロ、bunq、ING、Knab、ラボバンク、フォルクス銀行、Triodos Bank、Van Lanschot 銀行のオンライン銀行の口座があれば利用できる。2016年からは、友人の昼食代をまとめて一緒に支払うような個人間のやり取りもできるようになった、[*5] 第1章でオンライン上での支払いでは本人認証の重要性を取り上げたが、オランダでは2016年に本人認証サービスの iDIN

もスタートしている。

オランダにはAfterPayという後払いサービスがあり、オランダの４０００以上のオンラインショッピングサイトで使える。買い物をするユーザーから見て、オンラインショッピングでの問題点の１つが本当に商品が届くかどうかという心配だ。オンラインショップでは支払いが先で商品発送が後というケースが多い。お金を支払ったのに商品が届かない、という事態を防ぐためには、商品を受け取ってからお金を支払うようにしたい。しかし、個人のユーザーが後払いをすると宣言すれば、今度はショップの方が商品を送りたくないだろう。このような問題を解決するサービスをエスクローサービスという。ユーザーはショップではなくエスクローにお金を支払い、エスクローがショップに入金を知らせる。商品がユーザーに届くとエスクローがショップにお金を支払う。万が一商品が届かなかった場合は、エスクローはユーザーに返金する。このようなサービスがあることで互いに相手を信用できない時にも取引をすることができる。AfterPayでは14日間支払いを遅らせることができる。

ポーランド

ポーランドは２００４年にＥＵに加盟した。約３８００万人と東欧では最大の人口を誇るが、若年層がドイツやイギリスなどより豊かな国へ移動するため、慢性的な人口減少に悩まされている。ＥＵ

＊4　iDEAL, "iDEAL leading payment method on mobiles," press release, 2018-1-26.

＊5　P2PやC2C（Customer to Customer）と呼ばれる。

では加盟国の市民は他の加盟国で居住したり労働したりする権利を持つ。ＥＵのルールにより受け入れ国は失業手当や社会保障の支払いでポーランド人を差別できないことがイギリスのＥＵ脱退問題にも発展した。鉱業や農業が盛んな国であり、食肉やお菓子の生産も盛んな国だ。

ポーランドの通貨はズロチ（またはズウォティ）という。ポーランドの語の記号はzłを使うが、国際的にはアルファベット3文字の記号ＰＬＮを使う。ズロチとユーロとの為替レートは自由に変動する。硬貨は、グロシュが1、2、5、10、20、50の6種類、1、2、5ズロチも加えて合計9種類ある。１００グロシュ＝1ズロチになる。紙幣は10、20、50、１００、２００、５００と6種類ある。５００ズロチは２０１７年2月に新たに発行されることになった。近年は紙幣のセキュリティ対策向上に取り組んでおり、２０１６年には２００ズロチ札が、２０１７年には10ズロチ札と20ズロチ札が新しくなった。新しくなったといってもデザインはほとんど同じで、表面のコーティングなどが行われている。ポーランドは成長途上の国であるため、今後もより大きな額面の紙幣が発行され、額面の小さな硬貨が廃止されることが予想される。

mBank[*6]はポーランド第4位の銀行であり、２０００年にＢＲＥ銀行からmBankへと社名を変更し、オンライン専業銀行として設立された。ただし、２０１７年末現在でポーランドに１３３支店、チェコとスロバキアに33支店と実店舗も展開している。[*7]ポーランドの支店の多くは、富裕層向けサービスを展開していた旧MultiBankの支店が残る形で運営されている。オンライン銀行のユーザー数は５３０万人、モバイルアプリのユーザー数は１１８万人に上っている。２００７年に進出したチェコでは63万人、スロバキアでは27万人のユーザーを獲得している。

mBank は顧客本位の設計を強調している。モバイルアプリは2014年、2016年、2017年とバージョンアップを繰り返し、様々な機能を搭載している。基本的な考え方として、顧客にできるだけクリックさせず、1クリックで顧客が望む金融サービスを利用できるようにすることを目指している。「mLine at a click」という機能は mBank のコンサルタントと直接話をすることができるサービスで、サービスの利用にあたってIDやパスワードを入力する必要がない。mBank のアプリを使っているのだからわざわざログインする必要はないというスマートフォンライクな考え方だ。その他には、1分で結果が分かるクイックローンや電話番号での振込機能、目的別貯金など日本でも展開されているサービスもある。2018年には次のバージョンアップが予定されている。近年、mBank のアプリはいくつもの賞を受賞している。

mBank は2016―2020年に渡るモバイル銀行戦略を実行中だ。顧客中心主義、モバイルの近代化、効率性の向上を掲げている。顧客とのコミュニケーションを増やし、障碍者が使いやすいインターフェイスを開発し、顧客単位のカスタマイズを進め、クリアリングハウスとの接続を自動化してバックオフィスのデジタル化を進めようとしている。現在のところ mBank はポーランドでユー

＊6　日本語の情報源では、神山哲也・飛岡尚作「ポーランドにおけるリテール・バンキングのイノベーション」『野村資本市場クォータリー』、2015 Summer.

＊7　mBank, Management Board Report on Performance of mBank S.A. Group in 2017.

ザーの評価が最も高いとされているが、それでも改革の手綱は緩めない。

2　ヨーロッパのモバイルサービス

次にモバイルペイメントサービスを見ていこう。図表2－5のように様々なサービスがあるが、中でもスウェーデン、デンマーク、ノルウェーでは多くの人々が利用するキラーアプリがある。これらを順にみていこう。

スウェーデン

スウェーデンの中央銀行はリクスバンク（Sveriges Riksbank）という。kが先でsが後だ。リクスとはスウェーデンを表すようだ。筆者も時々間違ってリスクバンクと打ち込んでしまうことがある。本書にもミスがあるかもしれない。紙幣を発行して金融政策を行う銀行を中央銀行というが、リクスバンクは世界で最も古い中央銀行であ

図表2-5　ヨーロッパ各国のモバイルペイメントサービス

	主要なサービス	サービス開始時期	ユーザー数（人口比）
スウェーデン	Swish	2012年12月	616万人（61.6％）
デンマーク	MobilePay	2013年５月	370万人（64.3％）
	Dankort App	2017年５月	540万人（93.9％）
ノルウェー	Vipps	2015年５月	280万人（53.2％）
フィンランド	Siirto	2017年３月	55万人（10.0％）
	MobilePay	2013年12月	50万人（9.1％）
オランダ	Payconiq	2014年12月	na
	Tikkie	2016年６月	200万人（11.7％）
ルクセンブルク	Digicash	2012年11月	7万人（11.8％）
イギリス	Paym	2014年４月	400万人（6.1％）

注：Paymのユーザー数は筆者による推定値。
出所：各サービスHP

り、リクスバンクの前身であるストックホルム銀行の時代、1661年に世界で初めて現代的な紙幣を発行した。ちなみに、ストックホルム銀行の紙幣は人々の信認を得られず、銀行は1664年に破綻した。

スウェーデンは人口が1000万人の小国であり、国内市場が小さいために企業は国際展開している。イケアやボルボなどは日本でも名前を知られている。福祉国家として知られているが、政府部門はカフェなどにも進出しており、政府部門で働く人は全労働者の3分の1に達する。

スウェーデンの通貨はスウェーデンクローナ（SEK）という。イギリスとデンマークを除くEU加盟国にはユーロ切り替えの義務がある。ただし、ユーロにするには条件があり、東欧諸国など達成していない加盟国もある。スウェーデンはユーロに切り替える条件は満たしているが、国民投票でユーロへの切り替えが否決されている。

スウェーデンでは近年、現金の切り替えが進んでいる。図表2－6のように10クローナ硬貨以外はすべて2015―2016年に発行されている。新しい硬貨や紙幣が発行されると、古いものは順次廃止となる。2015年よりも前にスウェーデンに旅行して現金を持ち帰った人もいると思うが、残念ながら次に旅行に行く時には使えない。切り替えによって古い現金が使えなくなると、人々は古い現金を銀行に持って行って交換しなければならない。交換の際にすべてを新しい現金にせずに一部は預金される、むしろ、多くの部分が預金されるだろう。このような現金の切り替えもキャッシュレス化の一因となる。

スウェーデンにはエーレ（öre）というクローナの補助単位がある。１００エーレ＝１クローナだ。スーパーでの価格表示は11・98ＳＥＫなどとなっているが、エーレの硬貨は全て廃止されているため０・９８ＳＥＫの部分を支払うことができない。このような場合の支払いに、ラウンディングという方式が採用されている。ラウンドとは端数を丸めることで日本では四捨五入がよく使われる。スウェーデンでは、買い物の合計額の端数について、０―50エーレの場合は０エーレに、51―99エーレは１クローナにまとめる計算をする。ラウンディングによって硬貨の種類を節約することができる。ラウンディングは現金での支払い計算に適用される方式で、クレジットカードなどの支払いでは細かく正確に支払うことができる。

スウェーデンでは２００７年をピークに現金の流通額が減少に転じている。２０１２年12月にSwishが登場すると、１０００クローナ札が大きく減少した。５００クローナ札も近年減少に転じているが、少額紙幣の流通はあまり減っていない。こまごまとした支払いには現金が使われているケースもあるようだ。

スウェーデンの紙幣については間違った説がかなり流布している

図表2-6　スウェーデンの現金（単位はSEK）

硬貨	発行日	紙幣	発行日
1	2016年10月	20	2015年10月
2	2016年10月	50	2015年10月
5	2016年10月	100	2016年10月
10	2001年	200	2015年10月
		500	2016年10月
		1000	2015年10月

注：2005年５月に発行された記念100クローナ札も有効。
出所：Sveriges Riksbank

のでここで訂正しておきたい。それは、スウェーデンが２０１５年に最高額面の１０００クローナ札を廃止したことでキャッシュレス化が進んだという説だ。まず、図表２－６や２－７から見て取れる通り、１０００クローナ札は廃止されたのではなく切り替えられたのであり、現在も流通している。次に、２０１５年は１０００クローナ札の流通に大きなインパクトを与えていない。１０００クローナ札のピークは２００１年であり、キャッシュレス化はかなり早い段階から始まっていたことが分かる。インドについても同じような間違った説があるので第３章で改めて指摘する。ちなみに、１０００クローナは日本円では１万３０００円くらいだが、物価の高いスウェーデンではもっと安く感じる。あくまでも筆者の感覚だが、１０００クローナは日本で言うと８０００円くらいの感覚だ。スウェーデンの地方でランチにピザとジュースを頼むと１５０クローナ

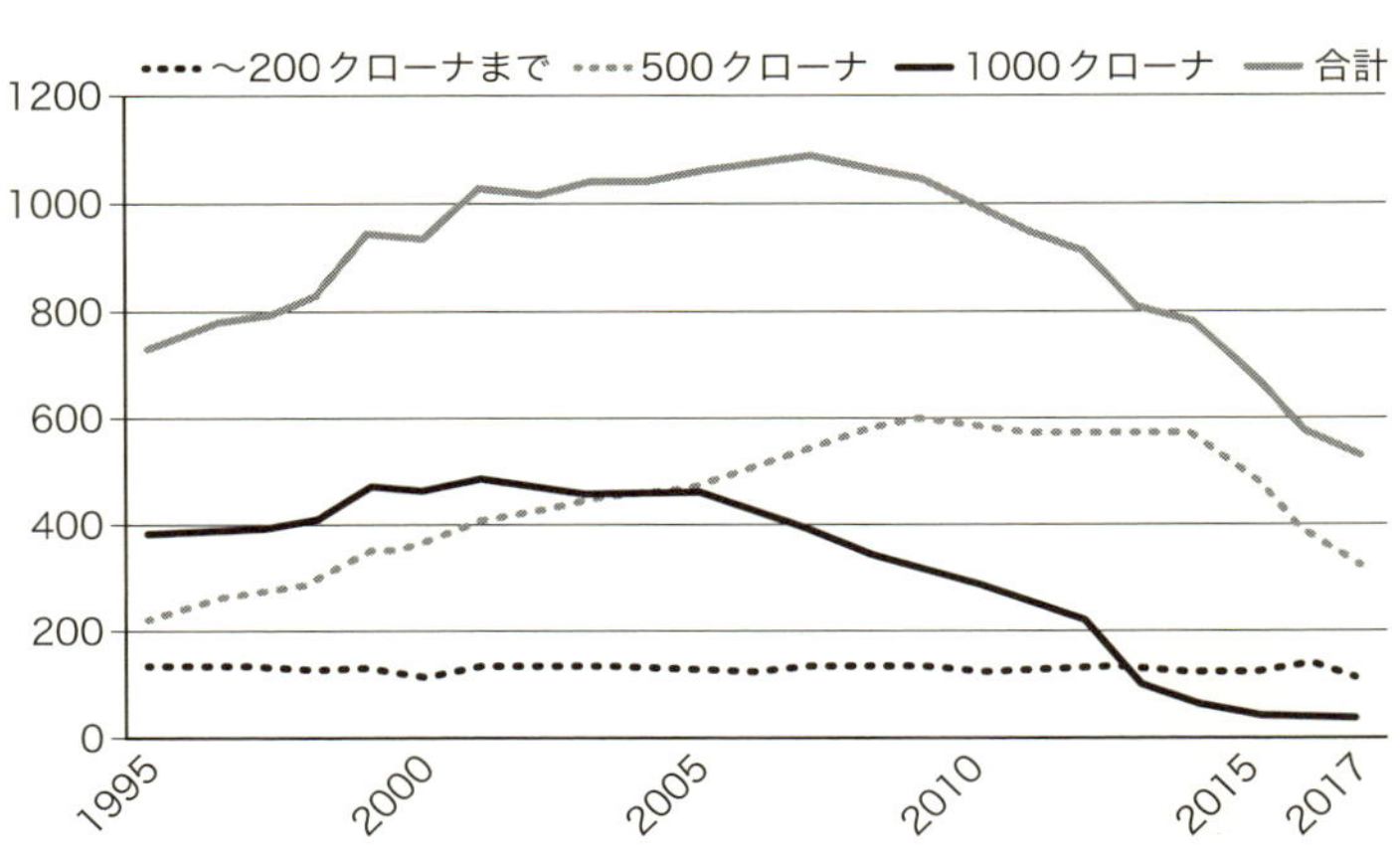

図表2-7　スウェーデンの紙幣の推移（億クローナ）
出所：Sveriges Riksbank

くらいする。日本だと1000円くらいの感覚だ。日本ではピザは高いが、ヨーロッパではピザもパスタも同じくらいの価格だ。ちなみに、スウェーデンでは1991年に1万クローナ札が廃止されている。近年の世界的な高額紙幣廃止の先駆けと言えなくもない。

スウェーデンではデビットカードやオンライン銀行が普及していたが、近年はSwishが急速にシェアを獲得している。2017年末時点でのスウェーデン人の認知度は98％に達している。スウェーデンでモバイルペイメントといえばSwishだ。Getwish社がSwishの運営に当たっているが、デンスケ銀行、ハンデルスバンク、ノルデア、SEB、スウェドバンクなどの主要銀行が設立した企業だ。現在は11の銀行が参加しており、Swishという統一ブランドでサービスを提供している。個人のユーザーは基本的には無料で使うことができるが、一部の銀行は利用料金を徴収している。

Swishを使うためにはまず、SEBなどのスウェーデンの銀行に口座を開く必要がある。口座があれば外国人も利用できる。Swishは店舗だけでなく個人間の支払いにも使え、2017年には専用のQRコードが使えるようになった。メッセージやイラストを送る機能も追加されており、利便性が高まっている。2014年にはSwishでの支払い額は約10億クローナ程度だったが、2015年には約40億クローナ、2016年には約90億クローナ、2017年には約150億クローナと利用額が急増している。支払いの回数も2017年には2億5000万回を超えた。[*8] 今では重要なツールといっていいだろう。

SwishではBankIDという番号を使う。BankIDは2003年にサービスを開始した個人の電子認証システムであり、２０１４年にはモバイルでも使えるようになった。BankIDを取得するにはスウェーデンでの社会保障番号が必要で、個人に紐付けられた番号を利用して支払いを行う。Swish 以外にも保険や電子政府サービスなどでも使うことができる。銀行の口座番号や銀行自体を変えてもBankIDは変わらない。このような口座番号の代わりになる番号のことをエイリアス（alias）という。BankIDだけでなく携帯電話の番号をエイリアスにすることもできる。銀行の口座番号を教えなくてもいいというのは便利なだけでなく安全性の向上にもつながる。モバイルペイメントの世界ではエイリアスを使うのが当たり前になりつつある。

図表２－８はBankIDの保有者の割合を表している。モバイルBankIDの保有者とほぼ同じ数字であるので、BankIDを利用してSwishやオンライン銀行、電子政府などに使っている人の割合を表しているといってもいい。70歳代でも半数、80歳以上でも4分の1がBankIDを取得していることが分かる。このデータだけでは判断できないが、高齢者も一定数がSwishを使っているのではないかと推測される。

＊8　Getwish, Swish statistic, 2012-2017.

図表2-8　BankIDの保有率（2017年11月現在）

13-20歳	65.1%	51-60歳	88.1%
21-30歳	96.7%	61-70歳	76.0%
31-40歳	96.6%	71-80歳	51.6%
41-50歳	94.8%	81歳以降	26.5%

出所：Statistik BankID, Februari 2018.

図表2－9はリクスバンクが2年ごとに実施しているアンケートの結果の一部だ。2018年にはアンケートが一部変更になり、表の問1は廃止されたためnaと表記してある。

問1は「今ここで使えるものはなにか」ということでもあり、2016年で11％（＝100－89％）の人が現金を持ち歩いていないことを表している。問2では39％の人が過去1カ月に現金を使っていない。Swishの開始が2012年12月であるため、2012年まではSwishに関する回答がないが、サービス開始以降は急速に普及して2018年に現金を上回った。表では省略されているが支払い手段は他にもあり、例えば問2では70％近くの人が引き落としを利用している。ローンなどの支払いで使っていると思われる。実は問1と問2の中に「ビットコインまたは電子

図表2-9　リクスバンクのアンケート（％）

		2010	2012	2014	2016	2018
問1　どの支払い手段が使えるか（複数回答）	現金	98	95	96	89	na
	デビットカード	94	96	98	97	na
	クレジットカード	42	44	50	49	na
	Swish	na	na	22	61	na
問2　過去1カ月で使ったことがあるものは（複数回答）	現金	94	93	87	79	61
	デビットカード	91	94	93	93	93
	クレジットカード	27	29	31	31	31
	Swish	na	na	10	52	62
問3　最新（前回）の支払いで使ったものは（単数回答）	現金	39	33	23	15	13
	デビットカード	53	58	64	64	80
	Swish	na	na	0	2	0
問4　ATMから現金を引き出す頻度は（単数回答）	週に1－数回	19	12	11	14	6
	月に1－3回	58	57	51	48	31
	月に1回未満	18	26	31	33	42
	ATMは使わない	5	5	7	9	20

注：問の番号は本書の便宜上付けた。選択肢は抜粋して掲載した。
出所：Sveriges Riksbank

マネー」という選択肢があり、2016年では問1で2%、問2で1%が利用したと回答している。ただこの項目は年による変動が激しく、回答者が想像しているものがアンケートのたびに異なるようだ。日本では電子マネーは身近だが、スウェーデンでは仮想通貨と同じくらいなじみがないようだ。問3では現金の利用がさらに低くなっている。前回の支払いで使ったものとして現金は13%しかなく、大部分はデビットカードだ。クレジットカードは支払金額の多寡にかかわらず5%程度しかなく、あまり利用されていない。

このアンケートには他の設問もある。「ATMで現金を預けるか」という問いには78%が預けないと答えており、「家に現金を貯めているか」という問いでは88%が貯めていないと答えている。日本ではATMで現金を預ける人の割合がもっと高いのではないだろうか。光熱費引き落とし用の口座、貯蓄用の口座など多くの目的別の口座を用意して、ATMでお金を出し入れする人を今でも見かける。スウェーデン人が聞いたら驚くだろう。そんなものはアプリで管理すれば済む話だ。

スウェーデンの首都ストックホルムの街中では現金お断りの店もあるそうだ。このように多くの人がすでにキャッシュレスに移行していることから、リクスバンクでは現金に代わる電子通貨を発行すべきなのではないか、という議論が持ち上がってきている。電子通貨はe-kronaという名前で、現在は研究の段階だ。電子通貨については第5章で見ていこう。

ところで、スウェーデン人がキャッシュレス経済を歓迎しているというのは早計かもしれない。図表2－9のリクスバンクのアンケートには、「現金が減っている現状をどう思うか」という問いがあり、47％が肯定的、24％が分からない、25％が否定的という答えになっている。否定的の中身は分からないが、キャッシュレス経済に何らかの不安を持つ人がいるようだ。図表2－10はバンコマートというスウェーデンのATM企業が実施したアンケート結果だ。ATMの企業が実施するアンケートなので結果は割り引いて見なければならないが、現金が完全になくなることに対しては不安を持つ人は多いことが見て取れる。特に、若い世代でも現金を残した方がいいという回答が半数を超えているのは注目すべき点だ。

地域別ではストックホルムではキャッシュレス社会を望む人が34％と最も多く、逆にノルウェーとの国境近くのヴェルマーラントは13％、南東の海沿いのカルマルでは16％と地方が低い。これはどの国でも同じ傾向になると思われる。

スウェーデンにもKlarnaという後払いサービスがある。Klarna銀行がヨーロッパ9カ国で展開している。オンラインショップも含めて14カ国の8万9000店舗で使え、6000万人のユーザーがいる。

デンマーク

デンマークはドイツの北に位置する小さな国であるが、グリーンランドもデ

図表2-10　現金に関するアンケート

	現金を残したい	キャッシュレス社会を望む
全体	68%	25%
男性・女性	67%・70%	29%・20%
18-29歳・30-49歳・50-64歳	56%・63%・73%	38%・29%・20%

出所：Bankomat, "Sju av tio vill ha kvar kontanter," press release, 2018-3-19.

ンマーク領のため、グリーンランドを加えるとヨーロッパで最も面積の大きな国となる。ちなみに、グリーンランドは自治領であり、ＥＵには加盟していない。グリーンランドの名称については誤った俗説があるが、実際にはバイキングが到達した１０００年前には緑が豊かな土地だったことによる。

デンマークの首都のコペンハーゲンはドイツの北にあるユラン半島（ユトランド半島）ではなく東のシェラン島にあり、スウェーデンのマルメとは橋でつながっている。コペンハーゲンの北にあるヘルシンユアからはスウェーデンのヘルシンボリまでフェリーで15分ほどで行ける。スウェーデンはクローナ（ＳＥＫ）、デンマークはクローネ（ＤＫＫ）と通貨は違うが、ヘルシンユアとヘルシンボリでは相手国の現金を受け取ってくれる店も多い。距離も近く簡単に両国を移動でき、越境の買い物も簡単だ。オンラインショッピングでも越境取引をしている人は多く、外国のオンラインショップから購入したことがある人は32％になる。[*9]

デンマークでは１７１３年に紙幣が発行された。デンマークの中央銀行はデンマーク国立銀行というが、１８１８年からデンマーク国立銀行が独占的に紙幣を発行している。図表２－11では過去５年しかデータがないが、１９９０年以降、現金の流通額は増え続けており、紙幣だけでも１９９０年の２５０億クローネから２０１５年には６００億クローネまで伸びている。２０１２年以降は１０００

＊９　Postnord, E-commerce in the Nordics 2017. 越境オンラインショッピングの利用者はフィンランド46％、ノルウェー42％、スウェーデン29％で北欧全体では36％になる。デンマーク人の利用上位３カ国はイギリス、ドイツ、中国で近隣諸国に限らず広い地域のサイトを利用している。

クローネ札が伸びており、スウェーデンとは異なる様相を呈している。

デンマークでは硬貨は、50エーレ（øre）、1、2、5、10、20クローネ、紙幣は50、１００、２００、５００、１０００の5種類が発行されている。１００エーレ＝１クローネで、1―24エーレは0エーレ、25―74エーレは50エーレ、75―99エーレは１クローネになるようなラウンディングが実施されている。紙幣は２００９年から２０１５年にかけて新デザインに切り替えられたが、古いものも使うことができるため、かなりの量の１０００クローネ札や５００クローネ札が退蔵されているものと予想される。特に、２０１２年にマイナス金利政策が導入されて以降、１０００クローネ札の流通が増えており、これも退蔵を思わせる。

デンマークのキャッシュレス化の歴史は１９８４年にデビットカードのDankort（デンコート）のサービス開始から、１９９９年にオンライン銀行、２０１３年には

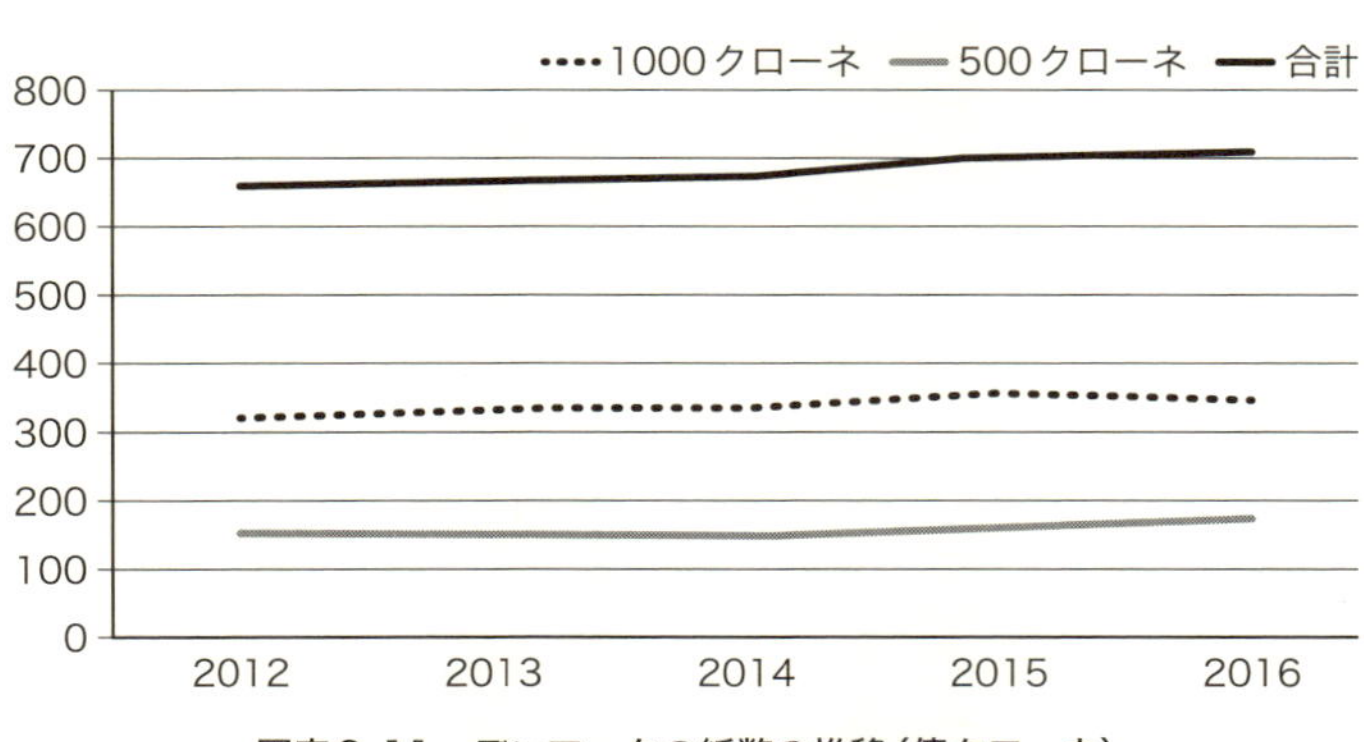

図表2-11　デンマークの紙幣の推移（億クローネ）

出所：ECB

MobilePay、2015年には非接触型支払いと進んできている。Dankortはクレジットカード会社のVisaと協力してVisaDankortとしても展開しており、現在はVisaDankortの方が保有者が多い。ユーザーから見ると支払いはクレジットではなくデビットになり、Visa は Dankort 支払いの手数料の一部を受け取っているようだ。

デンマーク国立銀行によると、デンマークでの支払いの約80％はカード払いだが、カード払いのうち約97％がデビットカード、Dankort払いはカード払い全体の約83％とほとんどの支払いがDankortになっているといえる。2016年には、Dankortによる年間の支払い回数は1人当たり223回、金額では6万5000クローネに上っている。1人当たりの年間の手取り収入は約22万5000クローネなので、年間の手取り収入の約4分の1はDankortで支払っていることになる。4分の1はあまり多くないのではと思われるかもしれないが、家賃や通信料、ローンの支払いなどは引き落としになっていることや一定額は貯蓄されていて使われないことを考えると、Dankortはかなり大きな割合を占めているといえる。

Dankortが普及した理由の1つに手数料の安さがある。店舗が支払う利用料金は年会費が1000―1100クローネ、1回ごとの支払手数料は100クローネ以下の少額であれば最大で1・1クローネ、100クローネを超えると1・45クローネ＋0・1％となっており、例えば2000クローネの支払い手数料は3・45クローネとなる。オンラインショップに課される手数料は0・54クローネ＋0・19％だが、2・5クローネという上限が設定されている。数％といわれるクレジットカードの手数料に比べるとはるかに低く、店舗は現金の管理などを考えるとDankortを受け入れるのは理に適っている。

デンマークには２０１０年に開始したNemIDという電子認証システムがあり、４７０万人が利用している。NemIDはオンライン銀行だけでなく、電子政府サービスでの税金支払いなどでも使うことができる。２０１７年３月にMitIDへのアップグレードが公表され、２０１９―２０２０年をめどに新しい方式に移行する予定となっている。

デンマークにはデンスケ銀行（Danske Bank）が提供しているMobilePayというサービスがある。２０１３年５月にサービスを開始し、３７０万人にまでユーザーを増やしている。７万５０００店舗で使え、年間の支払い回数は２億１４００万回に上っている。デンマークの電車のチケットの74％がMobilePay経由で購入されるなど、デンマーク人の生活に入り込んでいるキラーアプリだ。デンマークにはノルデア銀行などが共同開発したSwippというモバイルペイメントもあったが、２０１７年２月に後発のMobilePayに統合する形で撤退した。MobilePayはフィンランドにも進出して一定のユーザーを獲得している一方で、ノルウェーではVippsに統合する形で撤退した。MobilePayを利用するには、Dankortを登録する必要があり、Dankortと必ずしも競合するわけではなかったが、多くの銀行が参加していたSwippがデンスケ銀行が主導権を握るMobilePayに統合されたことで他の銀行にとってビジネス上の問題が生じた。そのような状況の中で２０１７年にDankort Appが登場すると状況が大きく変わってきた。Dankort Appはスマートフォンで使えるアプリでスマートフォンをかざすだけの非接触型支払いにも対応している。両者は激しく争うようになり、例えば大手スーパーのNettoは２０１７年10月にMobilePayの端末を撤去してDankort Appのみを受け入れると表明した。その他にも、Bilka、Føtex、SallingなどのＩ小売店ではDankort Appのみを受け入れている。Dankort Appが利用できる店舗は2万に達しており、MobilePayのライバルとして急速に成長している。一方でMobilePayは駐車場サービスのParkOneと提携するなどし、支払いの件数も金額も伸ばしている。ユーザーにとって店舗の囲い込み競争は不便なように見えるが、２つのアプリをインストールしておけば済む話であり、ユーザーには今のところ大きな混乱はないようだ。しかし、MobilePayに他の銀行も参加できる仕組みであったらこのような競争は起こらずに済んだといえる。

ノルウェー

ノルウェーはＥＵに加盟せず、ＥＥＡ（欧州経済領域）に参加している。ＥＥＡはＥＵではないもののＥＵの単一市場に参加しているため、事実上のＥＵ経済圏にあるといってもいい。ノルウェーは漁業国であるとともに、ヨーロッパ最大の産油国でもあり、原油や天然ガスを輸出している。第7章に登場するＧＰＦＧは原油や天然ガスの収益の一部を積み立てて国際的な金融投資を行っている。ただし、ノルウェーの電力はほぼ全て水力でまかなっている。

ノルウェーの通貨はクローネ（ＮＯＲ）といい、補助単位エーレ（øre）もあるが硬貨は廃止されており、スウェーデンと同じ方式のラウンディングが実施されている。スウェーデンはクローナ、デンマークとノルウェーはクローネ、アイスランドはクローナ（ＩＳＫ）とややこしい。英語だと全て Crown で簡単だ。

ノルウェークローネの硬貨は1、５、10、20の４種類、紙幣は50、１０0、２００、５００、１０００の５種類だ。硬貨は１９９０年代から変わっていないが、紙幣は最新のシリーズⅧが２０１７—２０１９年にかけて発行されているところだ。旧札になるシリーズⅦは新札の発行から１年で廃止になるため、旧札を保有している人は両替などの対策が必要だ。ちなみに、シリーズⅠは１８７７年に発行された。

ノルウェーの紙幣は２０１５年まで横ばいだったが、２０１６年から減少し始めている。１０００クローナ札が減少して５００クローナ札が増加する形で順位が入れ替わっている。図にはないが、２００クローナ札までの少額紙幣も２０１５年までは増加傾向にあった。まるで国全体で大きな額面の紙幣が小さな額面の紙幣に両替されているように見える。

ノルウェーでは、１９９1年に始まった BankAxept が普及している。BankAxept はデビットカードであり、ノルウェーの全ての銀行が参加し、ほぼ全ての店舗で使えるサービスとなっている。カード支払いの８割が BankAxept で行われており、10万カ所以上で使うことができる。現在

図表2-12　ノルウェーの紙幣の切り替え

紙幣	シリーズⅧの発行日	シリーズⅦの廃止日
50	2018年第４四半期	2019年第４四半期
100	2017年５月	2018年５月30日
200	2017年５月	2018年５月30日
500	2018年第４四半期	2019年第４四半期
1000	2019年第４四半期	2020年第４四半期

出所：Norges Bank

は２０１４年に設立されたBankAxept ASがシステムの開発などを担っており、非接触型のカードは２０１８年2月までに２００万枚発行された。ちなみに、磁気ストライプ式のBankAxeptカードは２０１１年12月に使えなくなった。

BankAxeptはユーザーが支払い手数料を負担する。支払いには1回あたり０・９クローナの手数料がかかる。手数料を無料にするためには年会費が２０８・６クローナのプレミアム会員になる必要がある。そのような手数料があるからか、BankAxeptの利用は近年徐々に減り始めている。手数料がどうしてもいやなら現金を使うしかなかったが、２０１５年5月にVippsが登場した。VippsはＤＮＢという銀行が開発したが、ノルウェーで営業する全ての銀行が参加できる。VippsにはVippsGoという店舗がVippsを利用したカスタマイズページを作成できるサービスがある。

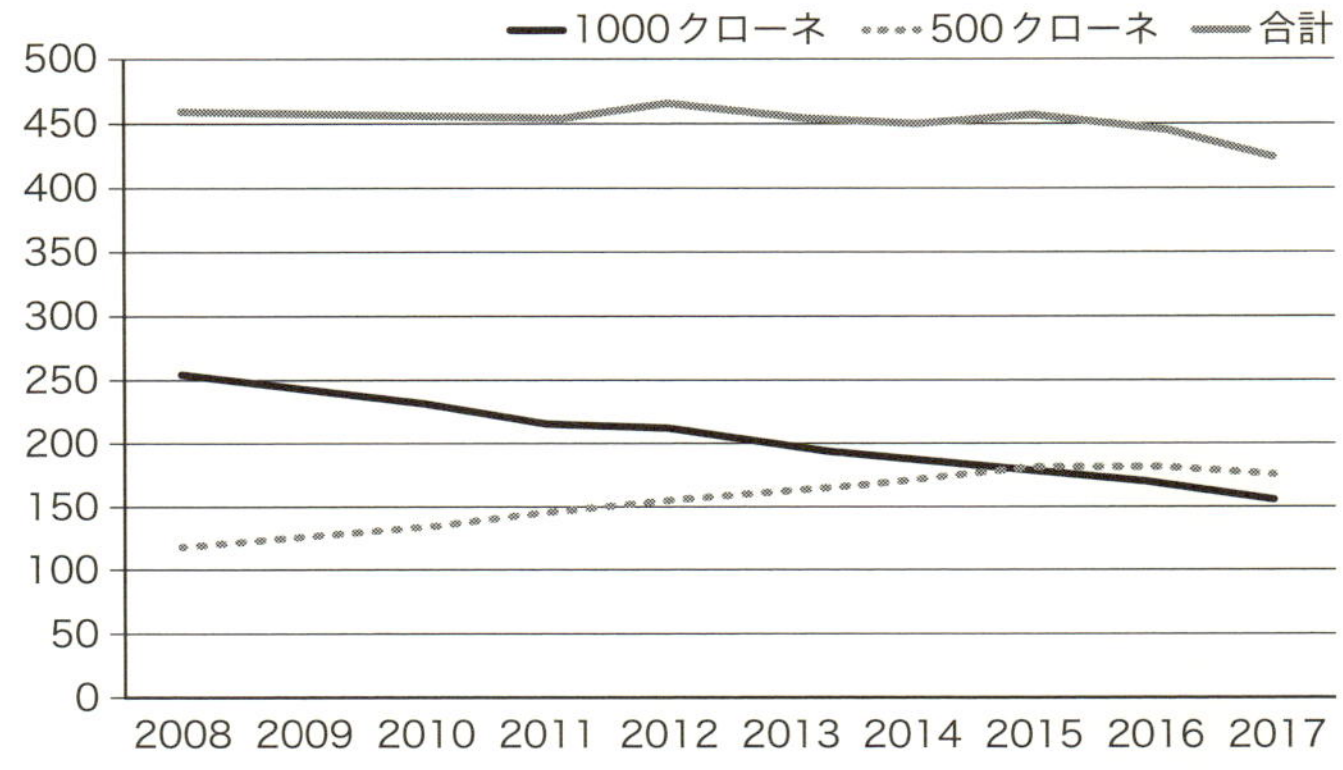

図表2-13　ノルウェーの紙幣の推移（億クローネ）
出所：Norges Bank

Vipps は個人間のお金のやり取りであっても５０００クローネを超えると１％の手数料がかかる。また、店舗が支払う手数料は１・７５―３・５％とやや高い印象を受ける。慈善団体も１・７５％の手数料を支払う必要がある。

フィンランド

日本から飛行機でヨーロッパに向かうと、フィンランドが最も早く到着できるEU加盟国となる。１９９９年からユーロに参加しており、北欧諸国の中で唯一ユーロが使える。首都のヘルシンキは多くの観光客が訪れるが、観光客はクレジットカードや現金を使う傾向にある。スウェーデンの Swish やノルウェーの Vipps などは現地の銀行口座が必要だからだ。図表１－７（20ページ）では、フィンランドのキャッシュレス化は北欧の中で最も遅れていることになっているが、観光客が一因になっている可能性はある。ただし、北欧はどこも観光客が多く、フィンランドだけキャッシュレス化が低い説明としては無理があるかもしれない。他の要因を探ってみよう。

ユーロにはフィンランドが参加した１９９９年には11カ国が参加し、現金の発行が始まった２００２年にはギリシャが加わり参加国が12カ国になった。この間の３年間は計算上のみユーロが存在し、人々はフランスフランやイタリアリラなどを使っていた。２００２年１月１日にユーロの現金が使えるようになったが、旧通貨が廃止になったのは同じ年の２月末だ。当時の12カ国の人口は合計３億人だったが、３億人の支払い行動がたった２カ月間で大きく変わった。ユーロへの切り替えは、単に現金のデザインが変わるという問題ではない。ユーロに切り替える為替レートは6桁で表示され（例えば、1ユーロ＝5・94573フィンランドマルカ）、家中の現金を銀行で交換する必要がある。大都市だけでなく地方も含めて、全ての年代の人々が対応しなければならない。子供への教育も必要だ。日本では何か新しい試みをしようとすると、「日本は人口が多いから無理」という反論が必ず出てくる。それは単にやりたくない理由に人口が使われているだけだ。もちろん準備も必要だが、やり遂げる意思が重要だ。なにしろヨーロッパでは3億人の生活様式を2カ月で変えるような政策が実行されている。

フィンランドでは他の北欧諸国に見られるようなキラーアプリがない。図表2－14のように、多くのサービスが展開しているが、認知度も利用度も高くない。このような状況では、店舗は多くのサービスに対応させた準備が必要となり、非常に煩雑なだけでなくコストもかさむ。キラーアプリがないことがキャッシュレス化を遅らせていると言え、これは日

図表2-14　フィンランドのモバイルペイメント

	認知度	利用率
Mobiilimaksu	53%	10%
Siirto	30%	10%
MobilePay	48%	7%
Pivo	45%	5%
Nordea Pay	29%	3%
Aktia Wallet	29%	3%
ApplePay	18%	1%
Payson	13%	1%
Masterpass	8%	1%
Seqr	5%	1%

出所：Paytrail（2017）, Finnish E-commerce, p.39.

本にも当てはまる。その中でも２０１７年3月にスタートしたSiirtoは、55万人のユーザーを獲得しており、成長の過程にある。Nordea、S-Pankki、ＯＰグループが参加しており、複数の銀行によって展開されているサービスである。ＱＲコードやブルートゥースを用いたサービスを展開する予定となっている。

ちなみに、図表２－14の出所にあるPaytrailは決済サービスの企業で、クレジットカードやモバイルペイメントなど数多くの支払い方法に対応した店舗向けサービスを展開している。

ルクセンブルク

ルクセンブルクは人口が59万人しかいないが、金融業と鉄鋼業が盛んで、ＥＵ28カ国の中で最も１人当たりＧＤＰが高い国だ。かつてはタックスヘイブンとしてヨーロッパ中の資金を集めてきた。タックスヘイブンとは税制の優遇制度を意味している。金融投資による利益への課税を極力減らすことで投資家の手取り額が増えるため、多くの投資家や資金を集めることができる。それは金融機関がルクセンブルクに集まることを意味し、ルクセンブルクは金融センターとして成長してきた。現在はＥＵの統一ルールのためタックスヘイブンではないが、すでに金融セクターによる産業クラスターが形成されており、ヨーロッパの中でも有力な金融センターの１つであり続けている。産業クラスターとは同じ業界の企業が地域に密集することで情報を交換したり共同開発したり、企業と顧客とのマッチングがしやすくなったりと、地域が専業化することをいう。金融セクターでも人の交流などの面で産業クラスターの優位性がある。

ルクセンブルクは、プライベートバンキングとフィンテックの２本柱により、金融セクターを強化しようとしている。プライベートバンキングとは富裕層向けの金融サービスであり、例えば金融資産２０００万ユーロ以上の顧客を対象にリレーションシップマネジメント、アセットマネジメント、タックスマネジメントなどの総合的なサービスを提供している。フィンテックは金融を意味するファイナンスと技術を意味するテクノロジーからなる造語であり、本書で紹介しているモバイルペイメントなどの新技術を金融業に取り入れることを指している。LUXFIN2020という戦略のもと、ルクセンブルク市郊外の整備やルクセンブルク大学の教育カリキュラム改正などを行って、金融センターとしての地位向上を狙っている。日本ではあまり知られていないが、もっと注目されていい場所の１つだ。

ルクセンブルクでは、Digicashが２０１２年11月にサービスを開始した。ちなみに、Digicashという名前は１９８９年に作られた世界初といっていい仮想通貨と同じ名前でもある。もちろん、Digicashというのはデジタルなキャッシュという意味で、両者には関係はない。Digicashはルクセンブルク政府の研究開発プロジェクトにより誕生し、ＢＣＥＥ（Banque et Caisse d'Épargne de l'État）という銀行の口座保有者が使えるサービスとなっている。

ベルギー、オランダ

ベルギーは北はオランダ、南はルクセンブルクとフランスに接していることから、北部ではオランダ語、南部ではフランス語が主に用いられている。経済ではヨーロッパの主要なハブ港であるアントワープなどを擁する北部が好調で、南部は成長から取り残されている。言語の違いに加えて経済的な違いもあり、ベルギーの南北問題はEUの経済政策にも悪影響を与えている。多くの日本人にとってはワッフルやチョコレートなど食べ物が思い浮かぶ国だと思う。

ベルギーでは2014年12月にスタートしたPayconiq（ペイコニーク）が展開している。もともとはオランダのING銀行の一部門が開発したサービスだが、ベルギーのKCBやBelfisなどの銀行が参加してベルギーで展開している。ベルギーでは3万5000店舗、オランダでも1万店舗で使うことができる。なお、Payconiqの本社はルクセンブルクに移転した。2018年1月にはドイツのミュンヘンにも進出し、ベネルクス3カ国に加えてドイツでも使えるサービスとして普及を目指している。Payconiqは決済手数料を公開しており、店舗は1回の支払いにつき6セント（一部のケースでは12セント）の手数料を支払う。手数料が非常に安いことは重要だ。どんなに素晴らしいサービスであっても、使える店舗数が少なければ意味がない。1回1回の決済手数料で稼ぐという発想では、新しいサービスを普及させることはできない。Googleなどのサービスは無料で利用できるからこそ世界中に普及している。手数料ではなく、データで稼ぐという発想が金融業にも必要だといえる。

ABNアムロが開発したTikkieは決済サービスiDEAL（42ページ）を使うアプリで、2016年

6月にサービスを開始した。オランダで展開しているが、２０１８年3月にはドイツにも進出した。ＡＢＮアムロ、ＩＮＧ、ラボバンク、インターネット専業銀行で17万５０００人の顧客を持つKnabのユーザーが使うことができる。

イギリス

イギリスはヨーロッパで最も早く産業革命が起きた国であり、20世紀後半には金融業を中心とする社会に産業転換を果たしている。ロンドンは世界的な金融センターであり、世界から金融機関と優秀な人材が集まって産業クラスターを形成している。ロンドン中心部のシティーという場所は金融街の象徴となっている。イギリスは２０１７年3月にＥＵからの脱退を通告し、２０１９年3月に脱退する予定となっている。ＥＵとの交渉により、２０２０年末までは移行期間ということでＥＵのルールが適用されるが、２０２１年以降の状況は未定となっている。ＥＵから脱退することで、イギリスの金融機関が金融パスポートを失うと見られている。

金融機関を設立するためには、免許を取らなければならない。金融機関は人や企業の財産を扱うため誰でも運営できるわけではなく、各国の法に基づいた基準をクリアしたうえで免許の申請をする。つまり銀行や決済サービス事業者になるための条件は国によって異なるわけだ。そのため、日本の金融機関がイギリスに支店を出すためにはイギリス政府からの許可が必要であり、ドイツに支店を出すためにはドイツ政府に改めて申請し直さなければならない。これでは非常に不便なので、ＥＵでは金融機関の免許の基準を統一している。イギリスで免許を取れば、ドイツやフランスでは改めて免許を取る必要がなく自由に支店を開設できる。パスポートを持っていればどこでも自由に旅行できることに似ているため、この制度は金融パスポートと呼ばれている。

単一の「金融パスポート」というものがあるように報道されているが、実は図表２－15のように業界ごとに細かく分かれている。[*10] アウトバウンドとはイギリスで免許を取ってＥＵで展開している金融機関の数、インバウンドとは逆にＥＵで免許を取ってイギリスに展開している金融機関の数を表している。銀行の免許は資本要件指令になる。「指令（Directives）」というのは、ＥＵが作る法律の１つで、ＥＵが作った法律は全ての加盟国に法として適用される。

イギリスがＥＵから脱退すれば、イギリスの金融機関がドイツ、フランス、イタリアなどに進出する際に改めて免許を取る必要がある。それを回避するために、今のうちに拠点の一部をイギリスから脱出させておく金融機関が増えつつあり、ロンドンの金

図表2-15　金融パスポートの例

パスポート名	アウトバウンド	インバウンド
オルタナティブ投資ファンドマネージャー指令	212	45
保険仲介者指令	2758	5727
金融商品市場指令	2250	988
決済サービス指令	284	115
UCITS指令	32	94
電子マネー指令	66	27
資本要件指令Ⅳ	102	552
ソルベンシーⅡ指令	220	726

出所：House of Lords , Brexit：Financial Services, HL Paper 81, 2016, p.12.

融センターとしての地位低下が危惧されている。図表2－16のように多くの金融マンがイギリスから流出する予定であり、すでに流出した人もいる。流出先はフランクフルトやパリなどが多い。

イギリスの通貨はポンド（GBP）である。EUに加盟した国はいつかはユーロに切り替えなければならないが、イギリスとデンマークはユーロに切り替えなくてもよいという適用除外の扱いを受けている。イギリスの中央銀行であるイングランド銀行は1694年に設立された。

イギリスポンドの硬貨は1、2、5、10、20、50ペンスと、1、2、5ポンドの9種類がある。5ポンド硬貨は店舗が受け取りを拒否できるため、ほとんど流通していない。このうち、1ポンド硬貨は2017年3月に丸型から12角形に切り替えられ、古い1ポンド硬貨は2017年10月に廃止になっている。ちなみに、1ペンスと2ペンスは

＊10　金融パスポートがあれば、EU28カ国にアイスランド、ノルウェー、リヒテンシュタインの3カ国を加えた31カ国で営業できる。

図表2-16　イギリスから流出する金融機関

金融機関	移動人数	イギリスでの従業員数
JPMorgan（アメリカ）	4000	16000
Deutsche Bank（ドイツ）	4000	9000
UBS（スイス）	1500	5000
Goldman Sachs（アメリカ）	1000	6000
HSBC（イギリス）	1000	5000
Société Générale（フランス）	400	2000
Bank of America	300	4500
Morgan Stanley（アメリカ）	280	6000
Citigroup（アメリカ）	250	9000
Barclays（イギリス）	150	10000

出所：Bloomberg, Frankfurt Is the Big Winner in Battle for Brexit Bankers, 2018年3月時点の情報。

銅製のものと銅メッキのものが混在している。銅の国際価格が高くなると銅製の硬貨を作ると赤字になるため、１９９２年以降は鉄製の銅メッキ硬貨が流通している。鉄製は磁石に付き、銅製は磁石に付かないことで見分けることができる。

紙幣はイングランド地域では、５、10、20、50ポンドの４種類が流通している。ただし、これはイングランドとウェールズの話で、スコットランドと北アイルランドでは１ポンド札や１００ポンド札も発行されている。１８４４年の銀行法（いわゆるピール条例）で紙幣はイングランド銀行が独占的に発行することが決められたが、この法律はイングランドとウェールズにしか適用されなかった。そこで、法律の適用外だったスコットランドではＲＢＳなど３行が、北アイルランドではアルスター銀行など４行がそれぞれ独自デザインの紙幣を発行している。北アイルランドなどで発行された紙幣も法定通貨なのでイングランドで使えるが、多くの店で受け取りを拒否されるだろう。

イングランドで発行されている紙幣については現在切り替えが進められており、古い紙幣は廃止される。イギリスを訪れる人は多いと思うが、手元の紙幣は廃止になっている可能性が高い。20ポンド札について

図表2-17　イギリスの紙幣

紙幣	現行紙幣：発行日	廃止になった紙幣：廃止日
5	ウィンストン・チャーチル：2016年９月	エリザベス・フライ：2017年５月
10	ジェーン・オースティン：2017年９月	チャールズ・ダーウィン：2018年３月
20	アダム・スミス：2007年３月	エドワード・エルガー：2010年６月
50	ボルトンとワット：2011年11月	ジョン・ハブロン：2014年４月

出所：Bank of England

は２０２０年に切り替えられる予定で、肖像部分には画家のターナーが内定している。新しい５ポンド札と10ポンド札ではポリマー紙幣が採用されている。紙にプラスチックが混ぜられており、耐久性が高まり衛生面も向上するだけでなく、偽造もしにくくなる。ポリマー紙幣はルーマニアなどでも発行されている。

イギリスは金融が発達している国であり、ＩＣＴ産業も活発で新しいサービスが次々に生まれている。ロンドン市内のバスは２０１４年７月から現金の支払いができなくなっている。現金が使えないバスのことをcash free busという。現金が自由に使えるという意味ではないので注意が必要だ。カード払いやオンライン銀行もあり、モバイルペイメントも登場してはいるものの、イギリス全体としてみると現金の流通が増え続けており、図表２－２で見たようにＡＴＭも増え続けている。図表２－18のよう

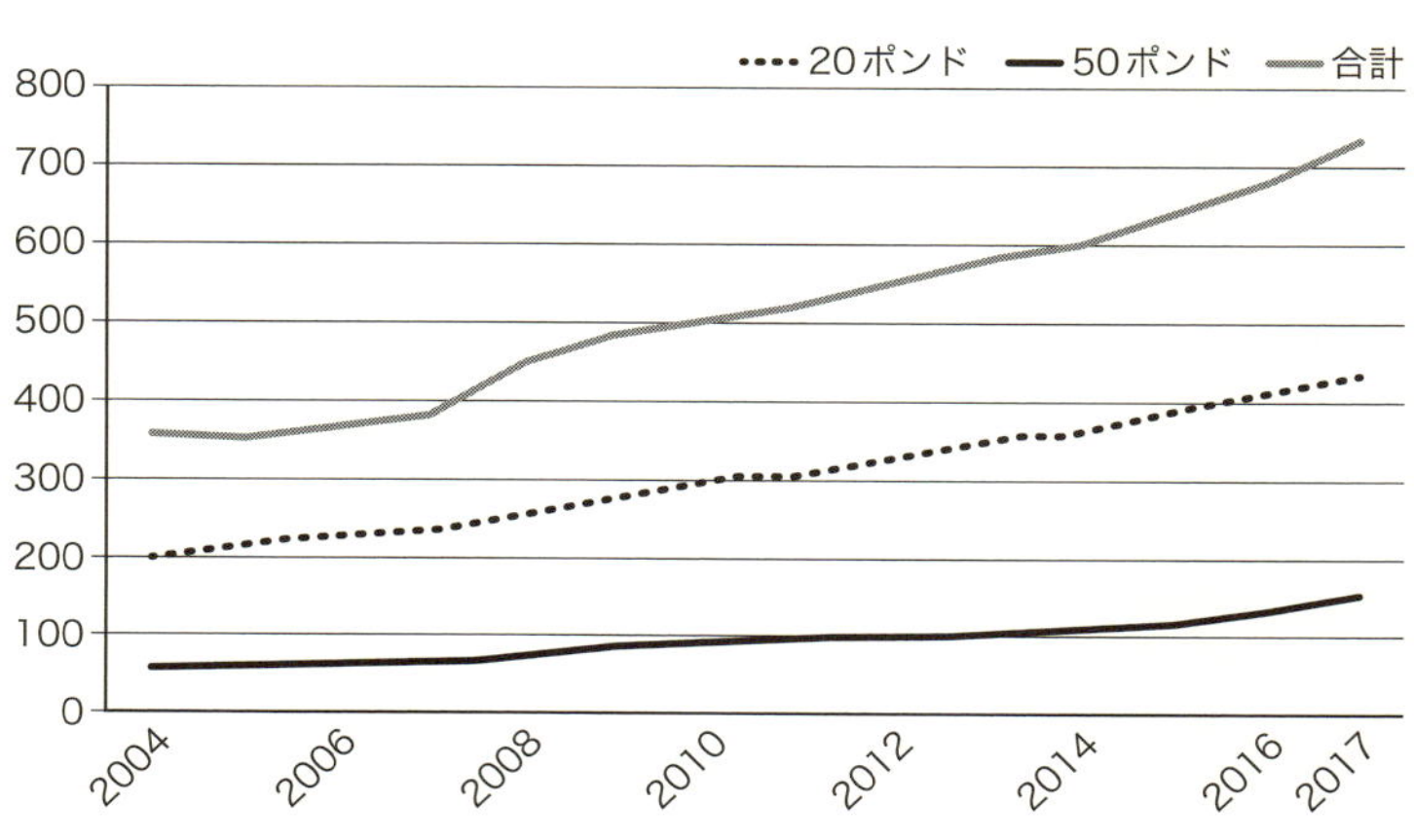

図表2-18　イギリスの紙幣の流通（億ポンド）
出所：Bank of England

に50ポンド札よりも20ポンド札の方が多く出回っていることから、退蔵ではなく日常的な利用の目的で現金が保有されていると思われる。

イギリスにはVocaLinkという企業があり、給与や社会保障関係の振り込みなどのシステム、ATMのプラットフォーム管理などを行っており、シェアは100％に使い。モバイルペイメントのPaym（ペイエム）の技術提供をしたり、モバイル銀行アプリのZappを開発したりしている。PaymはHSBC、ハリファックス、ロイズ銀行、サンタンデールなど9行が参加して2014年4月に開始したサービスだ。現在は参加銀行が増えており、理論上はイギリスの銀行口座の90％をカバーしている。サービス開始から1年で280万人のユーザーを獲得したが、2016年9月の時点で330万人にとどまっており、Paymの普及は失敗に終わったとする論調もあるようだ。イギリスでは確かにキャッシュレス化は進んでいるものの、ペースは決して早いとは言えない。

3　キャッシュレス化を進める決済システム

オンライン銀行やモバイルペイメントサービスの共通点

ここまでいくつかの国での取り組みを見てきたが、サービスにはいくつかの共通点があることが分かる。まず第1に、支払いが24時間365日いつでも実行できるようになっている点だ。逆に24時間365日が実現していないということは、夜間や日曜日などは使えないということになる。日本では、銀行振り込みは平日の昼間にしか行えないことが多い。[*11] 土曜日に振り込みの操作をしても実際にお金が相手に届くのは月曜日、もし月曜日が祝日なら火曜日になる。

第2はお金が即座に支払われるということだ。多くのサービスではOKボタンなどを押したら、(実際には数秒かかることもあるが)すぐに預金の残高は減っている。ただし、これはユーザーの視点から見た話であり、お金を受け取る店舗や支払いサービスを提供する事業者の状況には様々なパターンがある。少しややこしい話なので後でもう一度振り返ろう。

第3に、支払いの際に相手の銀行の口座番号ではなく携帯電話番号などを指定すれば支払いができる。日本の場合、銀行振り込みには相手の銀行名(または銀行番号)、支店名、口座種類、口座番号、相手の名前などの情報が必要になるが、これだけ多くの情報をいちいち入力するのは面倒だ。口座情報と紐付けられたID番号、つまりエイリアスがあれば簡単だ。

最後に、多くのサービスでは利用料金が安い。支払いをする個人のユーザーの手数料は多くの場合は無料で、有料でも非常に安く設定されている。ユーザーは手数料が高いサービスを利用しないのは明らかだ。ただ、ここで重要なのはもう一つの利用料金の方だ。それは支払いを受ける店舗に対する手数料だ。日本ではクレジットカード払いを受け付けない店舗が多いが、それは決済手数料が高いためだ。カード会社によっても異なるが、1件当たり2—5%くらいの手数料に加えて月額料金などが

*11 自行内の振り込みであれば自社システム内で数値を変更するだけで済むため、オンライン銀行などでは24時間振り込み(自行内の場合は振り替えということが多い)を受け付けている。

課されているようだ。本章で見てきたサービスでも手数料を公開していないものもあるが、店舗にとって安価で使えるというのが普及の条件になる。なお、キャッシュレスな支払いサービスのほとんどは電子的に行われるため、支払いデータの収集が簡単にできる。支払いデータの販売や活用については第6章で見ていこう。

なお、課題となる共通点もある。MobilePay や Payconiq のように複数の国で展開しているサービスもあるが、多くのサービスは一国内だけで展開している。それは複数の国で支払いサービスを展開させるためには、この後で説明する決済システムの接続やルールの統一など高いハードルが存在するためだ。Payconiq や Tikkie などドイツに進出しようとしているサービスがあったが、図表1－7（17ページ）や図表2－2（37ページ）で見たようにドイツのキャッシュレス化は高くなく、ビジネスチャンスが大いにあることが背景にある。さらに、ＥＵではＳＥＰＡなどの支払いに関する統一的な取り組みが進められていることも重要な要因だ。この点については第6章で見ていこう。

各国の決済システム

これらの要素を実現させるための重要なインフラが決済システムだ。決済システムというのは難しい言葉だが、お金の支払いに関わる一連のプロセスを実行する場を指している。[*12] 第1章でも見たように銀行預金の移動は電子的に行われる。決済システムの中で振り込みや引き落としなどのデータが集められて処理されることが、支払いということになる。24時間３６５日の支払いを可能にするためには、決済システムが休みなく稼働し続けなければならず、そのためのルール作りや運用が必要になる。

ＢＩＳ（国際決済銀行）の中に、決済システムの動向などを分析している委員会がある。その委員会の資料を見てみよう。[*13] 本書の構成上、ヨーロッパの取り組みを紹介しているが、ヨーロッパ以外の地域でもオンライン銀行やモバイルペイメントは広がっており、サービスを支える決済システムの改革が進められている。図表2－19のように、先進国だけでなく途上国でも取り組みが進められており、日本の改革はどちらかというと遅い方だ。日本については第6章で見ていこう。

図表2－19には何やら難しそうな用語が多いので、少し補足する。各国のシステムの名前は略称を載せている。イギリスと香港は同じ略称になっているが、元の英語は少し違っている。名前にこだわる必要はないが、ＥＵのＳＥＰＡやオランダのInstant Paymentsは決済システムの名前というよりは取り組み名だ。ほとんどの国では、オンライン銀行やモバイル端末からの支払いにも対応しているが、システムに直接接続する形で参加できるのは銀行だけ、という国が多い。最後の欄はテクニカルな話になるが、ユーザーが支払いボタンを押したときにお金の移動がすぐに完了するのがＲＴ、見た目はお金が移動したように見えるが実際のお金の移動は後で実行するシステムがＤＦで表示されてい

＊12　詳しくは、中島真志・宿輪純一『決済システムのすべて』東洋経済新報社。
＊13　BIS Committee on Payments and Market Infrastructures, Fast payments – Enhancing the speed and availability of retail payments, Nov. 2016.

る。ＤＧも同じような仲間だが、ＤＦと異なりネッティングを行わない。

決済システムの設計

まずは、ＲＴの即時決済の仕組みを見ていこう。私たちユーザーが店舗で支払いをすると、スマートフォンのアプリなどが支払い指図をＰＳＰに送る。ＰＳＰ（Ｐａｙｍｅｎｔ Ｓｅｒｖｉｃｅ Provider）は決済サービス事業者であり、普通は口座を開いている銀行がＰＳＰに相当する。ＰＳＰは支払い指図が正しいユーザーか

図表2-19　迅速な支払いサービスを支える各国の決済システム

国	システム名	稼働年	OP、MP	参加者	方式
韓国	EBS	2001	○、○	B、NB	DF
南アフリカ	RTC	2006	○、○	B	DG
イギリス	FPS	2008	○、○	B、NB	DF
中国	IBPS	2010	○、○	B	DF
インド	IMPS	2010	○、○	B、NB	DF
スウェーデン	BiR	2012	×、○	B、NB	RT
トルコ	BKM	2013	×、○	B	DF
デンマーク	Straksclearing	2014	○、○	B	RT
イタリア	Jiffy	2014	○、○	B、NB	DF
シンガポール	FAST	2015	○、○	B	DF
スイス	Twint	2015	×、○	B	DF
メキシコ	SEPI	2015	○、○	B	RT
オーストラリア	NPP	2017	○、○	B	DF
EU	SEPA	2017		B、NB	
オランダ	Instant Payments	2019	○、○	B	DF
サウジアラビア	FR-ACH	2018	○、○	B	DF
香港	FPS	2018	○、○	B	RT
日本	全銀システム	2018	○、○	B	DF

注：空欄は未定またはデータなしを表す。OPはオンライン支払、MPはモバイル支払いを表す。方式欄のDFは繰り延べネッティング、DGは繰り延べグロス決済、RTは即時決済を表す。参加者のBは銀行、NBは銀行以外のサービス事業者を表す。

出所：BIS CPMI, Fast payments – Enhancing the speed and availability of retail payments, Nov. 2016に加筆。

ら送られたものなのかどうかを確認する。つまり認証だ。同時に口座に充分な残高があるかどうかも確認し、残高不足であればエラーを返して支払いの手続きが止まる。認証と残高確認をクリアすれば、ＰＳＰはクリアリングハウスに支払い指図を転送する。クリアリングハウスは受け取った支払い指図をもとに受け取り側の店舗のＰＳＰが登録されているか確認して、確認が取れ次第、送金処理を行う。送金処理が行われたことを支払い側と受け取り側の双方のＰＳＰに通知してクリアリングハウスの仕事は終わる。資金を受け取ったＰＳＰは店舗の口座にお金を入金する。文章で書くと面倒でややこしいが、図表２－20を順を追ってみていけば、プロセスはそんなに難しくない。

即時決済のシステムでは支払い指図が送られるたびに逐一処理をしていくが、文字通り即時

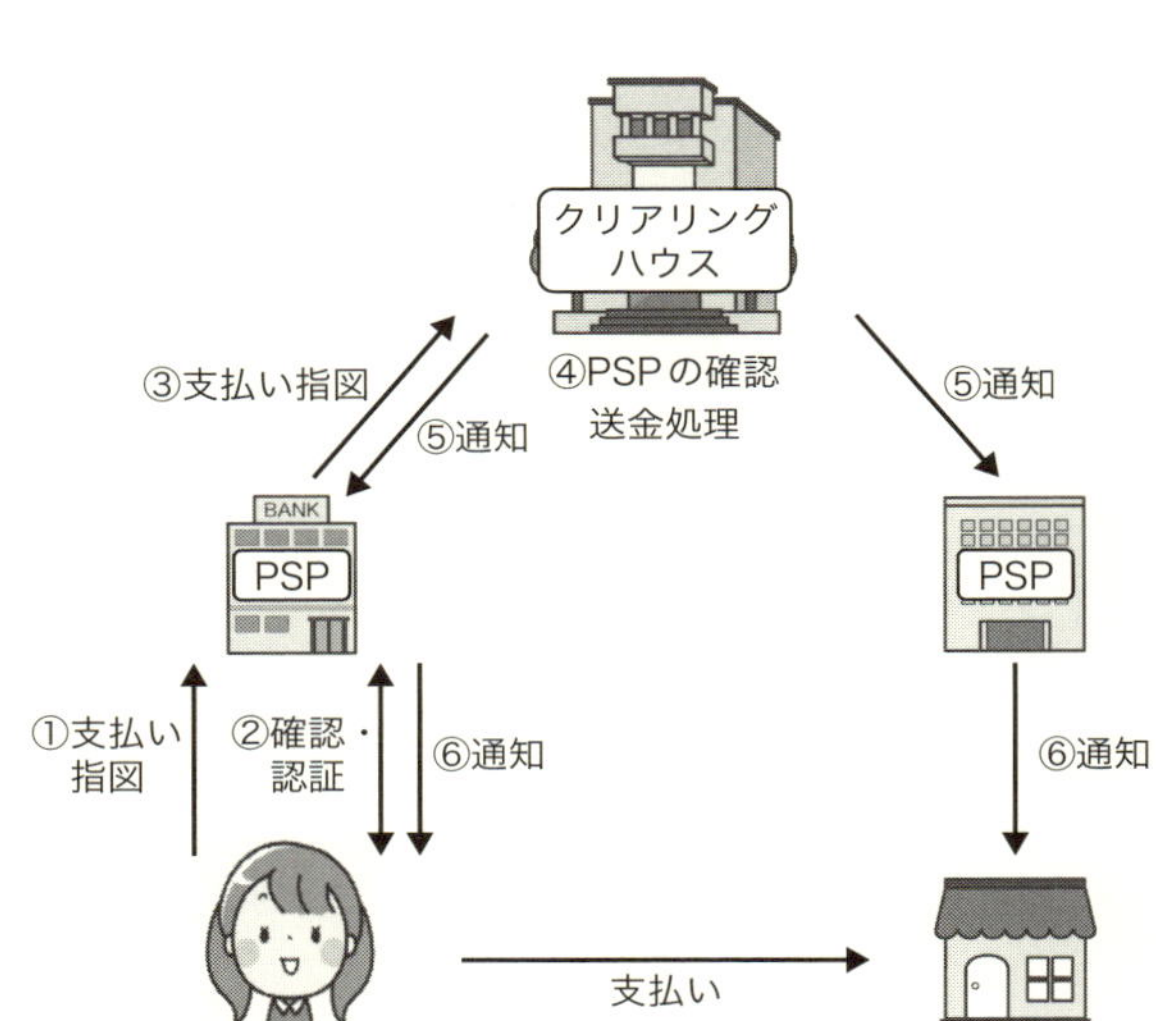

図表2-20　決済システムまで含めた支払いの仕組み

というわけではない。クリアリングハウスに大量の支払い指図が送られてくると、システム内で順番待ちが発生する。これを待ち行列という。メキシコのSEPIでは、支払い側のPSPによる認証などの確認に最大5秒、クリアリングハウスでの待ち時間が最大3秒、受け取り側のPSPによる確認が最大5秒で、最大13秒の時間がかかる。各国のシステムの仕様によって処理時間は変わるが、だいたい5秒から20秒くらいかかるのが一般的だ。クレジットカードやデビットカードで支払いをすると、OKボタンを押してからレジが反応するまで数秒かかるが、この間にPSPでの認証などが行われている。一方で、電子マネーやプリペイドカードはカードの認証だけで済むのでOKボタンを押してすぐにレジが反応する。

即時決済システムは仕組みは簡単だが、リアルタイムで進められることからシステム運用上のハードルが高い。また、短い時間に支払い指図が集中してもお金を移動できるようにPSPは事前に多くの金額を確保しておく必要がある。その一方で、最終的な支払いの完了をファイナルというが、即時決済方式では支払いがすぐにファイナルまで到達するというメリットがあり、受け取り側のPSPは本当にお金が手に入るのかという心配がない。

DFの繰り延べネッティング方式では、「繰り延べ」というところがポイントとなる。クリアリングハウスの中で支払い指図を溜めておき、一定時間ごとにまとめて処理することで効率性を高めている。

図表2－21では認証などの一部の処理を省略している。クリアリングハウスは支払い指図を受け取

るとＰＳＰの確認が済み次第通知を出す。この時点でユーザーから見ると支払いが終わったことになり、店舗は受け取ったことになる。しかし、実際にはクリアリングハウスの中に支払い指図が溜まっている状態で、まだ最終的な支払い、つまりファイナルにはなっていない。一定時間が経過すると、その時点で集まっている支払い指図を合算したりネッティングしたりする。図表２－21では２件の支払い指図が発生しているが受け取りは１つのＰＳＰで共通しているため、２つの支払い指図の金額が合算されている。反対方向の支払い指図があればネッティングも行われる。ＲＴ方式では送金処理が２回行われるが、ＤＦ方式では１回で済む。これだけだとあまりメリットがないように見えるが、支払い指図が数千件、数万件集まれば合算やネッティングの効果は大きくなる。送金処理が減ればシステムにかかる負担も小さくなる。

ユーザーのレベルでは支払い指図が届いた時点で支

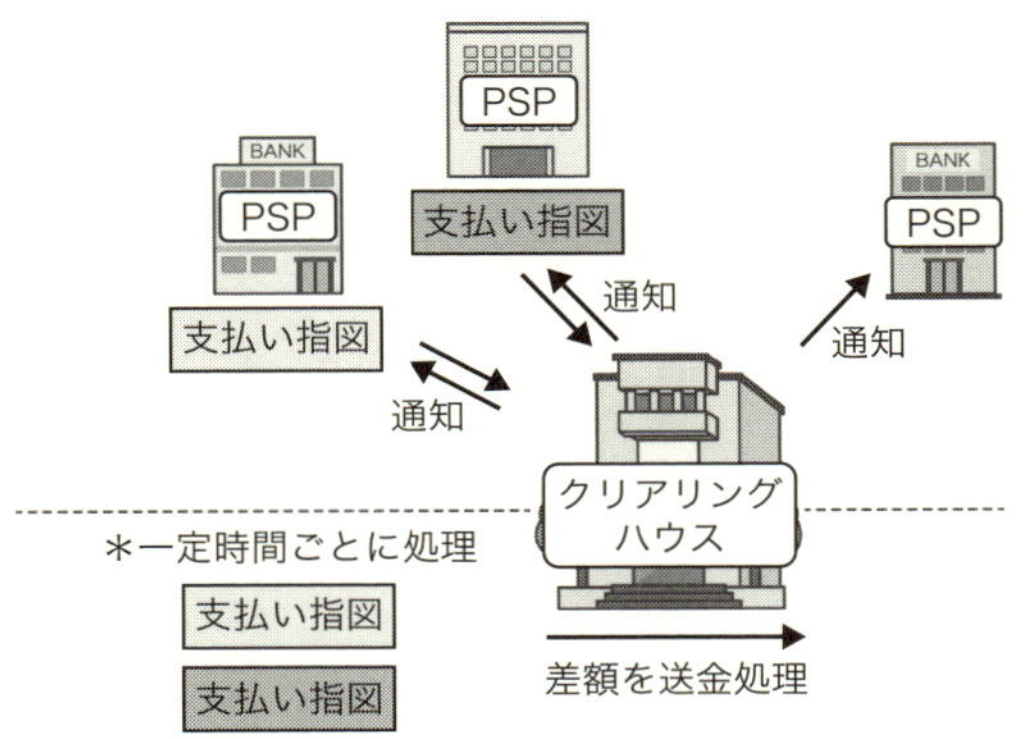

図表2-21　DF方式の決済システム

払いが完了したと「みなす」ところがこのシステムのポイントだ。レジでＯＫボタンを押してからレジが反応するまでに1時間も2時間も待たされては支払い手段としては全く利便性がない。ユーザーレベルでの支払いと決済システムレベルでの支払いを分けることで、ユーザーにとっての利便性とシステム運用の効率性を追及している。このような時間差取引の例は他にもある。例えば、株式の取引は株式とお金を交換するのは株式の売買が成立した約定日の3営業日後だ。営業日は土日や祝日を除いて計算する。株式を購入した約定日が月曜日だとすると、実際にお金を引き渡して株券を受け取るのは木曜日になる（株券は電子化されているので、本当に手元に株券が来るわけではない）。株式の場合はシステムが時代遅れのために約定と決済に間が開いているが、ＤＦ方式の決済システムの場合は、わざと間をあけることでネッティングの機会を増やそうとしている。ビットコインを店舗で支払いう際にも同じような仕組みが使われているようだ。

ただし、非常にまれなことではあるが、ネッティングが行われて実際にお金が移動するまでの数時間の間に、支払い側のＰＳＰが破綻してお金の移動が失敗する可能性もある。お金の移動が失敗することをフェイルという。図表２－19で紹介した各国のシステムでは1日に1～7回の送金処理を行っているが、送金回数が多いほど待ち時間が短くなるためフェイルのリスクは小さくなる。フェイル発生の確率やリスクをどのように数値化するか、実際にフェイルが発生した時に損失をだれが負担するのかなどもシステム構築の際に決めておく必要がある。例えば、フェイルによる損失をクリアリングハウスを利用する全てのＰＳＰが均等に負担する方法がある。フェイルを起こすような相手と取引をするのが悪いという考え方ではなく、システムの運用上起こるアクシデントだ、という考え方による。

現金は先進的？

本書では技術的な面は省略しているが、支払い指図の送信や通知の送信など通信面のことも決めておく必要がある。例えば、支払い指図のメッセージの書式はＩＳＯ２００２２に準拠しましょう、などと決める必要がある。私たちが普段何気なく行っているキャッシュレスな支払いは、様々な技術に支えられている。技術面の進展というと、多くの人はスマートフォンの普及やアプリの開発を思い浮かべる。それは間違っていないが、技術面で最も重要なのは銀行預金の迅速な振り替えを実現させる決済システムの開発だといえる。しかし本章で見てきたように決済システムの開発や運用は容易ではなく、専門の研究分野になっている。

このように見てくると、現金での支払いは非常にシンプルな決済方式ともいえる。支払者や受取者はＰＳＰも兼ねており、認証の必要はない。約定と決済の間に時間的空白もなく、現金を受け渡した瞬間にファイナルとなるため、相手の信用リスクを考慮する必要もない。日本では買い物などの通常の取引で偽札を疑う人はほとんどいないため、支払いの際に現金の真贋をチェックすることもほとんどない。現金での支払いの仕組みは簡便で洗練されてるとはいえないだろうか。ただし、現金社会を維持するためには大きな社会的コストが必要だ。この点については第５章で見ることにする。

誰が決済システムを作るのか

決済システムというと、通常は中央銀行が運営するシステムが出てくる。日本では日本銀行が運用する日銀ネットのことだ。普通、国内には中央銀行が運用するシステムと民間が運用する（国によっては複数の）システムが併存しており、銀行は状況に応じて複数のシステムを使い分けている。

中央銀行のシステムで全てうまくいけば何の問題もないが、中央銀行のシステムには多くの金融機関が参加するため、多数の参加者の都合に合わせて作られる。先進的な技術があったとしても、一部の参加者だけが賛成で多くの参加者が反対ならば搭載するのは難しい。システム設計の自由度が最も高いのは、自社だけが参加するシステムだ。運用ルールなどは全て自分で決めることができる。しかし、銀行預金を使った支払いシステムを構築するためには支払者と受取者が自行の顧客でなければならない。他の銀行が参加するのであれば、ルールなどの擦り合わせが必要になり、システム設計の自由度は下がる。そもそも、銀行以外の企業や団体にはシステムが作れない。そこで、自社だけで通用するトークンを使ったシステムを作れば企業もキャッシュレスな支払いサービを提供でき、銀行を巻き込むこともできる。このトークンのことを本書では電子マネーと呼ぶ。次章では、電子マネーを使ったキャッシュレス化を見ていこう。

4　クレジットカード

クレジットカード市場

クレジットカードがいつから存在するのかについてはかなり議論があるようだ。ここでは1860年代にアメリカで発行されたCharge coinがクレジットカードの祖先であるとしておこう。現在では、Visa、MasterCard、American Expressが3大ブランドとなっている。Visaは世界に広く進出しており、MasterCardはMaestroブランドでヨーロッパに広く展開している。

クレジットカードはもともとキャッシュレスな支払い手段だ。店舗でカードを提示した時点で支払いを行ったことになるが、この時点ではユーザーは支払いをせずに、カード会社が立て替え払いをする。その後、カード会社がユーザーに支払いを請求する。ユーザー側から見れば、買い物の時点でお金がなくても後払いできるという利点があるが、実は一時的にカード会社に対して借金をしていることになる。この借金がクレジットという意味になる。借金をすれば当然金利を支払う必要があるが、1回払いの場合（日本では2回払いまで）は金利ゼロでお金を貸してくれる。3回払い以降やリボルビング払いでは金利

図表2-22　クレジットカード市場（10億ドル、億回、億枚）

	Visa	MasterCard	American Express	JCB	Discover/Diners
支払額	6266	3514	1024	234	149
支払い回数	1412	783	74	30	24
発行枚数	31.4	16.7	1.1	1.0	0.6

出所：Visa Annual Report 2017, p.15.

も支払う必要がある。日本では支払い回数の選択肢が多いが、外国では1回払いが普通で、自分でリボルビング払いを設定できる。何回払いにするか、と店舗で聞かれることはない。

クレジットカード会社の主な収益は店舗から受け取る手数料だ。日本ではこの手数料を嫌ってカード払いを受け付けない店舗がかなりある。また、リボルビング払い（リボ払い）などの金利収入も重要な収益源だ。リボ払いだとポイントがたくさんついてお得だと思っている人もいるようだが、お得なポイント以上に金利を支払っていることに注意すべきだ。なお、たとえ1回払いであってもクレジットカードを利用すればカード会社に対して借金をすることになるため、カード請求の引き落としに失敗すると、借金を返さない人という情報が残る。個人信用情報は他の金融機関も閲覧できるため、住宅ローンの申請などにも影響する。ちなみに、スマートフォンの利用料金に本体料金が加算されているケースでは、ス

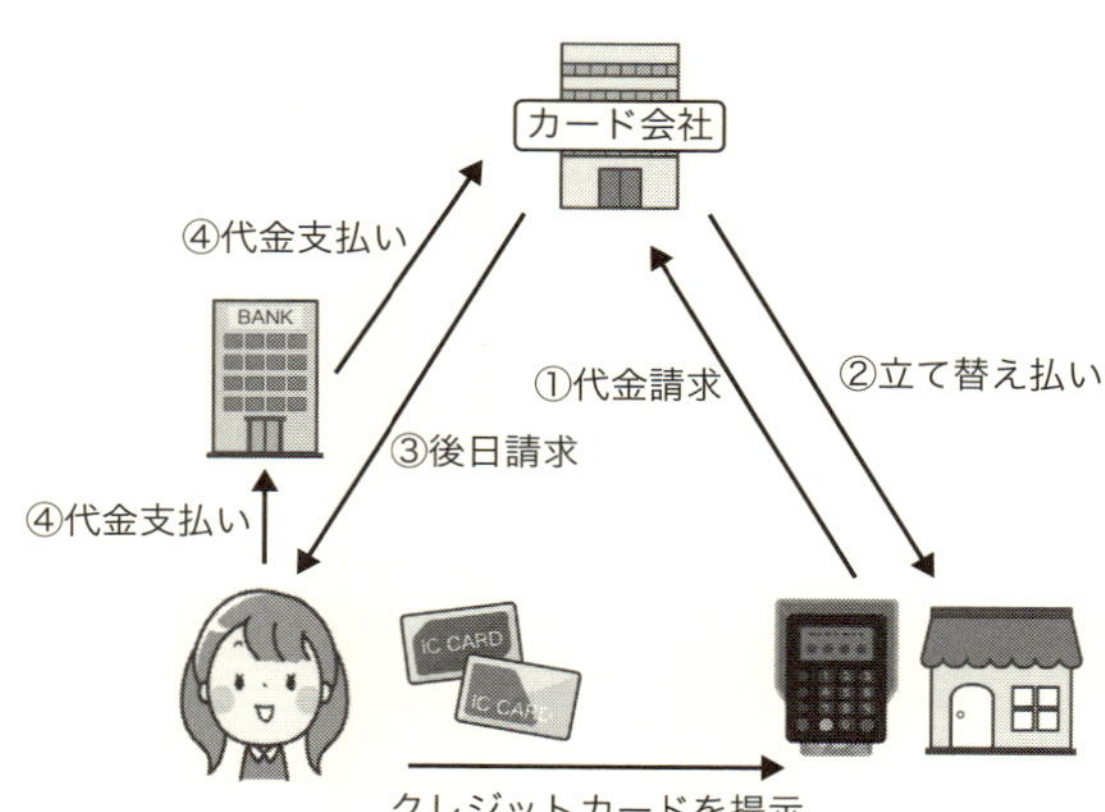

図表2-23　クレジットカード払い

マートフォンの本体料金部分が借金となる。利用料金を銀行引き落としにしていても、引き落としに失敗すると信用情報が残ることになる。

カードに金色で四角いＩＣチップが付いていない、磁気テープ式のカードはスキミングという方法で情報を読み取ることができる。この情報があれば、本人に成りすましてカードを使うことができるため、セキュリティが非常に低い。日本ではまだ磁気テープ式のカードが多く、筆者も1枚持っている。カード会社は早くＩＣチップ付きのカードに切り替えるべきだ。近年はオンラインショッピングでのカード利用も増えていることから、カード番号に加えてセキュリティコードを入力させることが多くなった。カードの裏面のサインを書き込むところに3桁か4桁の番号が記載されている。カード番号が盗まれてもセキュリティコードが不明であればカードを不正利用することができない。また、ワンタイムパスワードや追加の認証手続きを導入しているケースもある。

進化するクレジットカード

クレジットカード会社はカードの種類を増やしたり、カードの使い勝手を良くしたりして利便性を高めている。カードの種類では、通常のカードに加えて、デビット機能カードやプリペイドカードが発行されている。日本でもＶｉｓａデビットが広がりつつあるが、デビット機能カードは銀行と提携して発行しているカードであり、通常のクレジットカードが後払いになるのに対してデビット機能カードは利用と同時に口座の残高が引き落とされる。クレジットカードの使い過ぎを防ぐことができ、メールなどで利用を通知するサービスで不正利用にもすぐに気が付く。デビットカードの利用が少ない日本では有望なサービスだ。

利便性の面では、非接触型カードやスマートフォンでＱＲコードを使うアプリなどが登場している。これまでは箱型の装置を使ってカード情報を読み取っていたが、ＱＲコードが使えるようになれば、電源や通信回線の確保が不要になり、カードが使える場面が大きく増えるだろう。また、店舗にとっては利用料金の引き下げが期待できる。

Visa はＶｉｓａトークンというサービスを２０１７年の段階ですでに29の市場で展開しており、Visa 独自のトークンを使った支払いができる。さらに、Visa Ready for IoT というＩｏＴ（Internet-of-Things）払いができるようなサービスの導入を表明している。ＩｏＴ払い、またはＩｏＴペイメントは非常に少額で頻繁な支払いをサポートするマイクロペイメントの一種であり、仮想通貨と競合する分野だ。ＩｏＴとは多くの機器がインターネットでつながることを意味しているが、例えば自動車と保険会社がインターネットでつながれば、運転時間や運転の方法に応じた保険料の請求が実現する。自動車のエンジンがかかっている時間や動いている時間をセンサーが読み取り、その情報を保険会社に送信する。走行1分当たり××円、というような契約が可能になる。それだけでなく、自動車についたセンサーやカメラを利用して、車間距離が狭い場合や制限速度を超過している場合などには1分当たりの保険料を割り増しすることもできる。請求は1分ごとや1時間ごとに発生し、トークンで支払う。トークンなら1円未満の支払いも可能だ。営業車両やレンタカーなどではすぐにもこのような保険が普及するだろう。

様々なキャッシュレスな支払い方法が普及するのはクレジットカード業界にとって逆風のはずだが、新しい技術を取り込むことで業績を伸ばしている。実際に、クレジットカード会社の業績は長期的に見ても伸び続けている。また、すでに世界中に張り巡らされているネットワークの力は大きい。クレジットカード業界をレガシー（否定的な意味で伝統的）な業界だとみなすのは早計かも知れない。

第3章

世界に広がる電子マネー

銀行の振替システムを使わずに独自のトークンを使って支払いサービスを展開するのが電子マネーだ。設計の自由度が高いため、世界中で様々な形がある。本書では銀行と提携するサービスやポイントサービス、ゲーム内通貨もすべて電子マネーとする。

図表３－１の上図は日本で一般的なプリペイド型電子マネーの仕組みを表している。ユーザーはカードやスマートフォンのアプリなどに電子マネーをチャージする。チャージの方法は現金やクレジットカード、デビットカードが一般的だ。店舗

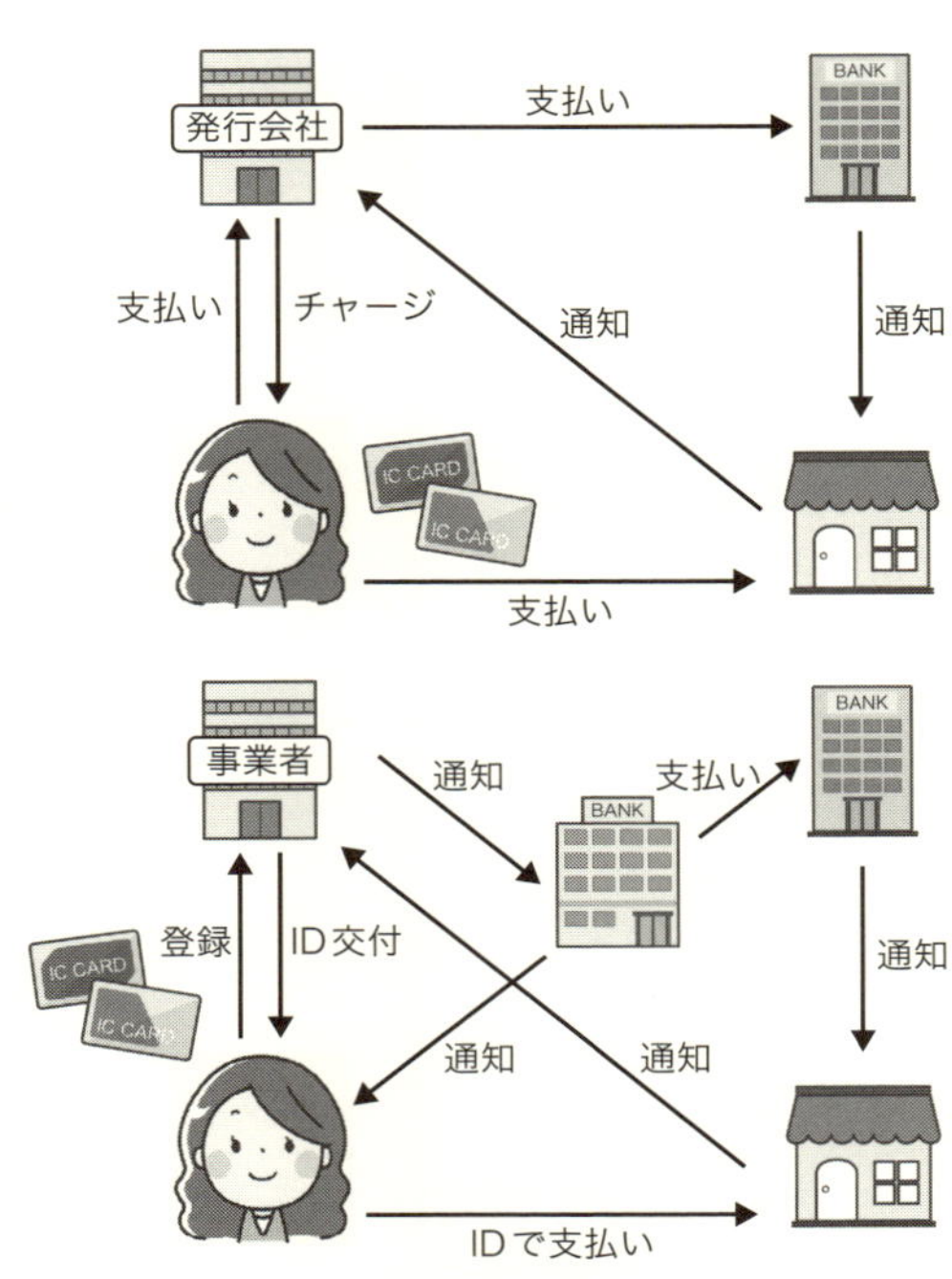

図表3-1　電子マネーの仕組み

で支払いをすると、カードやアプリから電子マネーの残高が引き落とされる。受け取った店舗は、発行体に連絡をすると銀行口座に振り込みをしてくれる。

図表３－１の図はアメリカのPayPalなどのサービスだ。ユーザーは事前にクレジットカードやデビットカードの情報を事業者に登録しておき、ＩＤなどを取得する。このＩＤを使って支払いをすることでカード情報を店舗に渡す必要はない。店舗は事業者に情報を通知する。通知を受けた事業者は登録されたカードの引き落とし銀行に通知して支払いが行われる。上図に比べるとやや複雑だ。仕組みの中では明示的に電子マネーが登場しないが、ユーザーから見るとウォレット（アプリ）にお金が入っているように「見える」ことから、また、機能面では預金振り替えの決済システムを直接使っていないことから、本書では２つの方法を同じカテゴリーに分類している。

図表３－１で見た仕組みは一例に過ぎない。電子マネーの機能は日々進化しており、様々な形がある。まずは日本の電子マネー事情を見てみよう。

1　日本の電子マネー

増え続ける現金流通額

明治時代の１８７１年の新貨条例により通貨の単位を円とすることになり、１８７２年には国立銀行が設立された。国立銀行という名前だが民間が経営する銀行であり、第一銀行から順に番号の名前が付けられ、１５３行が設立された。第一銀行は現在のみずほ銀行である。当時は国立銀行がそれぞれ独自に紙幣を発行することができた。その後１８８２年に日本銀行が設立され、１８８５年に紙幣を発行するようになった。１８９９年には国立銀行の紙幣は廃止され、以降、日本銀行が独占的に紙幣を発行している。

図表３－２のように、日本は硬貨が6種類と紙幣が4種類発行されている。福沢諭吉の1万札は１９８４年に発行が始まったが、この時には紙幣の番号が黒で印刷されていた。その後、番号を使い切ったために番号が茶色で印刷されている。夏目漱石の１０００円札では4種類の色が使われた。日本では現金の発行が多いために色が足りなくなっている面もあるが、番号の桁数が少ないことも要因の1つだ。1万円札はアルファベットの部分も含めて番号は9桁だが、50ユーロ札は12桁になっている。

日本ではこれ以外にも古い紙幣や硬貨が現在も有効になっている。図表３－３では紙幣のみが記載されているが、古い硬貨も有効だ。例えば１９４８年に発行された5円硬貨や１９５５年に発行された50円硬貨には穴がないが、現在でも買い物に使うことができる。ちなみに、聖徳太

図表3-2　日本で現在発行されている硬貨と紙幣

硬貨	発行日	紙幣	発行日
1	1955年	1000	2004年
5	1959年	2000	2000年
10	1959年	5000	2004年
50	1967年	10000	2004年
100	1967年		
500	2000年		

出所：日本銀行

子は100、1000、5000、1万円札の4種類の紙幣の肖像で使われたことがある。

1885年に発行された1円札は大黒天が描かれている。店舗で支払われることは1枚もないと思われ（古銭商に売った方がいい）、有効のままでも実害がないかもしれないが、第2章で見たようにヨーロッパの多くの国では古い紙幣を廃止にしている。古い1万円札などは退蔵目的での保有も多いだろう。正確な統計を得るためにも古い紙幣は廃止すべきだ。古い紙幣の廃止が宣言されれば多くの紙幣が換金のために銀行に持ち込まれるだろう。その際、全額が新しい紙幣に置き換わるわけではなく、一部は預金になる。10年に1度くらいの頻度で紙幣を切り替えれば、紙幣を退蔵する人が徐々に減少していくだろう。

図表3－4は月次での紙幣の流通額を見たものだ。2000年代には増加が止まりそうになったが、2010年代に入って大きな伸びを見せており、増加ペースが拡大しているように見える。経済が成長すれば人々の取引が活発になって現金の需要（現金をATMなどから引き出すこと）が増えるが、図表3－6のように2010年代にはカードや電子マネーの支払いも増え、オンラインショッピングも増加した。現金を使わない取引の成

図表3-3　発行されていないが有効な紙幣

紙幣	発行日	紙幣	発行日
1	1885、1889、1943、1946	500	1951、1969
5	1946	1000	1950、1963、1984
10	1946	5000	1957、1984
50	1951	10000	1958、1984
100	1946、1953		

出所：日本銀行

長率は経済全体の成長率を上回っている。そうすると、退蔵目的の現金需要がかなり増えているのではないかと推測される。２０１０年代には外国から多くの観光客が日本に来るようになった。彼らが現金を国外に持ち出すケースもあるだろうが、現時点ではグラフに反映されるほど多くはないのではないかと思われる。

図表３－４をよく見てみると、毎年12月に大きく上に飛び出しており、４月もやや上に飛び出している。12月はクリスマスなどのイベントがあり正月のある１月を控えていることから人々が現金を引き出しやすい。４月も新年度が始まり人の移動が多い月だ。このような季節性は多くの人が現金を日常的に使っていることを示唆している。

図表３－５を見ると、日本で流通している現金は圧倒的に１万円札であることが分かる。枚数で見ても１万円札が99億枚、１０００円札が43億枚と１万円札の

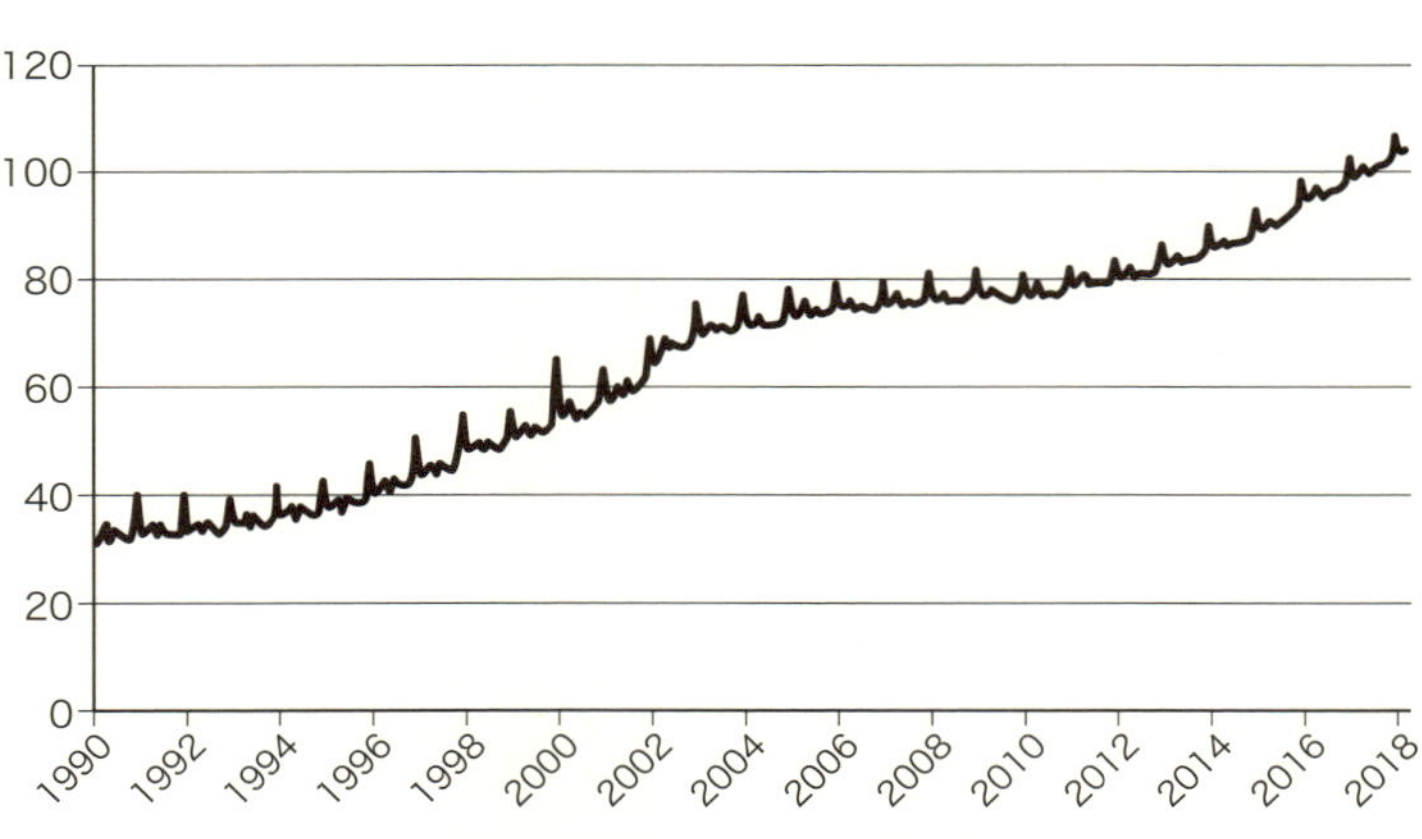

図表3-4　日本の紙幣流通額（兆円）
出所：日本銀行

多さが分かる。一方で2000年に発行された2000円札はほとんど使われていない。

日本では現金が支払い手段として多く使われているが、金額ではクレジットカードも増えてきている（図表1－6）。クレジットカードはオンラインショッピングや光熱費や通信費などの支払いでも使われており、Ｖｉｓａデビットなど銀行との提携も進んでいる。その中で、数多くの電子マネーが発行されているのは日本の特徴といっていい。

電子マネー

電子マネーはよく、交通系、流通系、専業系に分類されるが、これは発行主体による分類であり、流通系と専業系を分ける意味はあまりない。そこで本章では、機能に応じてプリペイド型、ポストペイ型、デビット型に分類する。

プリペイド型は利用に先立ってチャージをするタイプであり、かつてはストアドバリュー型とも呼ばれていた。ポス

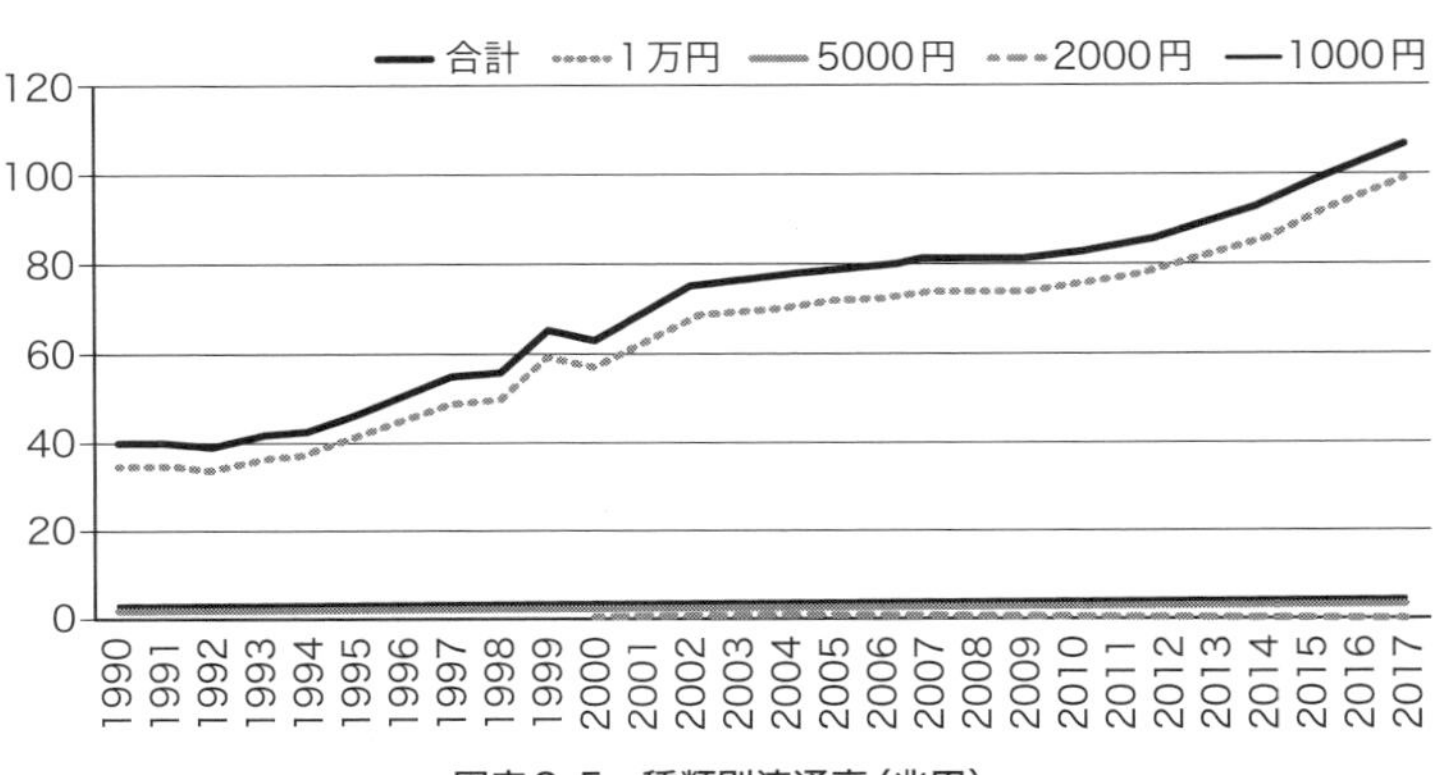

図表3-5　種類別流通高（兆円）

出所：日本銀行

トペイ型はクレジットカードを登録して後払いにするタイプ、デビット型はデビットカードと連携しているタイプだ。交通系はＰｉＴａＰａを除くと基本的にはプリペイド型になる。ただし、ｉＤのようにプリペイド、ポストペイ、デビットの全てが選択できるものもある。３つの型のうち、ポストペイ型はクレジットカードと同じように、買い物の時点で銀行口座の残高が不足していても支払いができる。

図表３‐６を見ると、過去10年で電子マネーのカードは１人当たり１枚から３枚まで増加しており、支払金額は１人当たり年間１万円から５万円近くに増加している。１回当たりの支払い金額は８００─１０００円の間で推移しており、わずかながら増加傾向にある。コンビニなど利用可能な店舗数が増えていることから支払い回数が増え、ショッピングモールなどで使えるようになってい

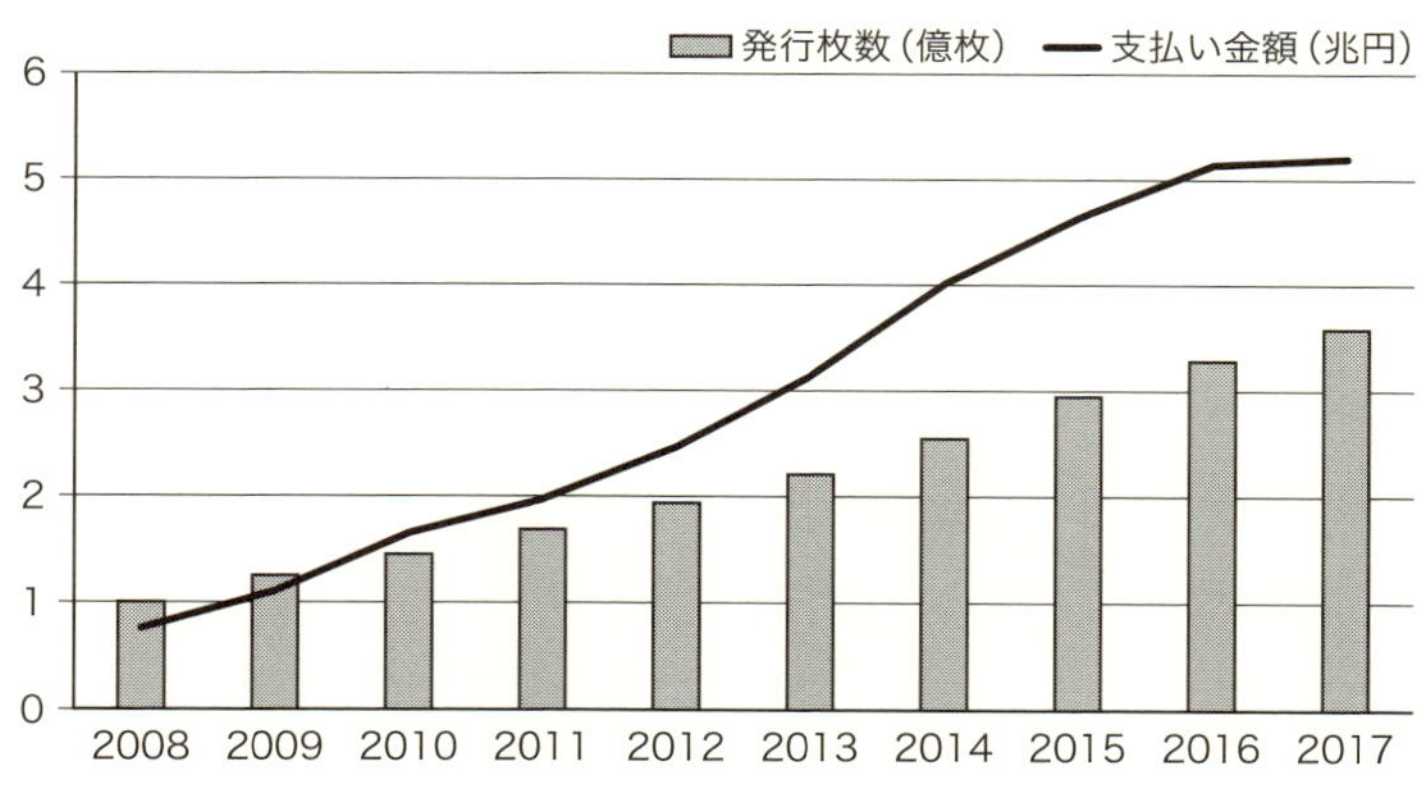

図表3-6　電子マネーのカード発行枚数と支払い金額の推移

注：楽天Edy、SUGOCA、ICOCA、PASMO、Suica、Kitaka、WAON、nanacoの集計値。電車の切符としての利用は除く。

出所：日本銀行『決済動向』。

ることから単価のやや高い商品の購入にも使われていることがうかがえる。しかし、全体的に見ると、クレジットカードは金額の大きな買い物に、電子マネーは金額の小さな買い物に使われているようだ。つまり、クレジットカードは振り込みなど銀行口座を使った支払いの代わりに、電子マネーは現金の代わりに使われているといってもいいだろう。

図表３－７に日本の主な電子マネーを挙げた。デビット型に特化している電子マネーはないが、ｉＤやＱＵＩＣＰａｙ＋はデビットを選択することもできる。プリペイド型は交通系とその他に分けている。見てすぐに気が付くことだが、交通系の電子マネーが多い。日本では鉄道会社自体が乱立していることもあるが（効率的な鉄道運営の妨げにもなっている）、統一ブランド展開に向けた動きがないことが最大の原因だ。第2章のスウェーデンやデンマークで見たように、複数の銀行がSwishやDankortなどの統一ブランドに参加すれば、ユーザーの混乱が少なく利便性が高くなる。

２０１３年3月に主要10業者（図表３－７の交通系9種類に

図表3-7　日本の主な電子マネー

プリペイド型		ポストペイ型	デビット型
交通系	その他		
Suica PASMO Kitaca TOICA manaca ICOCA SUGOCA nimoca はやかけん	楽天 Edy nanaco WAON	PiTaPa iD（プリペイド、デビットも選択可） QUICPay （QUICPay＋はプリペイド、デビットも選択可）	

ＰｉＴａＰａを加えた10種類）で交通券の相互利用ができるようになった。[*1] これにより、２０１２年当時で鉄道52事業者、バス96事業者ではどれか１枚のカードがあれば料金が支払えるようになった。しかし、これで全国全ての鉄道やバスが利用できるようになったわけではない。それぞれの地域での相互利用は可能だが、広域での相互利用はできていない。例えば、ＪＲ北海道が発行しているＫｉｔａｃａは札幌市内の地下鉄などで利用できるＳＡＰＩＣＡと交通券としては相互利用できるが、ＳＡＰＩＣＡを使って福岡の地下鉄（はやかけんのエリア）に乗ることはできない。その他にも、互換性はあるが片道しか使えないなどの制約もある。

また、店舗での買い物の利用では、主要９種の電子マネーは互換性があるものの、それ以外の互換性はユーザーが事前に調べる必要がある。例えばＫｉｔａｃａはＳＡＰＩＣＡの加盟店では使えない（現実には札幌市内の店舗は両方に加盟していることが多いと思われる）。一般的には、交通券としての相互利用よりも使い勝手が悪い。交通系の電子マネーは切符としての利用もできるために多くのユーザーを獲得しているが、全国規模でのブランディングやプラットフォームの統一化が望まれる。

その他のプリペイド型電子マネーは発行体が所有する店舗網だけでなく、多くの加盟店を獲得しつつある。電子マネーの利用にポイントを付けるなどして顧客の囲い込みも行われている。ポストペイ型の電子マネーではクレジットカードを登録して支払い、最終的には利用額がクレジットカード請求になる。電子マネーは非常に種類が多く、主にオンラインゲームで用いられるBitCashなどもある。

近年ではスマートフォンで使えるモバイル型の電子マネーやオンラインで使えるものも普及しつつ

あるが、多くのユーザーはプラスチック製のカードを使っている。電子マネーカードの多くは早い時期からソニーが開発したＦｅｌｉｃａという技術が使われている非接触型カードの形で普及した。日本は技術面では外国に後れを取っていないが、普及の面で課題がある。この点については第6章でもう一度振り返ろう。

ポイントサービス

日本には数多くのポイントサービスがあり、Ｔポイントのような全国的なものから地域に展開しているスーパーマーケットやクリーニング店などの独自ポイントもある。本書では、ポイントが発行店以外でも買い物に使えるものを電子マネーとする。支店が違っても同じブランド展開している店は同一の店、つまり発行店とみなす。発行店でしか使えないものは（電子的であっても）クーポン券として対象から外す。

Ｔポイント、Ｐｏｎｔａ、楽天スーパーポイント、ｄポイントなどの他、電子マネーのＷＡＯＮなどもポイントを発行している。ＡＮＡやＪＡＬなどのマイルもポイントサービスの一種だ。これらのポイントは相互に交換できるサービスもあり、最終的にＴポイントにするとジャパンネット銀行経由で換金することもできる。

＊1　ＪＲ東日本「交通系ＩＣカードの全国相互利用サービスがいよいよ始まります！」プレスリリース、2012年12月18日。

ポイントサービスはもともと割引サービスだが、カード作成時に個人情報の登録が求められることが多く、ユーザーは買い物履歴という個人情報を販売してポイントを対価として得ていることになる。また、顧客の囲い込みの手段としても用いられる。ステージ制やボーナスポイントなどの仕組みを取り入れてより多くの買い物をするように誘導していることも多い。あと少し買えばボーナスポイントがもらえることにつられて無駄な買い物をしたことがある人も多いのではないかと思う。一方で、発行企業にとってはポイントは負債になる。ユーザーがポイントを使って買い物をすれば店舗は無料で商品を引き渡すことになり、店舗が発行企業にポイントを送信して代金を請求する。この請求に備えて、企業は資金を準備しておく必要があるわけだ。このような準備金のことを引当金という。本来であればポイントを発行した分だけ現金や預金の形でポイント引当金を準備する必要があるが、会計上は金額さえ合っていれば、どの資産項目でもよい。会計上はポイント引当金が十分でも、多くのユーザーが一斉にポイントを使うと資金難になる企業もあるかもしれない。電子マネーやポイントには発行体が破綻すると価値が失われるリスクがある。

地域通貨

地域通貨の歴史は古い。というのも、近代的な国家体制ができる以前は地域ごとに独自の通貨が流通していたからだ。ここで取り上げるのは現代の地域通貨で、地域の経済活動の支援などのために発行される「お金のようなもの」だ。第1章で紹介したバークシェアーズやイタカアワーズ（Ithaca

Hours）が有名だ。イタカアワーズはアメリカニューヨーク州で1991年に発行された。1アワーは10ドルに相当する（当時の1時間分の賃金に相当）。紙幣の形で4分の1アワーから8アワーまで15種類発行された。現在に使われていないようだ。

日本ではかなり多くの地域通貨が発行されていると思われる。公式な統計はないようだが、地域通貨をテーマにしたＷｅｂページではすでに終了したものも含めて１０００種類近く紹介されている。日本の地域通貨の多くはプレミアムの付いた一種の商品券であり、例えば８０００円で購入すると１万円分使えるが、用途が限定されている、というタイプが多い。有効期限があるものも多く、定期的に発行している自治体もある。キャッシュレスな支払いというよりは地域の店舗への支援策といえる。近年は電子化されてＱＲコードなどで支払えるものも多く、ブロックチェーンなどの技術を使っているとして話題になることもある。

技術的な面からすると、地域通貨の有効範囲は狭く、ユーザー数や店舗数も多くないことからブロックチェーンを使う意味は全くない。サーバーが1台（とバックアップ）あれば十分だ。本章で取り上げた電子マネーもサーバー＝クライアント型の管理で全国展開している。ただ単に流行りものに乗っているだけで、きちんとしたビジョンや議論のもとに進められているわけではない。特に地方自治体はＩＣＴ企業の食い物にされているのではないかという懸念がある。ＩＣＴ企業はやたら横文字を使って夢を語るが、よくよく検討すると中身がないということもある。自治体側もきちんとした知識を得る必要がある。

地域通貨や地域商品券が多いのは、地域振興に役立つ（と信じている）ためである。筆者はこの意見には懐疑的だ。こういう文脈では経済効果という言葉がよく出てくる。オリンピックを開催すると××億円の経済効果がある、などとメディアで流れるがこの数字はインチキだ。確かにオリンピックを見たくて新しいテレビを買うとテレビの売り上げは増える。しかし、旅行をあきらめてテレビを買えば、旅行産業から家電産業に需要が移動しただけで、経済全体で見ると消費額は変わらない。経済学ではこの旅行に相当する部分を機会費用というが、経済効果の計算には機会費用は含まれない。かなりの部分が、もしかしたらほぼ１００％が機会費用で相殺されてしまい、経済ニュースとしてのインパクトがなくなってしまう。同じことは地域通貨でもいえる。プレミアム地域通貨を購入する人はもともとその地域で買い物をする人が多い。８０００円分の買い物をする予定だった人が１万円分買うが、この増えた２０００円分は自治体が店舗に補助金を与えているのと同じことだ。巡り巡って、税金や債券発行の形、または自治体サービスの縮小という形で負担は地元に戻ってくる。オリンピックと同じように、地域通貨に参加していない店舗から参加している店舗に需要が移るだけ、という側面もあり、このような状況が生まれると政治的な不正も発生しがちだ。しかも、地域通貨の運営費が別途かかる。筆者は多くの自治体がＩＣＴ企業にぼったくられているのではないかと懸念している。このようなシステムは実は安価に設計できる。

地域通貨が人々のコミュニケーションを増やすツールになるから赤字になってもよい、というような考え方も確かにある。例えば福祉予算の一環として運営するという考え方もあるだろう。しかし、他の自治体がやっているからうちも、などということではなく、地域に対してどのような貢献をするのか、貢献をしたいのか、十分な検討と研究が必要だろう。

2　各国の電子マネー

アメリカ

アメリカ経済については多くの情報があるものの、「アメリカ経済とはどんなものですか」という問いに答えることは難しい。多くの研究者が特定の産業や特定の地域を研究対象にしているため、全体的または俯瞰的に解説できる人が少ないためだ。「アメリカ経済論」のような科目が多くの大学にあるが、適切な講師の先生を見つけるのが非常に困難な科目でもある。ちなみに「ヨーロッパ経済論」でも同じことが言える。

アメリカは国土が広く農地や砂漠などもある。農産物輸出額が世界1位で原油の生産もロシアやサウジアラビアと並んで世界1位を争っていることなどは、意外に思われるかもしれない。アメリカといえばニューヨークを思い浮かべる人が多いと思うが、むしろ地方や田舎の方がアメリカ経済や社会の基盤といえる。アメリカにはニューヨークやシカゴなど大きな金融市場もあり、イノベーションも盛んだ。２０１７年12月にはビットコイン先物が上場（第4章）され、金融商品として取引されている。

アメリカの硬貨は1、5、10、25、50セントと1ドル（USD）の6種類、紙幣は1、2、5、10、20、50、100ドルの7種類が発行されている。紙幣については、過去に発行された500、1000、5000、1万ドル札も法定通貨として有効で、支払いに使うことができる。10万ドル札は民間には流通せずにFRBの支店間で使われていた紙幣だが、法的には有効だ。1ドル札や2ドル札は発行から40年以上経っているが、額面が小さすぎて利益が出ないからか、偽造が少ないため、同じデザインが採用され続けている。なお、紙幣には財務長官などのサインがあるため、同じ1ドル札でも異なるサインのものが発行されている。

図表3－9はアメリカドル札の推移を表している。1997年から2017年までの間に流通額が3倍以上に増加している。アメリカの経済規模や人口が拡大していることもあるが、外国に流出しているドル札も多いはずだ。この2点について見てみよう。

まず、国内での現金の利用について見てみると、[*2] 現金での支払いは31%とデビットカードの27%やクレジットカードの18%に比べて多くなっている。ただし、支払額について見ると現金での支払い額は1回当たり22ドルであるのに対して、現金以外の支払いは112ドルと現金は

図表3-8　アメリカの紙幣

紙幣	発行日	紙幣	発行日
1	1963年	100	1990年、1996年、2013年
2	1976年	500	1918年、1928年、1934年
5	1993年、2000年、2008年	1000	1918年、1928年
10	1990年、2000年、2006年	5000	1918年
20	1990年、1998年、2003年	10000	1918年、1928年、1934年
50	1990年、1997年、2004年	100000	1934年

出所：Bureau of Engraving and Printing

少額の買い物に多くの回数で用いられている。この傾向自体はどの国でも共通している。２０１２年の調査では現金の支払いは40％だったことから、この４年で現金支払いは20％ほど（９％ポイント）減少していることが分かる。デビットカードは24％、クレジットカードは17％とあまり変わっていないため、オンライン銀行やモバイルペイメントなどが増加していることが分かる。

財布などに保有しているドル札の平均は１人当たり57・２ドルだが、金額で見ると20ドル札を49％（28ドル分）、１００ドル札を20％（11ドル分）保有している。これを金額ではなく枚数で見てみると、１人当たり５・６枚持っているドル札の中で１ドル札が最も多く２・６枚、20ドル札が１・４枚、２ドル札が０・８枚と続いている。１００ドル札を持ち歩いている人はあまりいないことが分かる。２０１２年では保有額57ドル、保有枚数５・８枚であまり変化しておらず、内訳もあまり変わらない。アメリカ国内でドル札が増えたのは、人口が増えているからだともいえそうだ。

国外については推計するしかない。銀行などを通じて国外に持ち出せば統計の範囲に入るが、個人が国外に持ち出したり、犯罪組織がボートなどで大量に持ち出したりすると把握はできなくなる。ある推計によると[*3]、国外に出ているドル現金の割合は50―70％程度になり、この比率は１９６０年の

＊２　Greene and Schuh (2017), "The 2016 Diary of Consumer Payment Choice", FRB Boston Research Data Reports, No. 17-7.

＊３　Ruth Judson (2017), "The Death of Cash? Not So Fast : Demand for U.S. Currency at Home and Abroad, 1990-2016", War on Cash : Is there a Future for Cash? Deutsche Bundesbank.

30％程度から年々上昇しているという。図表３－９は中央銀行から外に出た金額だが、そのうち４割ほどが国内に残り、６割が国外に出ていることになる。以上から簡単な計算をすると、２０１７年の現金総額は１・５７兆ドルでそのうち４割の６２８０億ドルが国内にあり、アメリカの人口３億３０００万人で割ると（本当は成人人口で割るべきだが）、１人当たり１９００ドルを保有していることになる。もちろん商店や企業も現金を保有しており、銀行のＡＴＭや金庫の中にも現金がある。これらは個人保有分よりも多いと考えられることから、企業が7割、個人が３割（もっと少ないかもしれない）保有していると勝手に仮定すると、１人当たり５７０ドルになる。これは、先ほどの調査の10倍の金額になる。この差額は一般の人々や犯罪組織による退蔵に相当する。これらの数値から、アメリカドルの現金の多くは犯罪組織によって保有されているという説には一理はある。ただ、１００ドル札にはたいてい麻薬の痕跡があるという

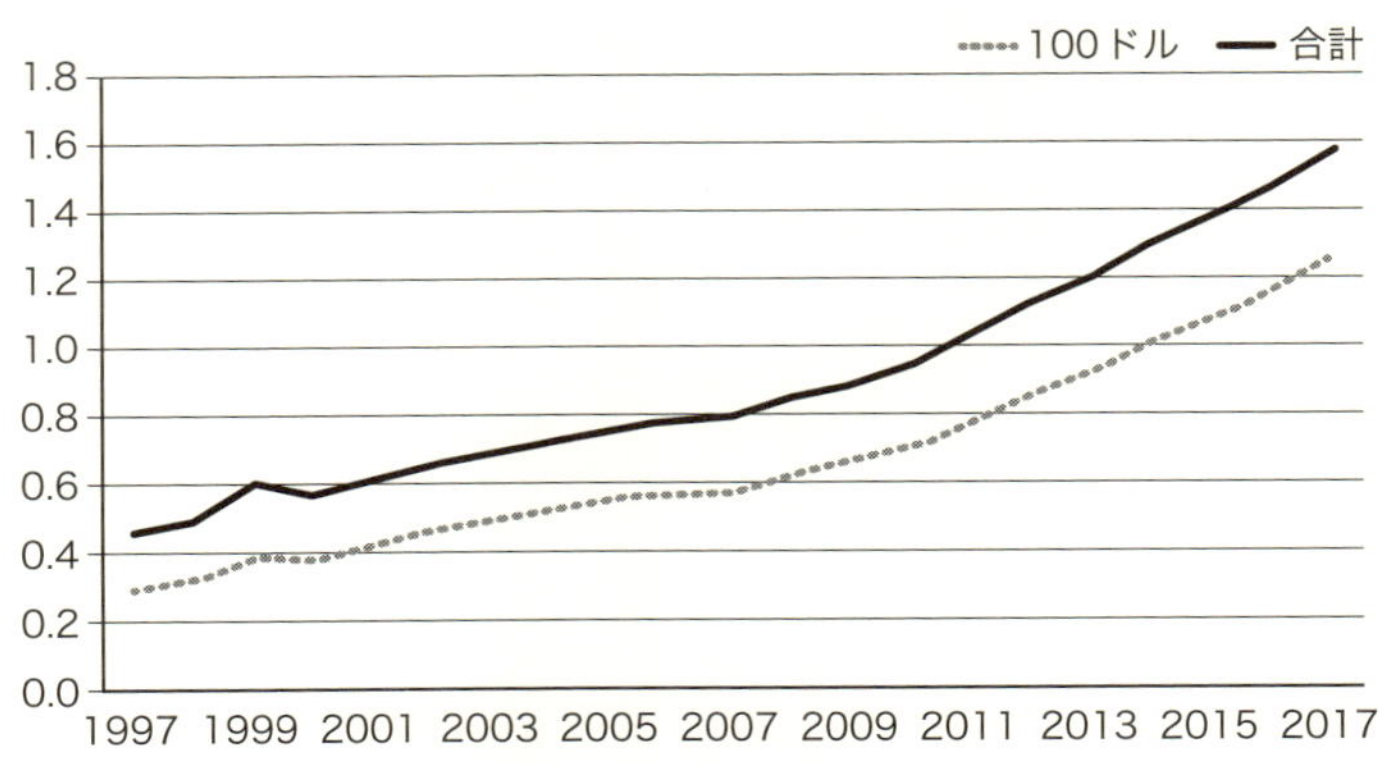

図表3-9　アメリカの紙幣の推移

出所：FRB

ような都市伝説（もし本当なら空港で麻薬探知犬が吠えまくっているはず）までひどい状況かどうかは不明だ。

アメリカのキャッシュレスな支払いに戻ろう。図表２－19（76ページ）のリストには本当はアメリカの欄もあるのだが、ＢＩＳの調査時点ではアメリカのモバイルペイメントで使える即時決済システムについては未定扱いとなっていることから本書では省略した。アメリカでは銀行預金の振り替えよりもクレジットカードの利便性を高めるサービスが発達した。

PayPalは１９９９年９月にサービスを開始した。２０１７年には世界で２億２７００万人のユーザーを抱えており、年間の支払い回数は76億回、支払金額は４５１０億ドルに上っている。２００以上の国・地域で１００以上の通貨の支払いに対応している。[＊4] 世界で１万８７００人の従業員を抱える巨大企業でもある。２００２年にｅコマース企業のeBayの子会社になったが、２０１５年７月にeBayから独立した。２０１７年にはMasterCardと提携してPayPalウォレットを使った非接触型支払いのサービスを展開したり、Samsung Payとの提携を公表したりもしている。

PayPalのユーザーは、PayPalのサイトに自分のクレジットカードの情報を登録する。支払いではPayPalの番号を使って支払う。こうすることで、店舗にクレジットカード情報を伝えることなく支払いをすることができる。特にオンラインショッピングではクレジットカード番号の流出の懸念があ

＊4　PayPal, Annual Report 2017.

るため、支払いのたびにカード番号を入力しなくて済むのは安全性を高めることになる。また、商品が届かなかったときにはPayPalに連絡することで支払いを止めることもできる、エスクローサービスも兼ねている。PayPalのユーザーにとっては支払手数料は無料だが、支払いを受ける店舗が手数料を負担する。日本では2・9％～3・6％＋1回当たり40円の手数料が設定されている。かなり高いが、クレジットカードよりはやや低くなるように設定されているのではないかと思われる。

ApplePayは2014年10月にアメリカでサービスを開始した（日本では2016年10月に開始）。Apple社はユーザー数を公表していない。2016年時点で約6000万、2017年には約1億2000万という予想値があるようだが、信頼性は高くない。世界で多くのユーザーを抱えるiPhoneで使えるアプリということもあり、成長の余地が大きい。PayPalと同じようにクレジットカードを登録する。日本ではＳｕｉｃａなども登録できる。日本語の公式ホームページでは記載がないため日本では実現していないかもしれないが、アメリカでは個人間の送金も可能になっている。さらに、オンライン銀行のGreen Dot Bankに口座を持っていれば、ApplePayアプリ内のApple Moneyを銀行口座に送金することもできる。

これらのサービスがあるものの、アメリカでの支払い回数と金額はデビットカードが696億回で2・56兆ドル、クレジットカードが339億回で3・08兆ドル、小切手が179億回で28・97兆ドルとなっており、デビットカード払いが多い。[*5] 小切手は企業間での使用がほとんどで、個人ではあまり用いられていないと思われる。

アメリカの銀行はPayPalなどのサービスと提携しつつ、オンライン銀行やモバイル銀行を充実させることにより顧客のキャッシュレスな支払いを可能にしようとしている。アメリカの中央銀行ＦＲＢのレポートを見てみよう。[*6]

アメリカの銀行のうちすでに86％の銀行が個人向けモバイル銀行のサービスを提供しており、残りの銀行も11％が２０１８年までにサービス提供の意思がある。サービス提供の予定がない銀行は３％にとどまっている。モバイル銀行サービスを導入する理由は、顧客の維持29％、競争の圧力24％、新規顧客獲得23％、技術面でのリード21％となっており、はじめの２つは今の顧客を失いたくないという消極的な理由だといえる。法人向けのモバイル銀行サービスはすでに77％の銀行で提供されている。

一方で、モバイルペイメントについては36％の銀行に少なくとも２０１８年まではサービス提供の予定がない。残高の確認や振り込み等のモバイルバンクでは自行内のプラットフォーム構築だけで実現可能だが、店舗での支払いを可能にするモバイルペイメントはハードルが高いからだろう。しかし、アメリカでも２００９年にサービスを開始したVenmo（ベンモ）が、割り勘アプリとして大学生などを中心にユーザーを広く獲得している。２０１７年にはBank of Americaなどの銀行が協力してZelle（ゼル）を開始すると、多くのユーザーを獲得している。Zelleはユーザー数を公表してい

＊5　The Federal Reserve Payments Study, 2017.
＊6　Crowe, Tavilla and McGuire（2017）, "Mobile Banking and Payment Practices of U.S. Financial Institutions", 2016 Mobile Financial Services Survey, Federal Reserve Bank of Boston.

ないが、決済金額では２１０億ドル（２０１９年第１四半期）Venmoを抜いて３９０億ドルと大きく伸ばしている。

銀行の多くは複数の支払いサービスと提携しているまたは提携する予定であり、図表３－10のようにApplePayなどＩＣＴ企業が提供するサービスが人気で、クレジットカード会社が提供するサービスはあまり人気がない。クレジットカードはすでに口座引き落とし等で利用されているからかもしれない。銀行が独自にサービスを開発して提供する必要はない。むしろ、すでに多くのユーザーを獲得しているサービスと提携した方がユーザーの利便性が増す。

中国

日本では中国に関しては政治的なニュースが多く報道されており、経済についてもどちらかというとネガティブなニュースが多いように思われる。多くの日本人が中国のネガティブなニュースを聞きたがっているからだろう。いいかどうかはともかく、中国のイノベーションのスピードは速く、新しいサービスが次々に登場している。新しい技術を先入観なく取り入れ、国際展開も速い。例えば、杭州市などにe

図表3-10　アメリカの銀行が提携する支払いサービス

ApplePay	98%	Mastercard Masterpass	37%
Android Pay	82%	Walmart Pay	29%
Samsung Pay	77%	Microsoft Wallet	21%
PayPal	74%	Amex Express Checkout	10%
Visa Checkout	45%	LevelUp	8%
Amazon Payments	41%	その他	3%

注：2018年までに提携する予定と回答した銀行も含む。

出所：Crowe et al., "Mobile Banking and Payment Practices of U.S. Financial Institutions", p.54.

スポーツ専用アリーナが誕生しており、人気を博している。スポーツと同じようにゲームのプロの試合を観戦するところだ。ゲームは世界の一大産業であり、プロのゲーマーの活躍の場が広がっている。ヨーロッパでもゲーム産業の育成プログラムは多く、大学のカリキュラムにも取り入れられている。日本だとゲームなどけしからん、となりそうな話だが、ゲームに使われる技術は応用の範囲が広く、創造性と技術力が試される分野だ。「＊＊はけしからん」という「けしからん族」の声は社会のイノベーションを阻害し、国際競争力を低下させている。すでに最新技術を含む多くの分野で日本は中国に遅れをとっている。キャッシュレスな支払い手段もその1つだ。

中国の通貨は元（CNYまたはRMB）だが、補助単位として角がある。10角＝1元という関係だが、あまり使われていないようだ。現在、硬貨は1、5角、1元の3種類、紙幣は1、5、10、20、50、100の6種類が発行されている。現金の発行額は伸び続けており、その大部分が100元札で占められている。ただ、100元札は偽札も多く出回っているといわれている。中央銀行である中国人民銀行によると2016年に回収された偽札は前年比13・9％増だった。具体的な金額は不明だが、深刻な問題であると言えそうだ。偽札は当然無効になるため、偽札を手にするリスクがある現金よりもキャッシュレスな支払いの方が安全だと人々が考えても不思議はない。[*7]

2016年の統計を見てみると、現金を使わない支払いは1251億回で687兆元、カードの発

＊7　The People's Bank of China, Annual Report, 2016.

行枚数は２０１６年末時点で61億枚であり、このうち、デビットカードが56・5億枚、クレジットカードが４・２億枚、両方の機能があるコンボカードが４５００万枚となっている。デビットカードはかなり普及している（中小企業などが持っているカードも含まれていると思われる）。

キャッシュレスな支払いは実店舗でも進んでいるが、２０１６年のオンラインショッピングの利用者は４億７０００万人、モバイルでのオンラインショッピングの利用者は４億４０００万人であり[*8]、これらの人々はカードやモバイルペイメントを利用している。

中国のカードといえばUnionPay（銀聯カード）が有名だ。デビットカード、クレジットカード、プリペイドカード、モバイルペイメントなどを展開している。UnionPay は２００２年3月に設立された。複数の銀行が同一のブランドに参加しており、カードの普及や決済システムの改善に取り組んできている。中国国内でも地

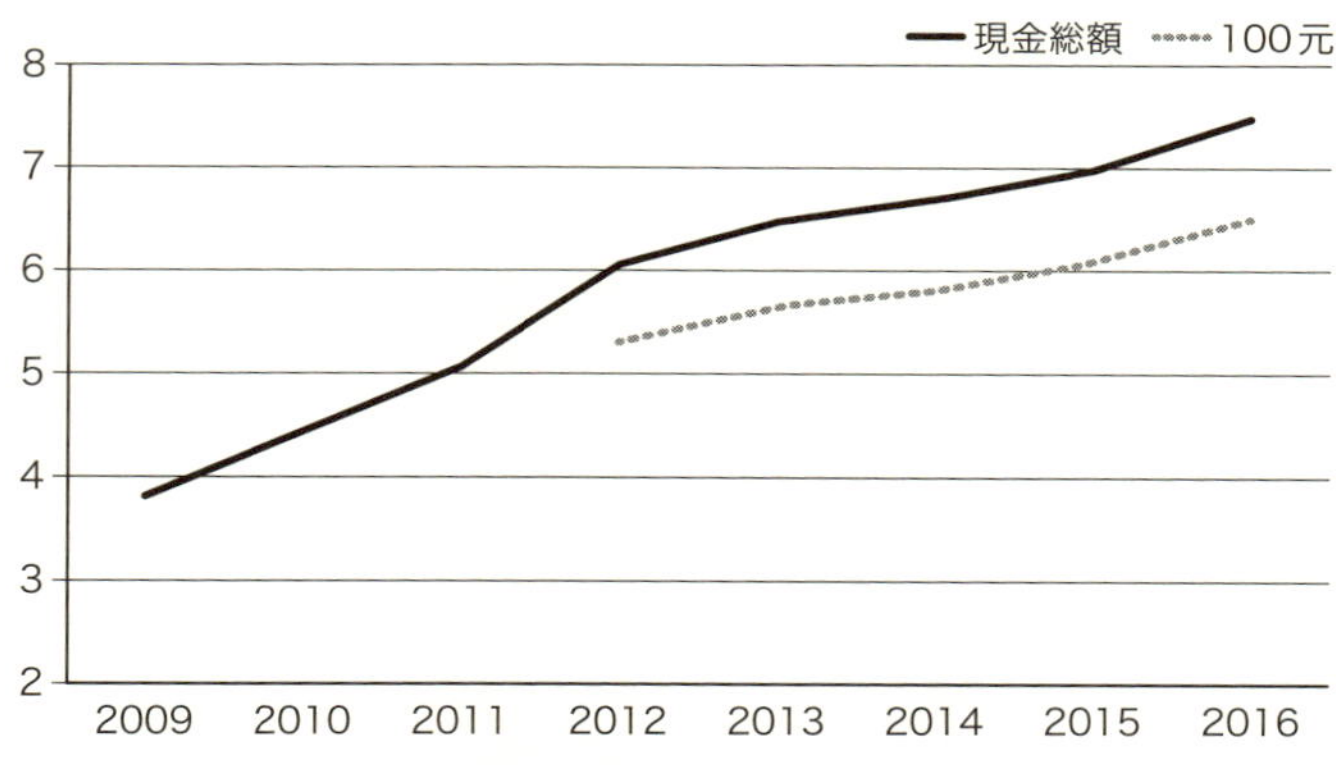

図表3-11　中国の現金流通額の推移（兆元）
出所：The People's Bank of China, Annual Report 各号。

方や農村への浸透を図るためにＰＯＳ端末やＡＴＭの設置などにも取り組む一方で、国際展開を進めてきた。現在は１６８カ国でカードが使え、48カ国でカードを発行している。日本では２００８年からカード発行業務をしており、67万店で使うことができる。２０１７年には93兆９０００億元の支払いがあり、カード発行数は中国の外だけでも９０００万枚に上り、利用可能店舗数は世界で４０００万に上っている。UnionPay は Visa や MasterCard を抜いて世界1位の規模に成長している。２０１５年には非接触型カードの QuickPass が始まり、中国の地下鉄などで使えるようになった。韓国やシンガポールなどアジアだけでなく、オーストラリアなどでも使える。２０１７年12月には Mobile QuickPass のサービスが始まった。

Alipay（中国語では支付宝）は２００４年12月にサービスを開始した。２０１４年10月以降はアントフィナンシャルの金融サービスの１つとして運営されている。[＊9] アリババグループ（阿里巴巴集団）の一部門であり、オンラインショッピングモールのタオバオ（淘宝網：Taobao Marketplace）や食品デリバリーの Ele.me（餓了麼）などアリババが提供する様々なオンラインサービスでの支払いに使うことができるだけでなく、国際展開も進めている。ユーザーは5億２０００万人。ユーザーは銀行口座から Alipay 口座に資金を移すなどしてチャージし、それを支払いに使う。クレジットカードを登録することもできる。使い残した電子マネーを銀行口座に送金することもできる。日本でもロー

＊8　CNNIC, Statistical Report on Internet Development in China, 2017.
＊9　アントフィナンシャルは支払いサービスの他に、ウェルスマネジメント、貸付事業、保険なども手掛けている。

ソンなどAlipayで支払うことができる場所が増えつつあるようだ。

Alipayのライバルが２０１３年8月にサービスを開始したWechat Pay（微信支付）だ。テンセント（騰訊）のサービスであるWechatを利用した支払いサービスである。テンセントはTenpayやQQ Walletなどの支払いサービスも展開している。テンセントのアニュアルレポートでは２０１７年末のWeChat及びWeixin（メッセージ送信アプリ）のユーザー数は9億８８６０万人となっているが、全てのユーザーがWechat Payを利用しているわけではない。テンセントはモバイルペイメントサービスのユーザー数を6億人と公表している。

Wechat Payのアプリを銀行口座に紐付けたり、クレジットカードに紐付けたりして支払いを行う。銀行口座に紐付けた場合は、モバイルデビットカードとして使うことができ、ユーザー間で送金することもできる。「赤い封筒（红包）」という機能は日本のお年玉のように、個人間でお金を送金することができるが、いくら入っているか開けるまで分からないというゲーム性がある。この機能がWechat Payのユーザー数を大きく伸ばしたといわれている。

Alipay とWechat Payは激しく争っており、２０１８年3月には中国国内のウォルマートはWechat Payのみを受け入れAlipayが使えなくなった。第2章で見たデンマークのMobilePayとDankortの争いと同じ構図だ。このような状況も含めて、AlipayとWechat Payは日本でも広く報道されており、ほとんど全ての中国人が使っているような印象を与えているが、実態とは少し異なるようだ。中国に数年駐在している筆者の友人の日本人は、日々の買い物を全て現金で支払っているという。現金お断りの店もあるようだが、現金だけの生活で困っていないそうだ。

図表３－12は都市部と地方でのモバイルペイメントの利用者を表しているが、モバイルペイメントの利用者は全人口の36％にとどまっている。全人口には乳幼児も含まれているため36％という数字自体がかなり高いが、「ほとんど全ての中国人が使っている」というところまではいっていない。特に地方ではモバイルペイメントの利用者は16％にとどまっており、地方での普及がカギとなりそうだ。また、そもそもインターネットを使っていない層もかなり残されている。これらの人々が安価にインターネットを利用できるような整備も求められる。

UnionPayやモバイルペイメントのサービスを利用するには、銀行口座があった方が便利だ。そのためか、中国では銀行口座の保有率が上昇しており、地方でも２０１１年の53・７％から２０１４年には74・３％と中国の全国平均と同じ程度にまで上昇している。キャッシュレスな支払い手段の普及が銀行口座の保有率向上に寄与している。昔は「中国人は銀行を信用し

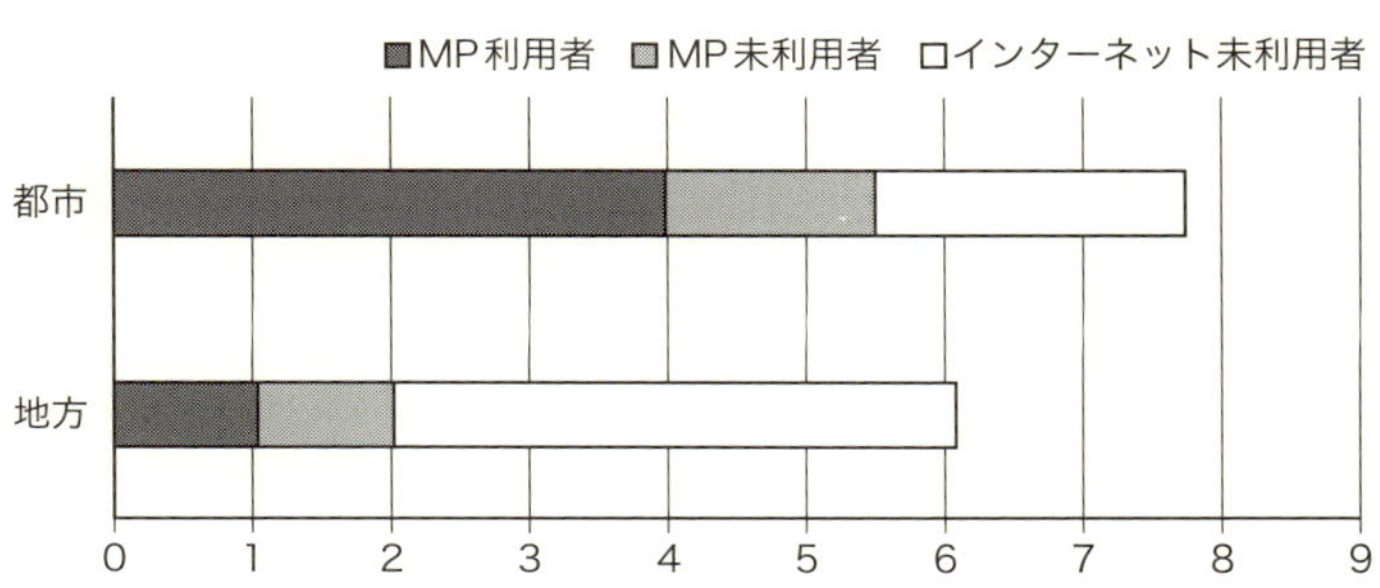

図表３-12　中国国内のモバイルペイメント（MP）の利用者（2016年、億人）

出所：Aveni and Roest (2017), China's Alipay and WeChat Pay：Reaching Rural Users, CGAP.

ない」といわれていたが、新しい技術によって14億人の人々の行動も変わりつつある。

ケニア

ケニアは５カ国からなる東アフリカ共同体の中心的存在であり、企業活動や金融活動が活発な国でもある。[*10] 首都のナイロビの写真を検索するとビル群が出てくる。もっとも、首都から車で１時間も行くと、大自然や動物たちが多くみられる、いわゆるアフリカの風景になる（日本でも大都市圏から車で１時間離れるとのどかな風景になるが）。農産物の輸出が多い国であり、第１次産業の従事者は18％程度いるが、第３次産業従事者は60％を超えており、経済のサービス化が進んでいる（というよりも工業化が進んでいない）。ケニアというとマサイ族を思い浮かべる人も多いと思うが、最も多いのはキクユ族であり、本物のマサイ族は観光客と接触しないそうだ。

ケニアの通貨はシリング（ＫＥＳ）で、１００セント＝１シリングとなる。硬貨は、50セント、1、５、10、20、40シリングの６種類、紙幣は50、１００、２００、５００、１０００シリングの５種類が流通している。

図表３－13からは、２０００年代中ごろから現金が大きく伸びていることが分かる。ケニア経済は２００４年以降５％以上の成長が続き、リーマンショック時にはほぼゼロ成長まで低下したが２０１０年代も５％以上の成長を続けている。図にはないが、預金も併せた総通貨量に占める現金の割合は２０００年中ごろから低下傾向にあり、現金以上に預金が増えている。この面からも活発な経済活動

がうかがえる。現金は2016年までは増加を続けたものの、2017年にはほんのわずかだが減少に転じた。図は年次の統計だが、月次の統計ではATMは2017年12月の2825台から2018年1月には2796台とこちらも減少に転じた。クレジットカードやデビットカード、POS端末数は伸び続けていることから、キャッシュレス化の進展がうかがわれる。

図表3－14はケニアでのモバイルペイメントの利用状況だ。ユーザー数も支払い金額も一貫して増加を続けており、4970万人のケニアの人口のうち3500万ユーザーを獲得している計算になる。ケニアで最も有名な支払いサービスはM-pesaだ。M-pesaはイギリスのボーダフォンとケニアの携帯会社Safaricom[*11]が共同で始めたサービスだ。2007年3月のサービス開始後9カ月間でユーザー数は100万人を超え、2010年6月には1000万人、2012年11月には2200万人と短期間でユーザーを獲得している。2017年にはM-pesaのユーザー数は2700万人、利用可能店舗数は5万以上、年間の支払額は6・9兆シリングに上っている。[*12]元々は携帯電話のショートメール機能を使ってメッセージの形でM-pesaを送金するものだったが、現在は非接触型支払いなど新しい方法も導入されている。M-pesaを利用するにあたって銀行口座は必要なく、現金をチャージして

＊10　Kenya Bankers Associationが年4回発行するKenya Bankers Economic Bulletinはケニア経済を広くやさしく解説している有用な資料。Ｗｅｂで無料で入手可。

＊11　Safaricomの株式はボーダフォンが40％、ケニア政府が35％、残りを地方自治体や国際機関などが保有している。

＊12　Safaricom Annual Report 2017.

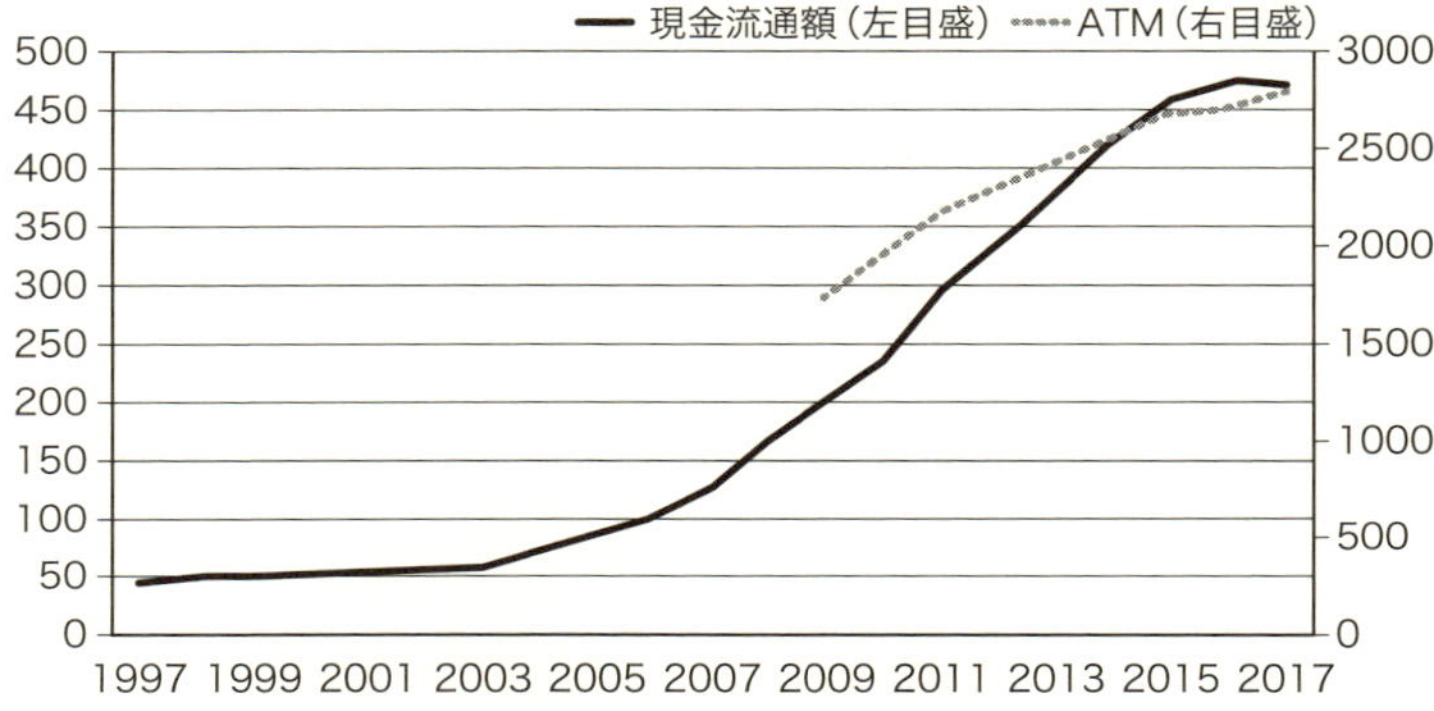

図表3-13　ケニアの紙幣とATMの推移（億シリング、台）
出所：Central Bank of Kenya

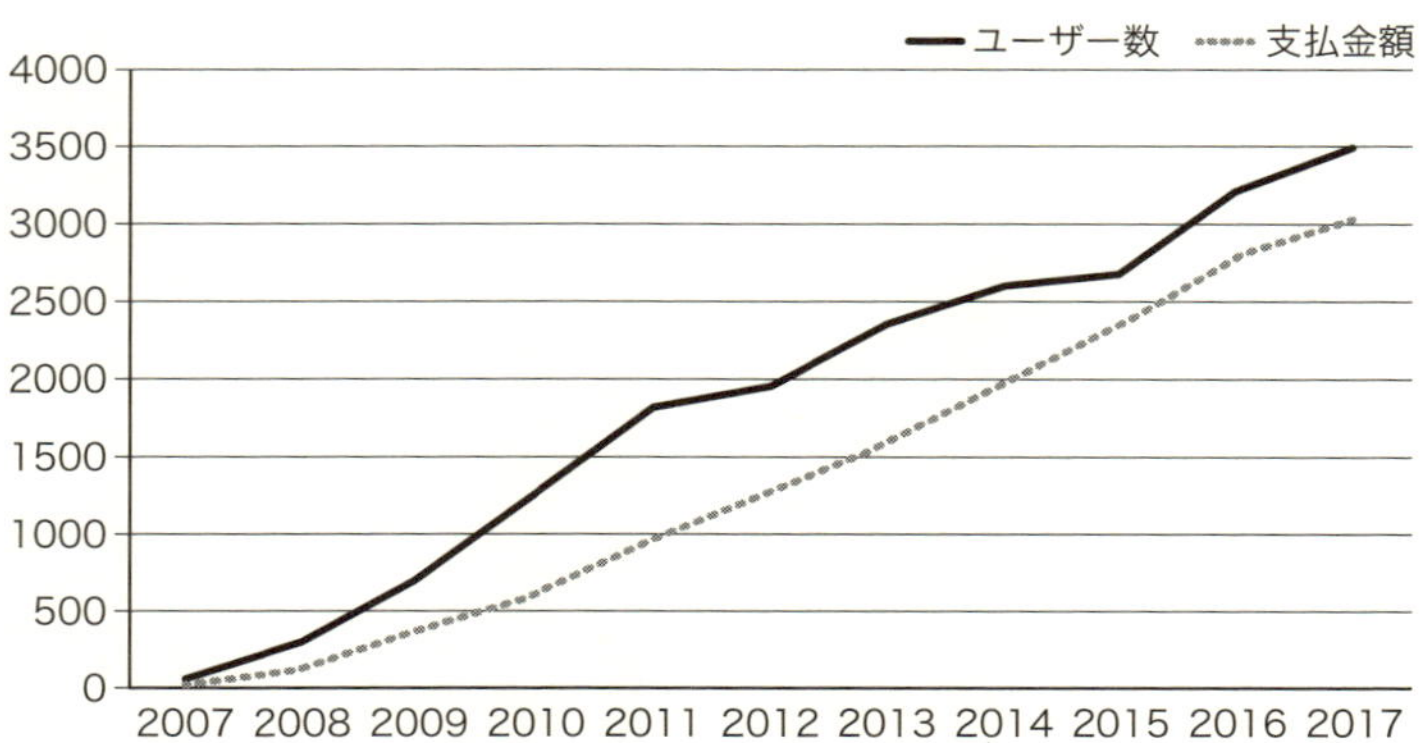

図表3-14　ケニアのモバイルペイメント（万人、億シリング）
出所：Central Bank of Kenya

使うこともできる。M-pesaでの個人間の送金には手数料が必要だったが、現在では100シリングまでの送金は無料になっている。また、200シリングまでの買い物支払いの手数料も無料になった。

M-pesaはケニアだけでなく、2008年のタンザニアへの進出を皮切りに、アルバニア、コンゴ民主共和国、エジプト、ガーナ、インド、レソト、モザンビーク、ルーマニアの合計10カ国で展開している。2018年4月にはPayPalとSafaricomが互いに資金を送金し合えるように提携することを公表しており、先進国の企業も提携に乗り出している。

M-pesaは世界食糧計画（WFP）とも提携して、2015年8月に始まったBamba Chakulaというシステムにも参加している。これは、ケニアのダダーブ地域（Dadaab）にある4つの難民キャンプで、食糧バウチャーを電子化して難民に配布する取り組みだ。この難民キャンプでは支援物資を直接手渡すのではなくバウチャーで支払う形で販売されている。難民は援助金をバウチャーとして受け取り、キャンプ内で買い物をしている。そうすることで各家庭は必要なものだけを購入すればよく、一律配布よりも効率的になるだけでなく、WFPが配布対象にしていない食品も地域の商店などから買うことができるようになる。難民キャンプの人が物流などの産業で雇用される可能性も生まれ地域経済の強化にもつながる。現金の配布は盗難などの危険もあるため、電子マネーの方が安全性が高い。2015年段階で難民キャンプ内での携帯電話の普及率は57%と低めだが、難民キャンプも含めたダダーブ地域の7万3000世帯がBamba Chakulaを利用している。キャッシュレス経済の話からはそれるが、この方式は日本の災害地域でも有効だ。日本では大地震のような災害が起きると義援金や支援物資が被害者に届けられボランティアの手によって無料で配布される。とても素晴らしいことだが、この方式では地域経済が破壊されて被害者は社会的疎外を受けやすい。災害被害の有無にかかわらず地元の人々が経済を回していくことが必要だ。支援物資をバウチャー制にして地元の人々が食料配布やバウチャー管理を行う。バウチャーは地元商店が提供する有料の商品に使ってもよい。この方式の方が地域経済の復興が早くなる。

ケニアに限らずアフリカ地域では携帯電話の普及率が高いが、銀行口座の保有者は多くない。このような地域では銀行口座がなくても送金ができる電子マネーが便利だ。携帯電話は無線通信のため、電線を張り巡らせる必要もない。図表3－15のように、アフリカ各国では銀行口座の保有やカード払いは少ないが、モバ

図表3-15　サブサハラ諸国のモバイルペメント（2017年）

国	携帯電話普及率	口座の保有率			カード払い	モバイル支払い
		銀行のみ	銀行＋モバイル	モバイルのみ		
ブルキナファソ	71%	10%	13%	20%	3%	29%
ガボン	81%	15%	19%	25%	6%	44%
ガーナ	67%	19%	24%	15%	5%	35%
ケニア	86%	9%	47%	26%	11%	72%
セネガル	70%	11%	10%	22%	4%	29%
南アフリカ	79%	50%	17%	2%	23%	21%
タンザニア	66%	8%	13%	26%	4%	37%
ウガンダ	64%	9%	24%	26%	5%	47%
ザンビア	63%	18%	18%	10%	8%	26%
ジンバブウェ	79%	7%	21%	27%	14%	46%
(参考) 日本	89%	98%	na	na	57%	33%

出所：Word Bank, The Global Findex Database 2017.

イル支払いの普及では日本を上回っている国もある。銀行よりも通信会社の方がユーザーを多く獲得していることから通信会社による電子マネーサービスが普及している。例えば、南アフリカの通信会社MTNが発行するMTN Mobile Moneyは南アフリカ、ザンビア、ウガンダ、エスワティニ（スワジランド）、ルワンダ、リベリア、コードジボワール、ギニア、カメルーン、コンゴで使うことができ、Tigo Pesaはタンザニアでは7万店舗で使うことができる。またDPO社のサービスは飛行機代など旅行関係の支払いに特化しており、ケニア、エチオピア、南アフリカなど11カ国で使うことができる。

インド

インドの特徴を一言で言えば多様性だ。人口は13億人を超え中国との差は7000万人にまで迫っているが、州の数は29、憲法で認められている言語は22に上る。地域ごとの人々の慣習の違いも多く、例えば男女の人口比などにも現れている。[*13] 非常に乱暴な言い方だが、第1次産業→第3次産業→第2次産業という順序で発展が進んでいる。ケニアもそうだが、製造業などの第2次産業を発達させるためには電力網や交通網などのインフラ整備が欠かせないが、途上国の多くはインフラが圧倒的に不足している。一方、ソフトウェア産業などは無線でインターネットが使え、最低限の電力や設備が

*13　セン、佐藤宏・栗屋利江訳『議論好きなインド人』明石書店。

あれば産業として成り立つ。

インドの硬貨は50パイサ、１、２、５、10ルピー（ＩＮＲ）の５種類であり（１００パイサ＝１ルピー）、紙幣は５、10、20、50、１００、５００、２０００ルピーの７種類だ。２０１６年11月に５００ルピー札と１０００ルピー札が切り替えられ、新５００ルピー札と新２０００ルピー札が発行された。発表が突然で旧札は翌日に廃止（新札への交換は翌月末まで）、新札は印刷不足、１０００ルピー札が額面の異なる２０００ルピー札に切り替えられるなどかなり混乱が生じる内容だったが、インド国内の退蔵現金をあぶりだす作戦だったといわれている。時間をかけて進めれば、退蔵現金は金など他のものに置き換わって把握できなくなるからだ。インドでは資産形成の一環としての金の購入が活発だ。新紙幣の準備が十分にできていれば混乱は小さかっただろうが、外国メディアが大げさに取り上げすぎた感もある。その後、10、50、２００ルピー札も新札に切り替えられた。このような紙幣の切り替えはキャッシュレス化を促すことはこれまで様々な国で見てきた。ちなみに、インドの中央銀行はインド準備銀行（Reserve Bank of India）という、Central Bank of India や Bank of India など紛らわしい名前の銀行もあるので注意が必要だ。

図表３－16から紙幣切り替えの影響と長期トレンドを見てみよう。21世紀に入ってから紙幣の流通額は増加し続けているが、２０００年代後半あたりから増加が加速している。２０１７年には２０１６年の切り替えの影響で紙幣の流通額は減少しているが、２０１８年には大きく増加しており、過去のトレンドに戻っているようだ。影響は１年で消えている。２０００年代前半に最も発行額が多かっ

たのは1000ルピー札だ。2000年代後半からは500ルピー札が最も発行額が多くなった。これらは日常の支払い目的で使われていたと考えられる。紙幣切り替え後、1000ルピー札はほぼゼロになったが、1000ルピー札のトレンドを伸ばしたところに2000ルピー札が来ており、切り替えによって1000ルピー札が2000ルピー札に置き換わっている。2000ルピー札が退蔵目的で保有されているのであれば、切り替えの意味はあまりなかったのかもしれない。一方で、500ルピー札も減少して100ルピー札が増加している。小口の支払いは現金で、金額が大きくなると現金以外の方法で、という行動が生じている可能性はある。

インドでは2008年にインド決済公社（National Payments Corporation of India：NPCI）が設立され、インドの決済に関する様々なシステム開発や事業の支援を行っている（図表3－17）。中でもRuPayは

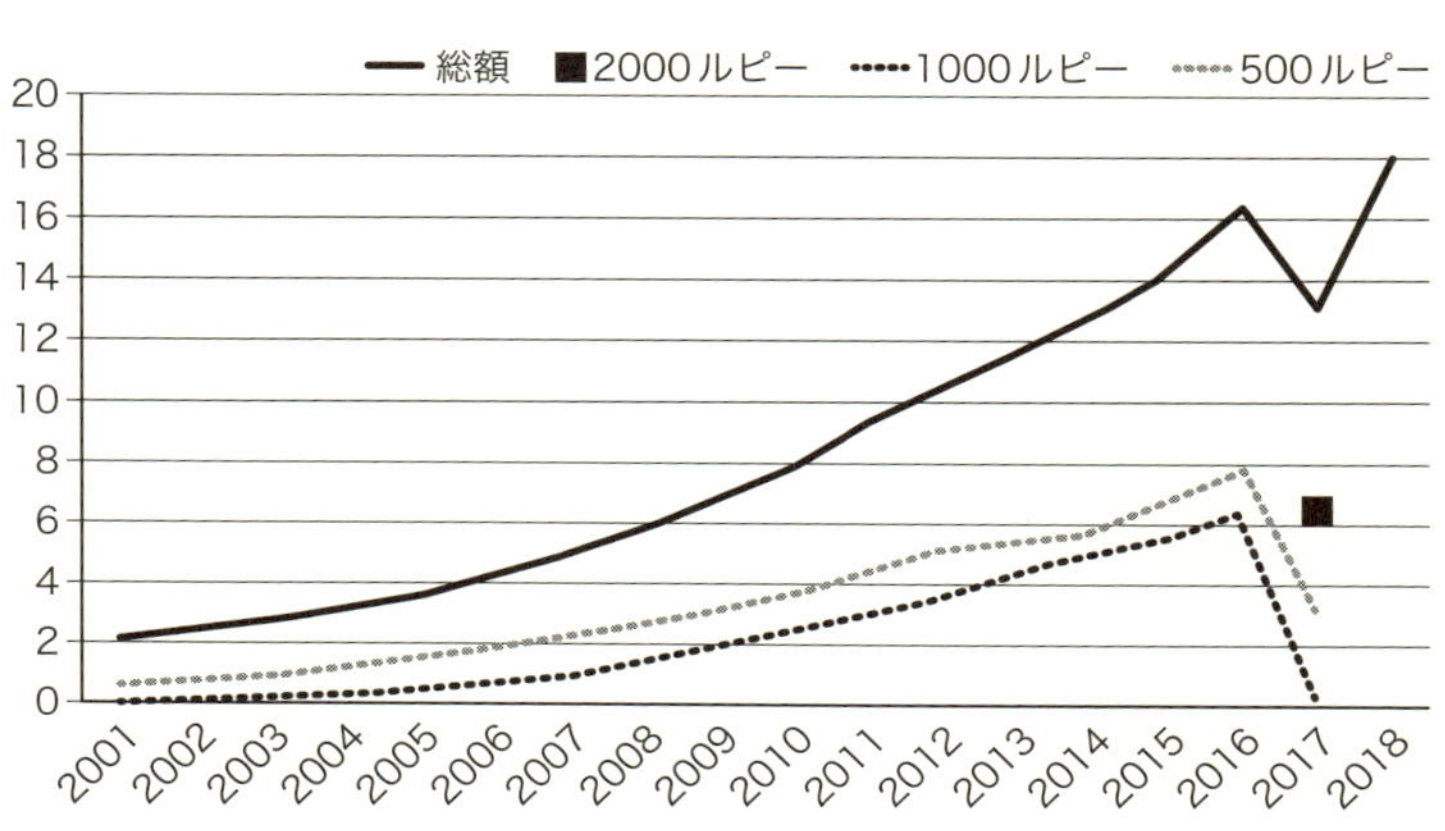

図表3-16　インドの紙幣の推移（各年３月時点、兆ルピー）
出所：Reserve Bank of India

274万店舗以上で使え、インド国内のＰＯＳレジの97％が対応している。クレジットの国際カードはDiscover、ＪＣＢ、UnionPayなどと提携しており、世界各国で使用することができる。

インドには多くの支払いサービスが展開しており、主要なものを図表３－18に挙げた。Paytmは中国のアリババ、M-pesaはイギリスのボーダフォンなど外国から進出してきたサービスも多い。各サービスの内容は似ており、ホームページの構成も似ているものが多い。光熱費の支払いや旅行チ

図表3-17　インド決済公社の取り組み

National Financial Switch（NFS）	インド国内の５万台のATMネットワーク。
National Automated Clearing House（NACH）	金融機関、企業、政府が参加できる銀行間決済システム。
RuPay	24時間365日支払い可能なカードサービス。非接触型カードも展開し、地下鉄やバスなどでも利用可能。
Bharat Interface for Money（BHIM）	電話番号や専用IDでの支払いができるシステム。
Bharat QR	QRコードによる支払いシステム。RuPayやVisa、MasterCardに加えてモバイルペイメントにも対応。
Bharat BillPay	請求書払いがオンライン銀行やモバイルペイメントなどで可能。光熱費なども支払い可能。
Unified Payments Interface（UPI）	複数の銀行口座を１つのデバイスで操作できるようにするサービス。リアルタイムで送金できる。
Immediate Payment Service（IMPS）	24時間365日利用できる銀行間の決済システム。図表2-19にも記載。
＊99#	相手の携帯電話の番号を使って送金できるシステム。
Cheque Truncation System	Ｔ＋１を実現させた小切手清算システム。
AePS	生体認証（現在は指紋のみ）と国民ID番号を利用した支払いサービス。

出所：インド決済公社

ケットの手配、オンラインショッピングなどに使える。プリペイドとポストペイの両方に対応しているものも多く、実店舗ではQRコードによる支払いも可能だ。路上の屋台などで使えるサービスもあり、一般の人々のキャッシュレス化にも貢献している。インドは人口も多く地域性があるものの、多くのサービスが乱立している。相互に提携していることが多いが、今後はサービスの統合や店舗の囲い込みなどが起こるだろう。

図表3-18　インドの主な支払いサービス

サービス名	サービス開始	概要
RuPay	2012年3月	24時間365日稼働する決済システムIMPSを利用した銀行預金振り替えサービス。クレジット、プリペイドも利用可能。
Paytm	2010年8月	インド最大手のモバイルペイメント業者。2015年には銀行免許も取得。銀行の口座数は3億近い。デビットカードまたはクレジットカードからチャージして使う。
Oxigen Wallet	2004年6月	アプリにチャージして使うタイプ。友人から支払いに必要な電子マネーを融通してもらうサービスも。ユーザー数は2000万人。
MobiKwik	2009年4月	プリペイド型の支払いサービスとして免許も取得。ユーザー数は5500万人。
PayUMoney	2010年	旅行会社ibiboの支払いサービスとしてスタート。2018年1月末でPayUMoney walletのサービスを終了し、Citrusブランドに統合した。
M-pesa	2013年4月	ICICI銀行と提携してインドに進出した。2014年時点でユーザー数は500万人。
Airtel money	2012年4月	インド最大手、アフリカでは第3位の通信会社によるサービス。モバイル銀行も展開。スマートフォンにデビットカードをインストールしたり電子マネーをチャージしたりして使う。

出所：各サービスホームページ。

3　電子マネーの役割

電子マネーの存在意義

世界には支払いをしたいという強いニーズがあるにもかかわらず、銀行口座を持てない人が多い。インドのようにリアルタイムの銀行預金の振り替えが可能な国もあるが、一部の人しか利用できない。一方で、携帯電話やスマートフォンは途上国でも広く普及している。このような状況では電子マネーがいい解決策であるといえる。ケニアのM-pesaは難民キャンプでのエコシステム形成にも一役買っている。この面でも社会的意義があるといえるだろう。先進国においても、これまで支払いは現金、銀行引き落とし、クレジットカードなど複数の手段を併用せざるを得なかったが、PayPalのようなサービスを使えば支払い手段を統合でき、家計管理を効率化することができる。金融分野では統合サービスは有望な市場であり、銀行、証券、保険など業態を超えたサービスも生まれつつある。

国際展開している電子マネーを使えば、出稼ぎ労働者が母国の家族に簡単にお金を送金できる。また、途上国では農家は情報を持っていないために弱い立場で農産物を買いたたかれることがある。スマートフォンで相場を知り、電子マネーで支払いを受けるようになれば彼らの立場も強化され、適切な収入を得ることができるようになる。

一方で、電子マネー事業者は支払いに関するデータを入手することができる。データはマーケティングや商品開発などに役立てることができ、データから収益を上げることができるようになる。先進国でも電子マネー事業者が増えている大きな理由だ。支払いデータは1件だけではあまり価値がない（もちろん超富裕層の支払いは1件でも価値があるだろう）。多くのデータを集めて統計的な処理を施すことで初めて傾向が見えてくる。多くのデータを集めるには利便性を高め、ユーザーに頻繁に使ってもらう必要がある。

電子マネーの注意点

チャージして使うタイプのプリペイド型電子マネーは政府が認めた法定通貨ではない。発行体が破綻すると使えなくなってしまうというリスクがあることも事実だ。第2章で紹介したサービスは銀行預金の振り替えサービスであり、口座を開いている銀行が破綻しても一定額は預金保護法などで保護される。両者には大きな違いがある。また、個人間の送金ができるサービスもあるが、多くのサービスでは支払いに使われた電子マネーが点々と流通することはない。「マネー」という名前は付いているものの、現金のような利便性がないものも多い。プリペイド型電子マネーには匿名性を持っているものもある。誰がどこでいくら使ったのかが分からないということだ。日本の電子マネーでも個人情報を提供しないでカードが手に入るものもある。これらの電子マネーは各国の反マネーロンダリング規制の対象になる。例えば、EUでは電子マネーの利用は２５０ユーロ相当に制限されている。本章では紹介しなかったが、ＰＩＮコードの入力などの認証なしで支払える金額には上限が課せられており、電子マネーで価格の高いものを購入することはできない国も多い。電子マネーにはこのような制約もある。

銀行口座がなくても国際送金できる点などは、仮想通貨と競合する分野だ。電子マネーは付加サービスによって仮想通貨との差別化を図る必要もある。

日本の電子マネーの問題点

日本の電子マネーの最大の問題点は乱立だ。最近は相互にポイントや電子マネーを交換できるサイトも登場しているが、そもそも規格やブランドが統一されていれば交換に頭を悩ます必要はない。原因は簡単で、第6章でも繰り返すことになるが、日本のサービス事業者は供給者の論理でサービスを展開しており、ユーザー視点に立っていないことにある。本書でこれまで見てきたように、サービスが乱立している国ではキャッシュレス化の進展が遅れている。日本の事業者がしなければならないことはシンプルだが、問題は実行力だろう。

第4章

仮想通貨が世界を変える

本章では仮想通貨の仕組みを見ていこう。日本では「仮想通貨」という呼び方が一般的だが、英語の virtual currency には電子マネーも含まれる。本章で扱うビットコインなどは本当は「暗号通貨(cryptocurrency)」と呼ぶべきだが、日本語の習慣に従って仮想通貨と呼ぶことにする。

日本では残念ながら仮想通貨は何やら怪しいもの、という理解が広がっているようだ。価格が乱高下しているのは事実であり、ネット上の犯罪に使われることもしばしばだ。流出事件は数多く発生しており、被害額もかなり大きい。「仮想通貨をやっていますか？」という問いは「仮想通貨で買い物をしていますか？」という意味ではなく「仮想通貨の投機に参加していますか？」という意味で使われる。ただ少し冷静に考えてみると、現金の世界でも誤った政策によりハイパーインフレーションに見舞われて価値が暴落することはしばしばある。匿名性の高い現金での取引は犯罪者に好んで使われている。現金の盗難事件や詐欺事件は日々発生している。特に高齢者を狙った特殊詐欺の被害はとんでもない金額に達している。これらの理由で現金を何やら怪しいものという人はいないだろう。両者の違いは、現金は日々使っていてよく理解している（つもり）であるのに対して、仮想通貨の仕組みは全然知らないことにあるのだろう。人間には自分が理解できないものを拒絶する傾向がある。仕組みが理解できない金融商品は買わない、というように理解できないものに近づかないのは賢明なケースもあるが、本書の読者は仮想通貨についての理解を得たいと考えているのではないかと思う。

仮想通貨にまつわる表面的なニュースだけを見ていても本質はつかめない。仕組みを知ることが重要だ。横道にそれてしまうが、２００９年に発覚したギリシャの債務問題は２０１１年には大問題に発展した。当時の「識者」たちはEUが崩壊するだのユーロが消滅するだの大いに盛り上がったが、実際にはどちらも存続しているだけでなく、EUの協力体制はより深まりユーロ参加国は増えていった。「識者」たちはEUやユーロの仕組みを勉強することもなくメディアが取り上げる表面的なニュースを追いかけていただけだ。拙著『ヨーロッパ経済とユーロ　補訂版』を読んでいただければわかるが、2010年代にEUは改革を次々に行っている。「通貨は統一されたが財政はバラバラ」ということをいまだに主張している人もいる。完全な間違いでもないが、仕組みをよく理解すれば主張は修正されるだろう。同じように仮想通貨を批評している「識者」たちの中で、例えばGithub[*1]にアクセスしたことがある人はどれくらいいるだろうか。

メディアは良いニュースを取り上げることはほとんどなく、悪いニュースばかり配信する。その方が儲かるからだ。人々は「危機」や他人の不幸が大好きだ。また、「○○は＊＊＊だからダメなんだ」と何かを否定したい人は多い。否定することで何だか自分が偉くなった気がするのだろう。否定の対象が権威のあるものや流行っているものならなおさらだ。

本章では仮想通貨の基本的な仕組みを紹介する。より詳しい情報は参考資料をご覧いただきたい。[*2]

＊1　Github（ギットハブ）はソフトウェアのソースコード（プログラム）などが公開されているサイト。ビットコインなど仮想通貨に関連するプログラムや改善提案などがアップされている。

＊2　川野祐司『仮想通貨の基礎知識』ITI調査研究シリーズNo.56、川野祐司「仮想通貨の基礎知識Q＆A」ITIフラッシュNo.343、アントノプロス、今井崇也・鳩貝淳一郎訳『ビットコインとブロックチェーン』NTT出版、山崎重一郎・安土茂亨・田中俊太郎『ブロックチェーン・プログラミング』講談社、Narayanan et al., Bitcoin and Cryptocurrency Technologies. Ｗｅｂで入手可。

仕組みを知った上で「やっぱり怪しい」と結論付けるのは何ら問題ないと思う。なぜ怪しいのか、しっかり理由をつけて説明できるからだ。

1　仮想通貨の世界の用語集

仮想通貨に関する専門用語は日本語化されていないためどうしてもカタカナ（英語）ばかりになる。また、仮想通貨には多くの種類があり、用語が統一されていないことも理解の妨げになる。そこで、本章ではまずビットコインを例に仮想通貨の仕組みを紹介し、その後、他の仮想通貨を紹介する。まずは、仮想通貨に関連する専門用語を紹介する。ここで全てを覚える必要はなく、読み進めながら必要に応じて戻ってきてほしい。

＊ＢＴＣ：ビットコインの単位。日本円（ＪＰＹ）、アメリカドル（ＵＳＤ）のように国際的に通用する。プログラム上は、ビットコインは satoshi 単位で計算されている。1億 satoshi が1ＢＴＣとなる。

＊ウォレット：ビットコインを管理する財布のソフトウェア（アプリ）。通常はスマートフォンやＰＣにインストールするが、Ｗｅｂサービスを展開しているものもある。支払い指図（トランザク

ション）を自動的に作成してくれる。ビットコインを受け取るだけならウォレットは必要ない。

＊ビットコインアドレス：ビットコインを保管する入れ物。通常は複雑な英数字で表され、現実世界の個人とは直接紐付けられていない。１人でいくつもアドレスを作ってウォレットでまとめて管理することができる。

＊トランザクション：ビットコインの支払い指図。送金元のアドレス、送金先のアドレス、送金額、手数料、電子署名、メッセージなどからなるプログラム。コインベースという特別なトランザクションもあり、マイナーがブロック報酬を受け取るための情報が記載されている。

＊手数料：ビットコインを送金するには、受け取り側ではなく支払い側が送金手数料を負担する。手数料はマイナーの収入になる。

＊電子署名：ビットコインを送金するために必要な記号。アドレスからビットコインを取り出すのに必要で印鑑や鍵のような役割を果たす。１つの電子署名で送金することをシングルシグネイチャ、複数の電子署名で送金することをマルチシグネイチャという。

＊ブロック：ビットコインの取引データなどを保存する入れ物。ブロックには #502341 のような番号が付けられている。１つのブロックの中には、トランザクション、トランザクションから計算されたハッシュ値、ハッシュ値から計算されたマークルルート、１つ前のブロックのハッシュ値、ナンスが含まれている。#0 のブロックをジェネシスブロック、ブロックを順番に並べてひとまとめにしたものをブロックチェーンという。

＊ブロードキャスト：トランザクションをビットコインネットワークに発信すること。支払い指図をＰＳＰからクリアリングハウスに送信するのに似ている。ブロードキャストされたトランザクションはメモリープールという場所に格納され、マイナーに処理してもらうのを待つことになる。

＊ナンス：ブロックが正しい手続きに従って生成されたことを表す記号。マイナーはナンスを見つける競争をしている。

＊マイナー：ブロック生成を試みる人。ブロックを一定の手続きに従って作成し、適切なナンスを見つけることが目的。ナンスを見つけてブロックを生成すると、ブロック報酬とトランザクション手数料を得ることができる。この作業をマイニング（採掘）という。ビットコインの世界では個

人でマイニングに成功する確率はほぼゼロであるため、通常は複数で集まってマイニングする。多くの人（ＰＣ）を集めて共同でマイニングするマイニングプールがしのぎを削っている。

＊ブロック報酬：ブロック生成に成功したマイナーが得る報酬。ブロック報酬は一定のプログラムに従って無から生み出される。現在は1ブロックにつき12・５ＢＴＣに設定されており、２０２０年には６・２５ＢＴＣに半減する予定。マイニングプールがブロック生成に成功した場合には、プールマネージャーがブロック報酬を受け取り、プール参加者に配分する。ブロック報酬は受け取ってから１００ブロック経過するまでロックされ、支払いに使うことができない。

＊ノード：ビットコインのブロックチェーンの維持に関わる参加者。具体的にはＰＣを指す。ジェネシスブロックから最新のブロックまでの全ての情報を保存しているノード（ＨＤＤなどに情報を保存しているＰＣ）をフルノード、ブロックのヘッダー部分など一部のデータのみを保存しているノードをＳＰＶノードという。

＊ハッシュ関数：様々な大きさのデータを一定の長さに変換するために使われる関数。計算された値をハッシュ値という。ビットコインではSHA-256という関数が主に用いられている。ランダムな文字列（数値）が得られるため、暗号文を作成するのに利用される。

＊ハッシュパワー：ハッシュ関数を計算する能力。ビットコイン専用のマイニングマシンでは1秒間に10兆回ほどハッシュ関数を計算する能力がある（1台では全くライバルに歯が立たない）。計算能力が高ければそれだけブロックを生成する能力が高いことになる。ビットコインの世界では、プログラムなどの制度変更の際にハッシュパワーが投票権の代わりになる。

＊秘密鍵：ビットコインアドレスや電子署名などを生成するための基となる値。秘密鍵を盗まれるとビットコインも盗まれるため、厳重な管理が必要。本書では省略するが、ビットコインでは秘密鍵・公開鍵方式という暗号方式が用いられている。

＊サトシ・ナカモト：ビットコインを生み出したとされる人物。日本人男性を思わせる名前だが、性別や国籍など詳細は一切不明の人物。２０１０年にビットコインのネットワークから姿を消している。サトシ・ナカモトを名乗る人物もいるが認められていない。ビットコインのプログラム上の取引単位である satoshi はサトシ・ナカモトに由来する。

＊Ｐ２Ｐネットワーク：多くのノードが常にインターネット上で接続し合って情報を交換し合っている状態。それぞれのノードはいくつかのノードとのみ情報を交換するが、伝言ゲームの要領でやがて全てのノードに情報が行き渡る仕組みとなっている。

＊オルトコイン：仮想通貨は現在１５００種類以上ある。その大部分はビットコインからフォーク（分岐）して作られた。代替的な通貨ということでオルトコインと総称されている。仮想通貨の販売益のみを目的とするものや詐欺を企図したコインも多いが、新しい技術が使われているものや明確な目的をもって作られたものもあり、実際に利用されているコインもある。ブロックチェーン技術を使っていないコインもある。

2　ビットコインの送金の仕組み

ビットコインで支払う

ここでは、ビットコインの支払いを見ながら、その背後でどのようなメカニズムが働いているのかを見ていこう。ビットコインを扱うアプリをクライアントという。ダウンロードしたりGithubなどを参考に自作したりして使うが、ウォレットというビットコイン管理アプリを使うのが簡単だ。ウォレットも自作できるが、信頼できるサイトからダウンロードするのが簡単だ。近年はＷｅｂウォレットが広がっており、日本の仮想通貨取引所などでは取引所が管理するＷｅｂウォレットを使うようになっているようだが、Ｗｅｂウォレットは安全性に問題がある。大切な財産を守るためには、自分でウォレットを管理する方がよい。ウォレットを管理するということは、秘密鍵を自分で管理するということを意味する。仮想通貨の場合、安全性を守るためにはユーザーに最低限の知識が求められる。

そのことによって仮想通貨の取引のコストを削減してよりシンプルなシステムが構築されているが、知識のないユーザーの仮想通貨が危険にさらされるというデメリットもある。この点についてはまた後で振り返る。

ビットコインで支払いをするためには、まずビットコインを手に入れなければならない。最も簡単な方法は誰かからもらうことだ、と解説本に書いてあるが、これはビットコインの価格が非常に安かった時の話で、現在はビットコインを譲ってくれる人は少ないだろう。お金や商品などを対価にしてどこかから買うか、マイニングで手に入れることになる。ビットコインのマイニングを個人で行うのは難しいので、結局、取引所などから買うことになる。近年は、ビットコインの販売所も開設されている。図表４－１の写真はウイーンのケルントナー通り脇にあるビットコインの販売所だ。中には券売機のような機械があり、スマートフォン内のウォレットでビットコインを受け取ることができる。

ビットコインを買うためには、ビットコインアドレスを作成する必要がある。図表４－２の中の、インプットやアウトプットの欄の

図表4-1　ビットコインの販売所

横にある文字列がビットコインアドレスだ。ビットコインアドレスは銀行の口座番号のようなものだが、１人でいくつも作成することができる。[*3]

ビットコインアドレスを手に入れて、そこにビットコインを入金すれば支払い準備が整う。ビットコインの世界では、支払い側をアウトプット、受け取り側をインプットという。アウトプットに自分のアドレス、インプットに相手のアドレスを指定して、送金額を入力するが、銀行振り込みとは金額の指定の仕方が異なる。銀行振り込みの場合は、支払いたい金額を入力するが、ビットコインの場合はビットコインアドレスに入っている全額をアウトプットに指定する。いったん財布の中身を全て取り出してから必要な額を相手に渡し、残りをまた財布に戻すイメージだ。図表４－２の２番目のトランザクションでは、15・99548BTC

＊3　ビットコインはトランザクションベースでコインの管理をしていることから、口座番号という比喩は本当は正しくない。仮想通貨の中にはアカウントベースの管理をしているものもあり、こちらは銀行口座に例えられる。本書は技術的な問題には深く立ち入らないので分かりやすい比喩を使うことにする。

図表4-2　ブロック#515000のトランザクション例

ID：59db4a02d949490d2827efb541159e1a6aa95d4bf0d0987b1e01bcfa923e2afb	
アウトプット：なし	
インプット　：1Hz96kJKF2HLPGY15JWLB5m9qGNxvt8tHJ	…13.13025779 BTC
ID：dee2471905669cc22f9b26828928b3d5621bb4530a3d25ab34da4991e8fd4edb	
アウトプット：19fvQgFxnMqQRfAkxLCBfahtBdrviuxfuP	…15.99548 BTC
インプット　：12hPgNnxKqHw5LFnJ7RmKUYcnFfeZ7PFSX	…5 BTC
19fvQgFxnMqQRfAkxLCBfahtBdrviuxfuP	…10.98418 BTC
電子署名やメッセージ等は省略	

出所：blockchain.info

がアウトプットに指定されている。支払先のインプットは「12hP…」のアドレスで5BTCを送り、残りはお釣りとして自分のアドレス「19fv…」に戻している。

アウトプットの合計額は15・99548BTCで、インプットの合計額は15・98418BTCになっている。0・0113BTCだけインプットが小さくなっているが、この部分が送金手数料に相当する。このトランザクションの手数料0・0113BTCは一般的な手数料の10倍以上になる。トランザクションが発生した2018年3月24日当時の為替レートで換算すると約101ドル（USD）に相当する。手数料を高く設定するほどマイナーに早く処理してもらえる可能性が高くなることから、よほど急いで処理してもらいたかったのだろう。ここでお釣りアドレスの設定を忘れると、10・98418BTCが手数料になってしまう。ウォレットのアプリではこのようなミスは起きないが、自作のクライアントやウォレットを使う場合は注意が必要だ。

なお、このトランザクションではアウトプットのアドレスとインプットのお釣りアドレスに「19fv…」という同一のものを使っているが、これはあまりお勧めできない。ビットコインのトランザクションは誰でも閲覧することができる。同じアドレスを何度も使っていると、他の取引データと突き合わせて個人が特定される可能性が高くなる。ビットコインアドレスは事実上無限に作ることができるため、お釣りアドレスも毎回作成することが望ましい。

図表4－2にはもう1つトランザクションが記載されている。このトランザクションにはアウトプットがないが、これはコインベースという特別なトランザクションを表している。ブロックを生成

したマイナーが受け取る報酬であり、12・5BTCのブロック報酬と0・63025779BTCの手数料を合わせて13・130257779BTCを手にしている。手数料は約5600ドル、総額の収入は約11万7000ドルになる。

図表4－3ではブロック #515000 の情報を一部抜粋した。このブロックには2737のトランザクションが記載されており、ブロックを生成したのは BTC.TOP というマイニングプール、ブロックが生成されたのは2018年3月24日であることも分かる。

ハッシュ関数

図表4－3にはマークルルートやハッシュという言葉がある。マークルルートとは、このブロックの特徴を表す記号であり、ハッシュという計算によって求められる。ハッシュを計算するためにはハッシュ関数を用いる。ハッシュ関数とは文字列や数字などを入力すると一定の長さの数字に変換する関数のことで、ビットコインでは暗号化技術として使われている。[*4] ハッ

図表4-3　ブロック #515000 の情報

ブロック高	#515000	手数料	0.63025779 BTC
トランザクション数	2737	サイズ	1122.745 kB
タイムスタンプ	2018-03-24 19：52：57	ナンス	3883559396
中継所	BTC.TOP	ブロック報酬	12.5BTC
マークルルート	f5c0bc556ab546bfa5532782db0c7f6631cff9030dce3026e04c3deda3ed8b33		
前ブロックハッシュ	0000000000000000008fda0e5bb3105dab72605332085684c42dceb0ea61097		
ハッシュ	0000000000000000003ca88d20895d2535f304cca8afb08e7e5503fcac1da752		

出所：blockchain.info

シュ関数には様々な種類があるが、ビットコインではSHA-256とRIPEMD-160というハッシュ関数が使われている。「一定の長さの数字」というのは変な日本語だが、これはコンピューターが数値を処理するときに使う「ビット」という単位を表している。仮想通貨の話をする際にビットを使うと便利なので、ほんの少しだけ寄り道をしよう。

ＰＣなどの電子機器では、２進数が使われている。０は電気が通っていないオフ状態、１は電気が通っているオン状態とすれば、電源のオンオフだけで数字を表現できる。図表４-４のような1つの電球（素子という）を1ビットといい、これを8個集めると8ビットとなる。電球1個当たり0と1の２つを表現できるので、８個集まると2^8＝256種類の数字を表現できる。８個集まったものを１バイトともいい、１バイトは２進数だと00000000から11111111まで、10進数だと0から255まで、16進数だと00からffまでを表現できる。[*5] ２進数はコンピューターが理解しやすい表現方法だが桁数がすぐに長くなる。そこで、16進数に変換して桁数を短くする方法が採られており、ビットコイン

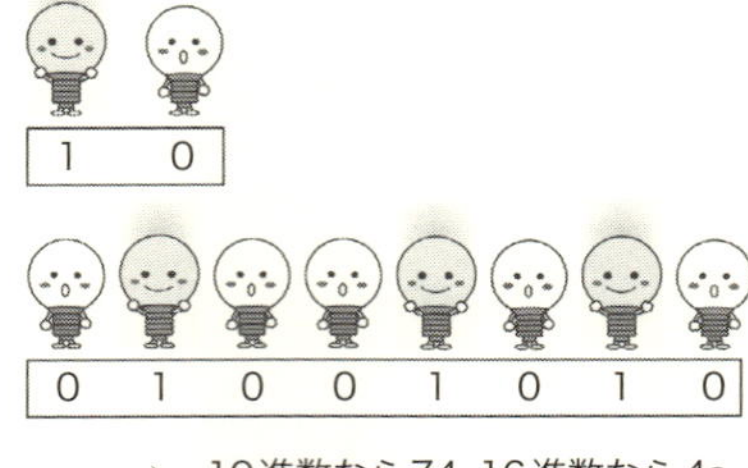

図表4-4　2進数と16進数

のトランザクションも16進数に変換したうえでブロードキャストされる。SHA-256というハッシュ関数は入力された数値や文字列を2進数の256ビットの数値に変換する役割を持っている。256ビットということは0と1が256個並んでいる数値であり、全部1が並ぶと最大で$2^{256} \fallingdotseq 1.16 \times 10^{77}$という非常に大きな数字になる。結局、SHA-256というハッシュ関数は、入力されたものを0から2^{256}までのどれかの数値に変換するという作業をしていることになる。

図表4-5では入力される文字はたった1文字しか変わっていないのに、出てくるハッシュ値は全く異なっており似ている場所がない。これがハッシュ関数のいいところで、出力されたハッシュ値をいくつか並べてみても法則が全く分からないため、元の入力を推測することができない。ハッシュ関数は入力→出力の計算は簡単だが、出力→入力の計算は事実上不可能なため、暗号を作るツールとして使われている。仮想通貨が暗号通貨と呼ばれるゆえんだ。

図表4-5　ハッシュ関数SHA-256による変換

入力	出力
cashless economy	738bb14387d3cb1cddf45b9a11ac6339ec52bdc 977ba9b7461a90b31940acd90
cashless economy 1	3436ea799c7991cb68b26776d2df549851dcef03 71957da4ff97207538d20943

＊4　暗号については、神永正博『現代暗号入門』講談社ブルーバックス。

＊5　16進数では0から始まって9まで行くと、その次はa、b、cと続き、fまで来るとその次は10になる。16進法を表すために先頭に0xを付けて0x10のように表示することもある。0xのような記号をサフィックスという。

ブロックの中身

ビットコインのブロックチェーンは、2009年にジェネシスブロックが生成されて以降、平均して10分間隔でブロックを増やし続けている。ここではブロックの中身を見てみよう。

現在、ビットコインのブロックには理論上は7000件程度のトランザクションを含めることができるが、実際には多くても3000件程度にとどまっている。ブロックの大きさがあらかじめ決められているため、複数のアドレスに送金するなどの複雑なトランザクションがあるとブロックの容量がすぐにいっぱいになるためだ。ブロックの中身は図表4－6のように、台帳部分とヘッダー部分からなる。

台帳部分にはトランザクションが含まれている。1番左のトランザクションはコインベースでマイナーがブロック報酬を受け取るためのものだ。2番目以降が、ビットコインの支払い指図になる。数百件から数千件のトランザクションを管理するためにもハッシュ関数が使われている。トランザクションにはデータ数が多いものも少ないものもあるが、どんなに大きなデータであってもハッシュ関数SHA-256に入力すれば256ビットの数値に変換できる。データ処理では2つのトランザクションから1つのハッシュ値を計算する。図表4－6には8個のトランザクションが含まれているため、4つのハッシュ値が計算される。次に2つのハッシュ値を1つにまとめる形でハッシュ値を計算すると、ブロック全体で2つのハッシュ値が得られる。さらに2つをまとめると最終的に1つにまとまる。これをマークルルートという。ブロックの中のトランザクションがいくつであっても最終的に1

つのマークルルートが計算できる。このようなデータの管理方法をマークル木（Merkle Tree）ということに由来している。普通の木の育ち方とは逆だが、マークル木には1番上に根があって、1番下に葉（トランザクション）があり、幹がハッシュ値でできている。マークルルートはブロックに含まれる全てのトランザクションを代表しており、もし1つでもトランザクションが改竄されればマークルルートは全く異なる値となるため、改竄が簡単に判別できる。

ブロックのヘッダー部分にはマークルルートの他に1つ前のブロックのハッシュ値が含まれている。図表4－3では「0000…」という前ブロックのハッシュが記載されているが、これはブロック #514999 のハッシュ値のことだ。ナンスというのは、マイナーがブロックを生成するために見つけ出した特別な数値だ。ナンスを見つけ出したマイナーがブロックを生成することができ、ブロック報酬とブロック内の手数料を受

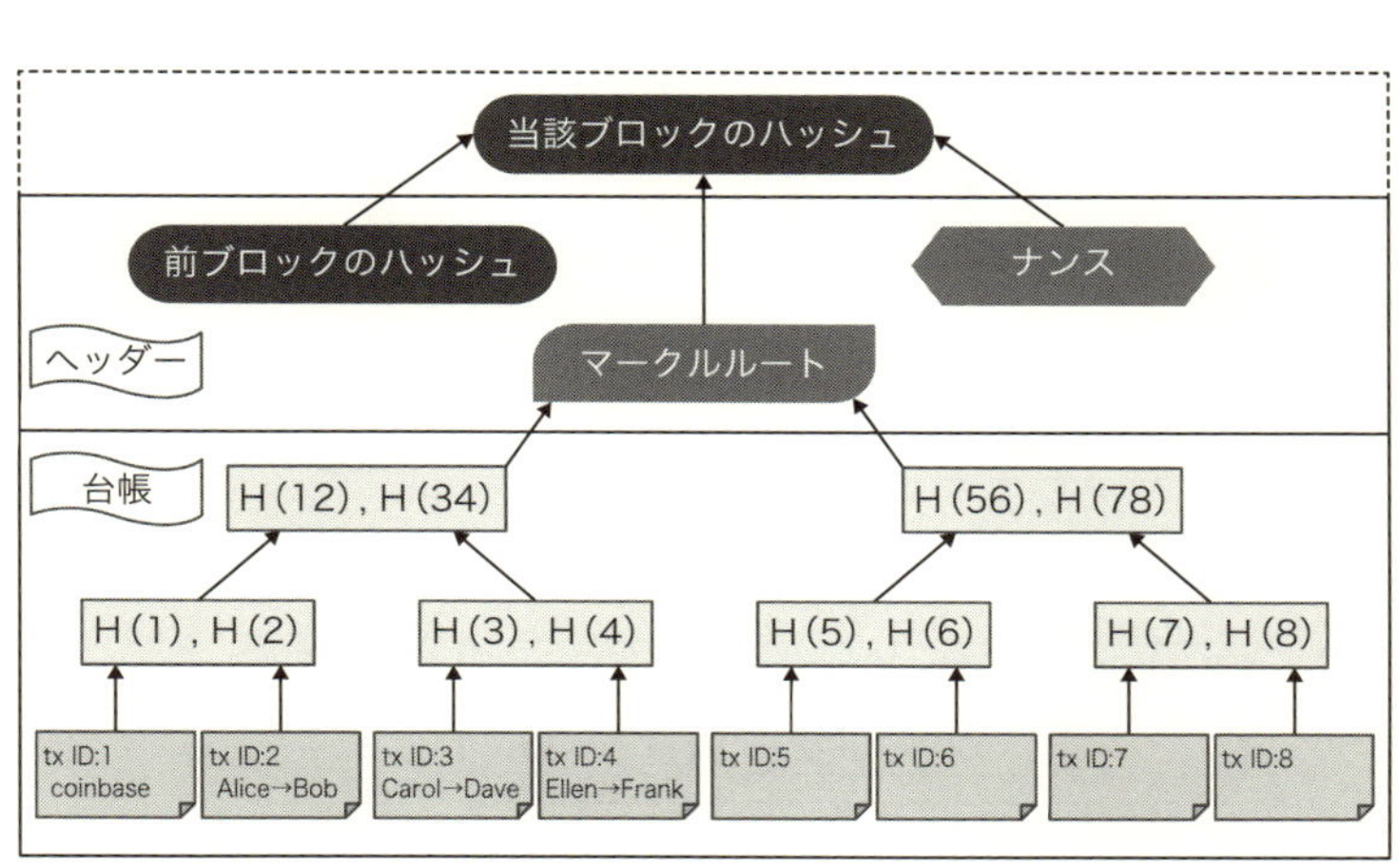

図表4-6　ブロックの構成

け取ることができる。

トランザクションにはAlice→Bobなどの記述がある。仮想通貨の世界ではAさんからBさんに送金する、という代わりにAliceからBobに送金するという言い方をする。表現方法の問題なので何を使っても構わないが、本書も仮想通貨界（?）の習慣に従うことにする。

ビットコインアドレス

ビットコインをやり取りするためにはビットコインアドレスが必要だが、ビットコインアドレスは秘密鍵から作られる。秘密鍵は図表４－７のように非常に長い鍵の形をしている。鍵の出っ張っているところを１、引っ込んでいるところを０で表すことにすると、鍵の形を０と１の羅列で表現することができる。ビットコインの秘密鍵は２５６ビットの長さがあり、０と１が２５６個並んでいる。長さを短くするためにBase58というコードに変換される。

秘密鍵に楕円曲線を利用したsecp256kという関数を

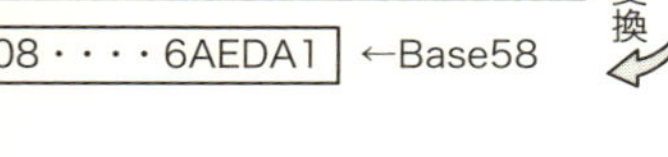

図表4-7　秘密鍵とビットコインアドレス

使って、ビットコインアドレスや電子署名を作る。秘密鍵はビットコインの管理やトランザクションに必要なものであり、厳重に管理しなければならない。秘密鍵を攻撃者に知られると、攻撃者が偽のトランザクションを作ってビットコインを奪うことができる。理想的には、インターネットにつないだことのない端末から秘密鍵を作るのが望ましい。外部から侵入されることがないためだ。実際には、数十個の英単語をシード（種）にして、それをハッシュ関数に入れる形で秘密鍵を作成している。シードを知られてしまうと秘密鍵を知られることになる。シードはPCなどに保存せず、紙に書き写して保管するのが望ましい。もちろん、紙を失くしたり他人に見られたりしないように管理することが重要だ。紙を失くしてシードが分からなくなれば、取引ができなくなる可能性がある。

ビットコインアドレスにはBase58が使われている。読み間違いやすいI（アイ）やO（オー）などを除く、数字と英語のアルファベット58種類を使う。ビットコインアドレスでは大文字と小文字は別の文字なので注意が必要だ。通常は1から始まるビットコインアドレスは、紙に書き写して保管することもできる。ビットコインをインターネットにつながっていない紙などに保存することをコールドウォレットという。秘密鍵もアドレスもインターネットから切り離せば、盗難などに対する安全性はかなり高くなる。当面使わないビットコインは、コールドウォレットに移しておくべきだ。

ビットコインアドレスはハッシュ関数を使って作成するため、ランダムな英数字になる。秘密鍵↓ビットコインアドレスという計算は簡単だが、ハッシュ関数の特徴により、ビットコインアドレス↓秘密鍵という計算はほぼ不可能だ。これを利用して、ビットコインアドレスの一部分を自分の好きな英数字にすることができる。例えば1ZZZZZZ43u3DQm13TccujQQMmycGVx2oScxではアドレスの先頭の6文字にZが並んでいる（先頭の1は自分で変えることができない）。このようなアドレスをバニティアドレスという。バニティアドレスを作るには、秘密鍵をランダムに選んでビットコインアドレスを作成し、それがたまたま自分の好みのアドレスになるまで何度も計算を続ける。（先頭の1の次の）1文字目をZにするには、58種類のうちZを選択することと同じなので、平均して58回試せばよい。6文字目まで好みのものにするには58^6≒380億回試せばよい。これくらいの回数なら比較的容易に作成できる。ただし、1AAAAAAAAAAAAAAAAAAAAのようなバニティアドレスを作るのは事実上不可能だ。58^{33}≒1.6×10^{58}というとんでもない数の計算が必要だ。1秒間に1000兆回計算したとしても、宇宙の歴史よりも長い期間が必要になる。つまり、このようなアドレスにビットコインを送ると、もう二度と使えない。このような送金をバーンという。燃やすという意味だ。ビットコインの総数は2100万BTCと決められている中で、ビットコインを利用不可能にするのはなんとももったいない操作のように思えるが、ビットコインのブロックチェーンに情報を残したり、他の仮想通貨を購入したりするのに使われる。

マイニング

ブロードキャストされたトランザクションはメモリープールという場所に入る。マイナーはメモリープールから処理待ちのトランザクションをピックアップし、コインベースをくっつけてマークルルートの計算をする。その後、1つ前のブロックのハッシュ値とマークルルートにナンスを加えてハッシュ値を計算する。3つのうちナンスはマイナーが自由に設定できる。これを利用して、ナンスを0から順番に入力していってハッシュ値が条件を満たすまで計算を続ける。*6 条件はビットコインのプログラムによって自動的に決められており、現在では先頭から0が18個並ぶ必要がある。

図表4－8で試してみよう。noncepuzzle の部分が1つ前のブロックのハッシュ値とマークルルートの代わり、その後に続く数字がナンスだ。ハッシュ値は16進法で表されているため、平均して16回計算すれば先頭の文字が0になる。図表4－8では幸運にも0から繰り返して9回目に先頭がゼロになった。2文字連続で0になるには平均して256回の計算が必要だが、これも幸運なことに22回目で0が2つ連続した。このような操作を続けて、0が先頭から

図表4-8　ナンスパズルを解く

ナンス	ハッシュ値
noncepuzzle0	5214320d729950f8b19feebe49d3831e670b05b26c20642ffc89ebfb59d4c58a
noncepuzzle1	f9512a6f1af2d089a097b48599f207821e3f27ba87b84448bc4dd1dcc1b8731e
noncepuzzle2	87d4c27d160f65e5971311f5bb27dc4689ecd470957ba075c03c24130280dced
：	
noncepuzzle8	0876f321cb79c64fc20ac1f18f68562cf1c1ee35019c506531db9292175285c7
：	
noncepuzzle21	00e6db8e836412388c42bb8e67155f9b16b2470078fd0c1faead9f149579c80f

＊6　ナンスはすぐに足りなくなるので、その場合はコインベースのメッセージを変更して計算を続ける。1文字でも変更するとハッシュ値が大きく変わることを利用している。

18個並ぶまで計算を続けるわけだ。正しいナンスが見つかるとブロックを生成でき、ブロック報酬を得ることができる。これが金の採掘に似ているということでマイニングと呼ばれている。マイニングは難しいパズルを解くことだと解説されることが多いが、この説明は誤解を招く。図表４－８で見たように、計算自体はとても簡単で（ＰＣがあれば）誰でもできる。しかし、正しい答えを見つけるまで何度も計算しなければならず、答えがなかなか見つからない。これが難しいという意味だ。

執筆時点で条件を満たすには、$16^{18} \fallingdotseq 4.7 \times 10^{21}$回の計算が必要だが、数字が大きすぎて実感がわかない。DragonMint 16TというＡＳＩＣが約２８００ＵＳＤで販売されている。[*7] １秒間に最大16兆回の計算能力があるが、マシンを24時間休みなく動かし続けても正しいナンスを見つけるまでに平均３４１６日かかる。ライバルたちは平均10分でブロックを生成しているため、個人でマイニングをしてもブロックを生成できる可能性はほとんどない。しかし、DragonMint 16Tを50万台同時に稼働させれば7分に１つの割合でブロックを生成できる。そこで、ＡＳＩＣを1カ所に大量に集めて計算するマイニングセンターや、世界中のＡＳＩＣをインターネットでつないでマイニングするマイニングプールが登場した。個人でＡＳＩＣを買った人はどこかのマイニングプールに参加すればよいが、電気代などを差し引いて利益を上げるのは簡単ではない。金の採掘と同じように、運が良ければ短時間でブロックを生成できる。しかし、運が悪ければいくら稼働させても全然ブロックを生成できない。

ブロックを生成するのが難しいことが分かったが、実際にはどの程度の頻度でブロックができるのだろうか？　一般的にブロックは10分に１個生成されると解説されているが、この解説は不正確だ。

この解説を聞くと、10分おきに順序良くブロックが生成されているように感じるが、実際には違う。マイニングは金の採掘と同じでたまたますぐ見つかることもあれば、全然見つからないこともある。実際に、2—3分でブロックが生成されることもあれば12—13分かかることもある。平均して10分ということだ。ビットコインのプログラムでは、２０１６ブロックごと、つまり約2週間ごとに難易度が設定され、プログラムがブロック生成速度が平均10分になるように難易度を調整している。10分に設定したのはサトシ・ナカモトであり、もし彼が1分に1個に設定していればビットコインの使い勝手は大きく変わっていただろう。

ビットコインは政治的？

ビットコインの世界では、マイナーの存在が重要だ。マイナーがいなければビットコインを送金することができない。ビットコインは誕生以降いくつもの改善が図られている。現在も多くの改善提案が出されており、ＢＩＰ（Bitcoin Improvement Proposals）と呼ばれている。改善提案は誰でも起こすことができ、ビットコインの開発者などの間で議論された後に有益であるとみなされれば、マイナーによる投票に進むことができる。マイナーはコインベースのメッセージ領域に改善提案に対する賛否を記述する。それを集計して、例えば95％のマイナーが賛成すれば、改善提案は実行（アクチ

＊7　ビットコインのマイニング専用マシンでエーシックと呼ばれている。Application Specific Integrated Circuit の略。

ベートという）される。

マイナーたちの投票は1人1票ではなく、1ブロック1票で行われる。ということは、多くのブロックを作ることができるマイナーの声がより大きく反映される。ブロックを作る能力をハッシュパワーというが、ハッシュパワーが大きいと投票数も多くなる。現在、主要なマイニングプールは中国勢で占められており、彼らの声が反映されやすい。マイナーはビットコインの維持に貢献しているのだから問題はないのだが、欧米の参加者の間では不満があるようだ。この欧米の参加者の中には、ビットコインコアというプログラムの開発者が多く、ＢＩＰの提案者も欧米風の名前が多い。改革の提案も決定権も欧米勢でなければ認められないというのであれば、彼らは人間的に未熟だと言わざるを得ない。このような状況が、ビットコインは政治的な通貨だという悪い評判を呼んでいる。

ビットコインのルールの変更は、ソフトフォークとハードフォークに分かれる。ソフトフォークとは互換性のある変更であり、マイナーは今まで使っていた機器やプログラムをそのまま使うことができる。ハードフォークは互換性のない変更であり、マイナーはソフトウェアをアップデートしたり、場合によってはマイニングの機器を買い替えたりする必要がある。ハードフォークを伴うＢＩＰはしばしば大問題に発展する。ハードフォークにつながる提案がこじれると、2つの勢力に分裂することもある。2017年にはビットコインからビットコインＡＢＣ（ビットコインキャッシュとも呼ばれる）がハードフォークして、通貨が2つに分裂した。

ビットコインでの支払い

ビットコインは実際にどのくらい使われているのか、という質問をよく受ける。ビットコインは政府が発行する通貨ではないため、政府による公式統計がない。多くの人の予想通り投機目的の取引が多いのではないかと思われる。Coinmap.orgによると、世界では約1万2000カ所、日本では280カ所、東京では79カ所でビットコインによる支払いを受け付けている。ヨーロッパやアメリカを中心に、カフェやレストラン、ホテルなどが多い。個別のニュースはいろいろあるが、スペインのカタルーニャ州では2018年1月にビットコインで不動産が売却された。価格は40BTCで、当時の為替レートで55万ユーロだという。ただ、ビットコインの価格が上昇して送金手数料が高くなったことから、買い物での利用は減少しているのではないかという見方が多いようだ。ビットコインの送金手数料は0・001BTC前後が多い。1BTC＝7000USDであれば、送金手数料は7ドルになる。かなり高い。仮想通貨や分散型台帳技術などの開発やビジネス展開を行っている企業の数は不明だが、世界では数万社に上るのではないかと思われる。

ビットコインのブロックは平均して10分に1つ生成される。店舗で支払いボタンを押してから10分も待たされては利便性があるとは言えない。そこで、第2章で見た繰延決済システムのように、店舗ではトランザクションがブロードキャストされた段階で支払いが完了したとみなし、店舗はブロックが生成された時点でビットコインを受け取る。トランザクションがメモリープールで待機しているのは、クリアリングハウスの中で支払い指図が待機している状況に似ている（図表2－21）。ビットコインでの支払いには10分かかることが問題視されているが（確かに問題点だと思う）、図表２－19に登場した決済システムに比べればはるかに高頻度で送金処理が行われていることになる。ちなみに、ビットコインではネッティングは行われないので、図表２－19の中ではＤＧシステムに相当する。

ただし、注意点もある。第２章の決済システムではクリアリングハウスの送金処理が済んだ時点でファイナルになっていたが、ビットコインには厳密にはファイナルがない。トランザクションがブロックに書き込まれて多くのマイナーに求められることを承認というが、その後ブロックが積み重なって承認数が６を超えるとファイナルと「みなす」ことになっている。ブロックが１つ生成されると承認数が１つ増える。６ブロック経過すると、過去のブロックのトランザクションを書き直すのはほぼ不可能になる。６ブロック分もナンスを探すのは事実上不可能だからだ。ユーザーレベルでは大きな問題ではないと思うが、企業にとっては問題かもしれない。他の仮想通貨では、この問題の解決を試みているものもある。

3　仮想通貨の利点と問題点

仮想通貨は何が新しいのか。bitcoin.org によると、ビットコインの革新性として、詐欺に対する管理、国際アクセス、費用効果、チップと献金、クラウドファンディング、マイクロペイメント、紛争に対する調停、多重署名アカウント、信頼と誠実さ、強靭性と分散化、透明な柔軟性、自動ソリューションが挙げられている。説明はホームページにあるので（日本語ページがある）、アクセスしてみてほしい。ここでは他の仮想通貨の取り組みも含めて仮想通貨の利点を取り上げる。また、このページには問題点は記載されていない。こちらもいくつか取り上げてみよう。

小口送金、国際送金

仮想通貨はインターネット上でやり取りされている。ユーザーからするとインターネットさえ使えれば、いつでもどこでも仮想通貨を送金できる。これは非常に大きなメリットだ。途上国では周辺国で出稼ぎ労働に従事している人が多いが、母国の家族に銀行経由で送金しようとすると非常に高い手数料がかかり、時間もかかる。そもそも家族が銀行口座を持っていなければ送金できない。出稼ぎ労働者の賃金はあまり高くないと思われるが、ここから高い手数料を銀行に支払うのは痛手だ。例えば、日雇い労働者が毎日家族に送金するのは現実的に不可能だろう。仮想通貨を使えば、小さな金額であっても国境を簡単に越えて非常に安価な手数料で送金することができる。ビットコインの手数料が高ければ、ライトコインなど他にも選択肢はある。

国際送金については、ビジネス上の需要も大きい。中小企業が国際展開したり外国企業と取引したりすると、国境を越えた支払いが頻繁に発生する。リップルは銀行を通じた国際送金に強く、すでに多くの銀行を顧客にしている。これまで銀行間の国際送金を担ってきたＳＷＩＦＴは仮想通貨の台頭を受けてシステムの改善に乗り出している（第６章）。

小口送金をさらに進めると、マイクロペイメントに行きつく。第２章のVisaの項目でも紹介したが（86ページ）、１円未満などの非常に小さい単位の支払いや１秒間に何回も支払うことが可能になるマイクロペイメントは新しいビジネスを生み出しつつある。ビットコインでも５節で紹介するオフチェーンを使えばマイクロペイメントが可能だが、アイオタなどマイクロペイメントに特化した仮想通貨を使うのが便利だ。

マルチシグネイチャ

ビットコインを送金するためには、正当な保有者であることを証明する必要がある。つまり認証だ。ビットコインでは電子署名により認証を行う。多くの仮想通貨では認証に個人情報ではなく秘密鍵を使う。もし秘密鍵が盗まれれば電子署名を偽造されて仮想通貨が盗まれる。そこで、不正な送金を防ぐために複数の電子署名がなければ送金処理できない仕組みが導入されており、それをマルチシグネイチャという。複数の鍵がないと金庫の扉が開かないのと同じ仕組みだ。例えば、５人のうち３人の電子署名がなければ送金できないようにする仕組みを3-of-5マルチシグネイチャという。こうしておけば、５人中２人の秘密鍵が盗まれても不正送金することができない。マルチシグネイチャを使えば絶対に安全というわけではないが、企業が扱う場合には最低限のセキュリティ対策として導入すべきだ。

データの安全性

ビットコインのブロックチェーンに記載されたデータの安全性は極めて高いといってもよい。この場合の安全性とは、データの改竄ができないという意味だ。5節で見るように、現在ではビットコインは単なる支払い手段ではなく、様々な資産やメッセージの記録にも使われており、イーサリアムなどの仮想通貨ではスマートコントラクトという自動化プログラムも搭載されている。仮想通貨の使途は広がっており、データの安全性は重要な問題になっている。

ビットコインのブロックチェーンを書き換えることができないのは、ナンスを探すのが難しいからだ。ブロック内のトランザクションを1つでも書き換えると、トランザクションから作られるハッシュ値は大きく変わる。そのハッシュ値を使って計算される他のハッシュ値も大きく変わり、マークルルートも大きく変わる。新しいマークルルートに対応するナンスを探さなければならないが、そのためには膨大なハッシュパワーが必要だ。しかも、その作業は短い時間で行わなければならない。最新のブロックの1つ前のブロックを改竄しようとすれば、そのブロックと最新ブロックの2つのナンスを探す必要がある。しかも、次のブロックも自分で見つけなければならない。偽造されたブロックをもとにナンスを探すのは攻撃者だけで、他の世界中のマイナーは正当なブロックをもとにナンスを探している。彼らに競争で勝たなければならない。現在のハッシュパワーを考えると不可能だ。

ビットコインはビザンチン将軍問題に現実的な解を与えたことに革新性がある。ビザンチン将軍問題とは、城を攻撃しようとする複数の将軍が情報共有をするという問題だ。将軍の中には裏切り者がいて、受け取った情報を偽造して転送する。裏切り者が多ければ城攻めは失敗する。ビザンチン将軍問題では、裏切り者が3分の1以下であれば工夫次第で城攻めが成功する。つまり、3分の2の参加者が誠実な将軍でなければならない。ビットコインの仕組みでは、誠実な参加者がハッシュパワーで見て半数を超えていればよい。大きな改善だ。しかも、誰が裏切り者か調べる必要もない。すでに大きなハッシュパワーを持っているマイナーにとっては、これまで投資してきた機器の代金や電気代等のランニングコストを考えると、ビットコインの世界を壊すような行為はしたくない。大きなハッシュパワーを持つマイナーが法や契約で強制されなくても経済的な目的のために誠実であり続けるという仕組みは革新的だといえる。

一方で、現在のビットコインの仕組みには潜在的な欠陥がある。ビットコインの全データが公開されているのに安全なのは、ハッシュ関数の仕組みによる。入力→出力の計算は簡単だが、出力→入力の計算はほぼ不可能だった。この「ほぼ」というところがネックで、理論上はAという入力とBという入力から同じハッシュ値が得られる可能性がある。これを衝突（collision）という。SHA-256というハッシュ関数は、入力に対して256ビットのハッシュ値を返す関数だ。入力に使われる文字列などのパターンが256ビットよりも小さければ衝突する可能性は低いが、256ビットよりも大きければ衝突する可能性がある。256ビットというのは途方もなく大きな数字なので、私たちが日常で使っているあらゆる文字列のパターンよりも多いかもしれない。しかも、SHA-256で衝突が起こったことはこれまでなく、おそらく今後も起きないと考えられている。しかし、衝突の恐れは常にある。

同じような懸念が他にもある。秘密鍵は256ビットの数字の中から1つを選択することと同じだった。攻撃者がランダムに秘密鍵を選んで攻撃すると、非常にまれなことだが、たまたま数兆回程度の攻撃で秘密鍵にヒットする可能性はある。これも現実的に起こらないと考えられているが、完全な安全性はない。仮想通貨に限らず、暗号全体にいえることだ。

将来より現実的だと考えられているのは、量子コンピューターによる攻撃だ。電子のような非常に小さいものは、私たちが観察していないときには複数の状態が重ね合わされているという。これがコンピューターの素子なら0と1が同時に存在していることになる。私たちが観察すると、1か0かどちらかに定まる。量子コンピューターはこの現象を利用して計算を行うものだ。もし、256ビットの量子コンピューターが実用化されれば、SHA-256はあっという間に破られる。

スマートコントラクト

スマートコントラクトとは、仮想通貨のトランザクションに載せられるプログラムのことだ。イーサリアムなどに搭載されている。スマートコントラクトを実行するにはガスと呼ばれる料金を支払う必要があり、プログラムが長くて複雑になると料金も高くなる。仮想通貨はトークンとも呼ばれる。トランザクションはお金の受け渡しではなく、データの記録やプログラムの実行であり、そのための対価としてトークンを渡す、という考え方も広がってきている。

スマートコントラクトでは金融取引やクラウドファンディングなどが簡単に実行できる。クラウドファンディングとは不特定多数の人から資金を調達することで、個人による資金調達や少額の資金調達が簡単にできることから急速に広がっている。例えば、仮想通貨に関するデータブックを作りたいが調査費用がない場合、クラウドファンディングで資金調達を試みることができる。まずは、事業内容を提示して必要な資金額などを公表する。クラウドファンディングのプログラムを作成してイーサリアムのブロックチェーンに公開する（これをデプロイという）。後は事業に賛同した人が、イーサリアムを支払う。集まったイーサリアムを原資に事業を行い、出資者に対して有料のデータベースを無料で使えるようにするとか収益の一部をイーサリアムで返還するなどの方法で報いる。銀行や金融コンサルタントを使えば手数料が高くつくだけでなく、そもそも小さな事業は相手にしてもらえない。仮想通貨なら簡単に実行でき、国境を越えたアピールも簡単で、多くの人にチャンスを与えている。資金をビットコインなどの仮想通貨で集め、出資者に対して自作のトークンを発行することをＩＣＯ（イニシャル・コイン・オファリング）という。詐欺的なＩＣＯが続出したことから規制されている国も多いが、本来は発行されたトークンは株式のような役割を果たして出資者の利益を守る。

スマートコントラクトは一定の手続きを自動化するものでもあるため、社内稟議などにも利用できる。決裁文書をスマートコントラクトに載せておくと、電子署名が印鑑の代わりに使える。書類を紙で回さなくて済むだけでもメリットがあるが、一定の金額以下、手続き上の問題がないなどの条件を満たせば自動的に承認して次に回るような仕組みも導入できる。データは社内からなら誰でも見られるようにすることもできるため、誰の所で稟議が止まっているのか、誰からどのようなコメントが出ているのかなども簡単に把握できる。スマートコントラクトは公共部門でも利用可能だ。証明書の発行や税務処理などに応用でき、現在多くの産業で進んでいる手続の自動化にも役立つ。

スマートコントラクトは非常に有望だが、問題点もある。プログラムにミスがあればそれを利用した攻撃が可能だ。２０１６年に発生したThe DAO事件や２０１７年に発生したParity事件ではスマートコントラクトの簡単なミスを突かれて数十億円から数百億円に上るイーサリアムが盗まれたりロックされたりした。今後は人工知能も搭載してプログラムのミスを防いだり、新しい仕組みを提案したりするような進化が期待される。

エネルギーの浪費

ビットコインの世界では、マイナーたちは正しいナンスを見つけるためにＡＳＩＣを稼働させ続けているが、他のマイナーが正しいナンスを見つければその時点で労力は水の泡になり、エネルギーが浪費される。このようにして浪費されるエネルギーは世界の電力需要の５％に達するという研究もある。機器が発生する熱を抑えるためにマイニングセンターは寒冷地や電気代の安い地域に移動しつつある。本章で紹介したＡＳＩＣのDragonMint 16TはそれまでAntMiner S9に比べて30％ほど消費電力が少ないとされているが、より環境負荷の低い方法が開発される必要があるだろう。

ビットコインが大量のエネルギーを使う理由は、ＰｏＷ（プルーフ・オブ・ワーク）という方法を採用しており、ナンスを発見するための何度も同じようなプロセスを繰り返す必要があるからだ。そこで、より多くの通貨を保有しているマイナーが優先的にブロックを生成できるＰｏＳ（プルーフ・オブ・ステーク）などの方法を取り入れている仮想通貨もある。ビットコインでは多くのＡＳＩＣを持つ資本力がカギを握るが、ＰｏＳではより多くの仮想通貨を保有するマイナーが有利となる。いずれにせよ、仮想通貨の世界で「力」を得るには現実世界での経済力が欠かせない。

処理速度

ビットコインのブロック生成頻度が平均して10分に１つということが処理速度の向上の障害になっている。そこで、オフチェーンなどの工夫により生成速度の遅さをカバーしている。イーサリアムではブロック生成速度を12秒に１つまで高めているものの、トランザクションの集中による遅延という問題はどうしてもある。実際に２０１７年末ごろにクリプトキティーズという猫のアプリがイーサリアムで流行したが、この時にはトランザクションの遅延が生じた。遅延は銀行振り替えシステムでも電子マネーシステムでも発生するが、ビットコインでは頻発する大きな問題だ。なお、上位の仮想通貨以外ではトランザクションがほとんど発生していないため遅延の問題はない。

処理速度の遅さの原因の１つはブロックチェーンにある。そこで、ブロックチェーンを使わないで処理速度を高める工夫をする仮想通貨も登場している。

値動き

仮想通貨の値動きが激しいことが「怪しいもの」の大きな原因だといえる。現状では、仮想通貨の市場は国や取引所ごとに分断されていて、いわゆる裁定取引が働いていない。裁定取引とは同一商品に2つの価格が付けられているときに、この価格差を利用して利益を得る取引だ。取引が円滑に行える市場であれば、裁定取引ではリスクなしに収益を得られる。多くのヘッジファンドでも採用されている戦略だ。裁定取引ができないということは、市場が未熟だということだ。仮想通貨の市場は3000億ドル程度しかない。株式市場の時価総額は65兆ドル、世界の債券発行総額は800兆ドル、外国為替市場では1日に50兆ドルが取引されていることを考えると微々たる額でしかない。非常に小さな市場で需給が大きく変動しているため値動きが激しくなっている。仮想通貨の市場が整備されて市場が成長し、様々な種類のプレイヤーが参入することで値動きも落ち着くだろう。

価格変動を持って仮想通貨をダメだとするのは早計だ。仮

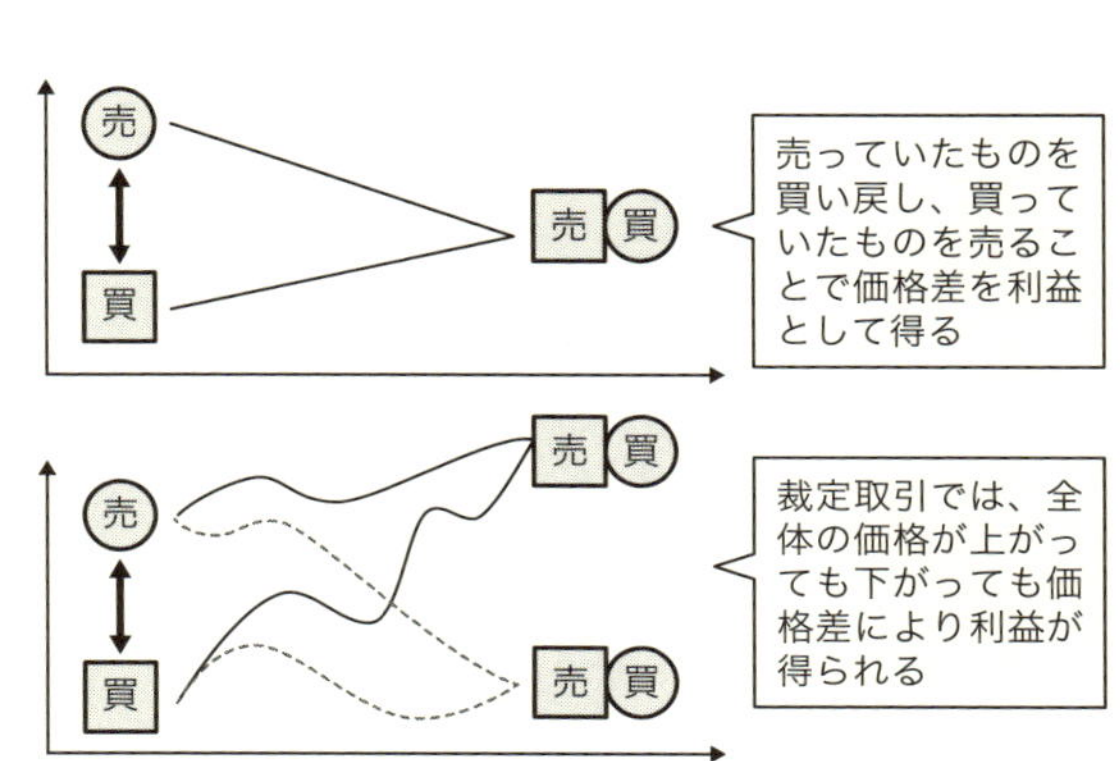

図表4-9　裁定取引

想通貨の世界には、価格変動がほとんどないステーブルコインが存在する。代表各はテザーであり、1ドルテザー＝1ドルから価格がほとんど変動しない。テザーの発行団体が1テザーにつき1アメリカドルを準備金として保有していることが価格安定に寄与しており、中央銀行と同じ仕組みを採用している。ただし、テザーには悪いうわさも多い。

円やドルなどの既存の通貨（フィアットマネーという）でも誤った政策により価格が大きく変動することがある。近年ではジンバブウェが経済政策に失敗してハイパーインフレーションが生じた。ハイパーインフレーションは日本も含め多くの先進国も経験している。ビットコインとは違って日本円は絶対に暴落しないと断言できる人はいないだろう。

仮想通貨の価格が上がるということは、仮想通貨市場ではフィアットマネーの価値が下がっているということだ。２０１５年には中国、２０１６年には日本、２０１７年には日本と韓国、２０１７年から２０１８年にはブラジルなどでビットコインは活発に取引されているが、政府への信認が必ずしも高くない国ばかりであることはあまり注目されていない。

ビットコインの価格変動は間違いなく投機による。外国為替市場ではミセスワタナベという用語が出てくる。日本の個人投資家がＦＸなどレバレッジを効かせた取引を行うことで為替レートが大きく変動するという意味だ。ビットコインの取引参加者の多くは個人であり、世界中にミセスワタナベがいることになる。金融機関などの機関投資家の参加が望まれる。そのような中で、２０１７年12月にビットコイン先物がアメリカのＣＭＥ（シカゴマーカンタイル取引所）に上場された。ビットコインが金融商品として取引され始めたことを意味している。ビットコインの価格に関しては研究がすでに始まっており、学術論文も出始めている。

図表4－10は筆者が行った簡単な検証だ。グラフがゼロ付近に展開していれば影響を与えていないと考えていい。アメリカドルの為替レート変動、アメリカの金利、原油価格はビットコイン価格に影響を与えていない。一方で、アメリカ株が上昇するとビットコイ

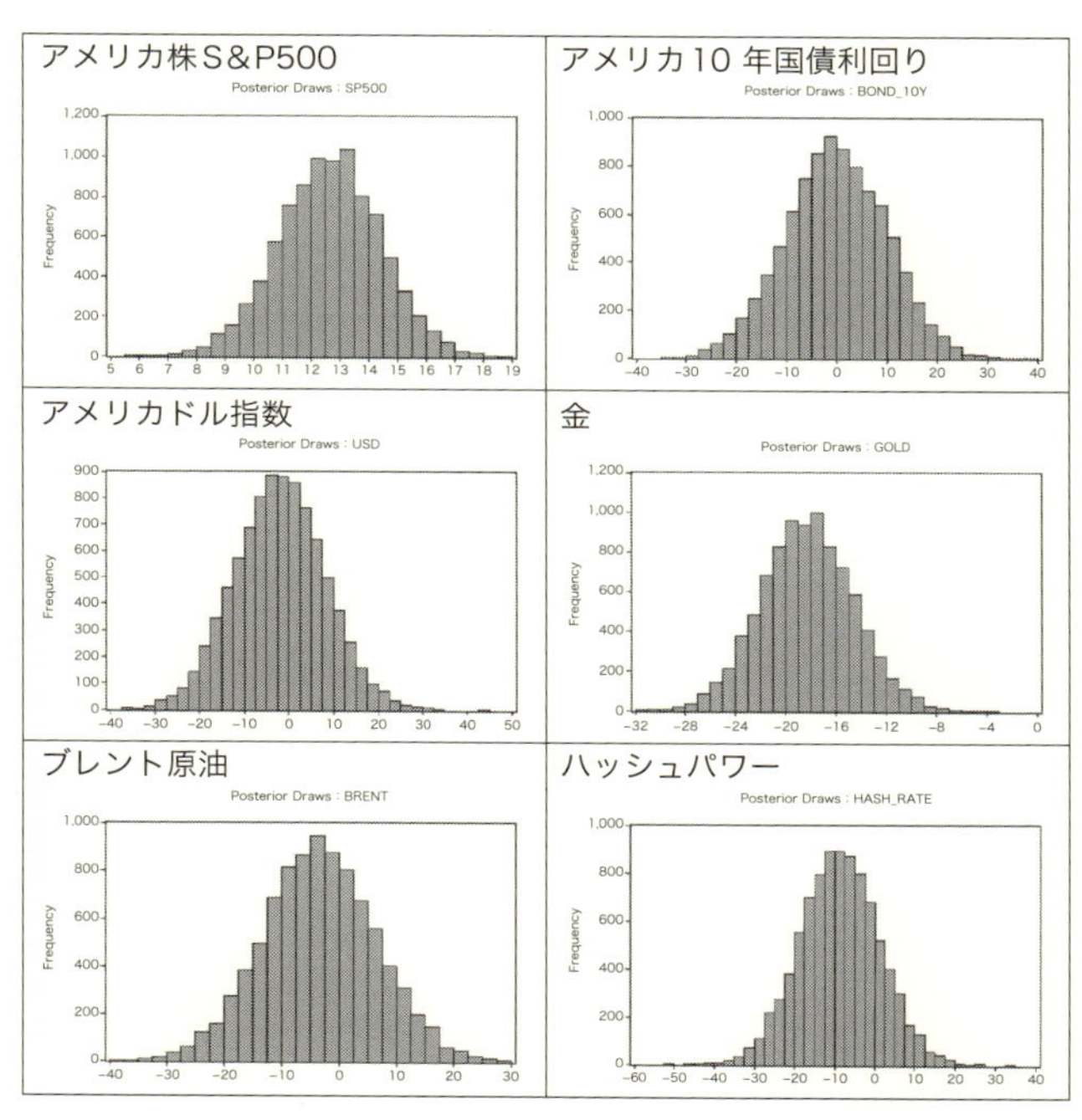

図表4-10　ビットコインの価格変動要因

注：計算方法はベイジアン線形モデル（ギブス法によるMCMC）。期間は2018年1月15日から4月13日までの日次データ。データはInvesting.com, Blockchain.info.

ンも上昇、金価格が上昇するとビットコインは下落する関係が見て取れる。ハッシュパワーについては、わずかに負の関係が見られるが、関係がないということもできる。これはあくまでも簡単な検証であり、この結果をもとに取引を行っても収益が上がる保証はない。このような研究がこれから増えてくるだろう。

匿名性

ビットコインは匿名性が高いという解説があるが、これは正しくない。確かに、ビットコインアドレスはランダムな英数字の羅列であり、いったい誰を指しているのか分からない。しかしすでに述べたように、ビットコインの取引とその他の取引（ビットコインから円に換える、ビットコインで買い物をする）などを突き合わされる可能性があり、攻撃者が個人を特定することは可能だ。筆者はビットコインは匿名性が高くない仮想通貨だと強調したい。ビットコインで違法なものを買うのはやめた方がいい（もちろんビットコインでなくても違法行為はやめた方がいい）。

仮想通貨の中には、匿名性を高めたものもある。ダッシュやジーキャッシュはビットコインよりも匿名性が高く、ジーキャッシュは現在のところトランザクションを特定することも不可能だ。これらの通貨に使われる技術は暗号技術などに応用が可能であり、注目を集めている。

仮想通貨の匿名性の話で必ず出てくるのが、仮想通貨が犯罪に使われるのでよろしくないという論調だ。仮想通貨は確かに犯罪にも使われている。インターネット上にはダークウェブという部分があり、薬物や児童ポルノなどの違法なものが取引されており、仮想通貨が支払いに使われている。しかし、現金や銀行振り込みも犯罪によく使われている。今でも特殊詐欺でお金を犯罪者に振り込んでしまう事件が後を絶たない。現金による犯罪取引は件数の推定すらできないほど多く行われている。それなら現金や銀行預金を廃止すべきではないだろうか。仮想通貨は道具にすぎず、道具の使われ方は様々だ。ナイフは果物を切ることもできるし、人を刺すのにも使われる。刺殺事件があるからといってナイフの販売を禁止すべきということにはならない。仮想通貨によるダークウェブでの取引の実態は、なぜ違法なものを取引してはいけないのか、なぜそれらが違法なのか、という議論も呼び起こす。新しい技術は社会の規範に疑問を投げかける。１００年前であれば人工授精は倫理的に問題があると思われただろうが現在ではそのような主張をする人はいない。規範は私たちが安全で効率のよい生活を送るために役立っているが、思考の硬直化も促す。新しい技術の悪い面をことさら強調して否定したがるのは年齢が高い層であり、社会的規範を尊重する層だ。否定自体は悪いことではないが、感情的な否定ではなく、知識に基づいた議論が必要だ。

現金と犯罪については近年多くの議論があり、現金廃止論につながっている。この点については第5章で取り上げる。

仮想通貨取引の安全性

仮想通貨の世界では技術的な議論が多く交わされている。ビットコインが誕生した時点では、技術の知識が全くない人がビットコインの支払いを行うようになるとは想定されていなかったのかもしれない。仮想通貨を利用するのであれば、秘密鍵の管理など最低限の技術的な知識が求められる。仮想通貨が今後、通貨や金融商品として広く用いられるようになるためには、消費者保護ルールの制定や取引の安全性向上策が求められる。ただし、政府による過剰な規制はイノベーションを妨げてしまう。バランスを取ることが重要だが、仮想通貨の基礎知識を共有したうえで、多くの分野の人々による議論が欠かせない。

クリプトバレー

仮想通貨には様々な利点や問題点があるものの、仮想通貨に関するビジネスは拡大の一途を辿っている。スイスのツーク（Zug）市は２０１６年7月よりビットコインでの納税を受け付けている。スイスではキアッソという町でもビットコインでの納税を受け付けているが、ツークが先行している。ツーク市内には仮想通貨関連企業が集まり始めており、クリプトバレー（Crypto Valley）と呼ばれている。この名前は明らかにシリコンバレーを意識している。仮想通貨やブロックチェーンに関する企業や団体、大学がツークに集まっている。クリプトバレー協会によると、金融や仮想通貨に関する法律の透明性が高く、フィンテックへの理解も高く、仮想通貨での金融活動もできることがスイスを選ぶ理由だという。仮想通貨やブロックチェーン技術にかかわる企業の進出が相次いでおり、産業クラスターを形成しつつある。ツーク市内のショッピングモールにはウイーンのようなビットコイン購入機も設置されている。

4　様々な仮想通貨

これまで本文ではビットコイン以外の仮想通貨の名前がいくつか出てきた。ここで簡単に紹介しておこう。

イーサリアム（通貨単位はイーサー：ＥＴＨ）

２０１５年7月に開始した。スマートコントラクトをデプロイできることが特徴で、仮想通貨の中ではビットコインに続く第2位の地位を獲得している。イーサリアムは創設以降、定期的なバージョンアップが予定されていたが、あまり計画通りにいっていないようだ。

２０１６年に発生したThe DAO事件は、クラウドファンディングの仲介を行うＤＡＯを舞台に発生した。資金調達の目標に届かなかった案件については投資家に資金が返還されるが、この返還に関するプログラムのミスを突かれてイーサリアムが当時の為替レートで約50億円盗まれた。イーサリアムのブロックチェーンに記述されたトランザクションなどのデータは、イーサリアムの歴史を表している。ブロックチェーンには盗まれたイーサリアムも記述されている。この問題に対処するため、イーサリアムの開発チームはロールバックを行うことにした。これは、流出以降のブロックチェーンをすべて無効にして取引をなかったことにし、時間を巻き戻すという方法だ。ロールバックを行えば盗まれたイーサリアムは戻るものの、流出後の正当な取引もなかったことになる。この処置には反発する人も多かったため、イーサリアムはロールバックに反対するイーサリアムクラシックとロールバックを実行したイーサリアムとに分裂した。

リップル（XPR）

リップルはリップル社が２０１３年９月に開始した仮想通貨だ。ビットコインは中央集権的な管理者を持たないことが存在意義の１つだが、リップルのルールや取引はリップル社が管理している。リップルは銀行などをターゲットに営業を展開しており、中小企業などの国際送金を仲介するトークンとしてリップルを用いている。アメリカの企業がドイツの企業に送金する際、従来であればアメリカの銀行でドルをユーロに換金してドイツへの送金を依頼する。数十ドルの費用と数日の時間がかかることが普通だ。リップル社と提携している銀行を使うと、アメリカドル→リップル→ユーロと交換して送金することで費用をはるかに抑えることができ、リップル社によれば送金は４秒で完了する。日本も含めてすでに多くの銀行がリップル社と提携している。

ライトコイン（LTC）

ライトコインはビットコインの問題点を解決する形で分裂した。ブロックの生成速度を平均２・５

分まで短くし、発行枚数を８４００万ＬＴＣにする、ハッシュ関数を変更するなどの工夫が行われている。ライトコインの仕組みはビットコインの仕組みとよく似ているため、マイナーはライトコインとビットコインを同時にマイニングするマージマイニングを行っている。

プライムコイン（XPM）

２０１３年７月に始まった。ビットコインのナンスは探すのにエネルギーを大量に消費する一方で、ブロック生成以外に何の役にも立たない。プライムコインでは、ナンスの代わりにカニンガムチェーンという素数を探し、最も早く見つけたマイナーがブロック報酬を得ることになっている。見つけられた数字は数学の発展に役立つ。

ダッシュ（DASH）

２０１４年１月に始まった。元々はダークコインという名前だったが、ダークというイメージが悪いからか現在の名前に変更された。コインジョインという技術を使って送金の匿名性を高めているのが特徴だ。コインジョインとは、例えば１３５ＤＡＳＨを送金するというトランザクションを、１００ＤＡＳＨの送金トランザクション、３つの10ＤＡＳＨの送金トランザクション、５つの１ＤＡＳＨの送金トランザクションというように細切れにして、他の人の送金トランザクションと混ぜて処理することで、誰がどのトランザクションを送ったのかわかりにくくする技術だ。また、マイニングができる人を制限することにより、過度のマイニング競争を抑制する仕組みも取り入れられている。

ジーキャッシュ（ZEC）

２０１６年10月に始まった。ジョンホプキンス大学、ＭＩＴ、テルアビブ大学など大学の研究者によって開発が進められた。ジーキャッシュはゼロ知識証明という方法を用いて、トランザクションの閲覧ができないようにしている。ゼロ知識証明とは「ある事実を証明した」という情報のみを相手に送ることで事実の証明ができるというものであり、証明の中身を送る必要がないため安全性が高い。クイズの出題と回答を例にすると、通常はクイズの答えが分かった場合にはその答えを相手に告げないと答えが分かったことが証明できない。そこで、クイズの答えをハッシュ関数に入れ、ハッシュ値を相手に送ることで答えが分かったことにする。ハッシュ値はランダムな英数字であり、ハッシュ値から答えを求めることはできない。しかし、出題者は正解を知っているので、出題者も答えをハッシュ関数に入れれば相手が正答していることが分かる。攻撃者が出題者と回答者の間の通信を傍受してもハッシュ値が得られるだけで意味のあるデータは入手できない。

バイトコイン（BCN）

２０１２年7月にCryptoNoteという仮想通貨から作られた。取引の匿名性を高めるためにワンタイムパスワードのような仕組みを導入している。電子署名についても複数のトランザクションの電子署名をまとめて送金処理することで、個々のトランザクションと電子署名との突き合わせを難しくしている。

電子署名も秘密鍵から作られる。攻撃者は秘密鍵を直接盗むという攻撃も行うが、電子署名の管理がずさんな場合も秘密鍵を盗むことができる。技術的な話なので本書では省略するが、電子署名を作成する際にもランダムな数字を使う。この「ランダムな数字」の管理がいい加減だと逆算で秘密鍵を盗まれる可能性がある。

ネム（XEM）

２０１５年3月に始まった。ネムではＰｏＷではなく、ＰｏＩ（Proof of Importance）という方式を採用している。ＰｏＩでは、多額のネムを長期に渡って保有し、ネムの取引を頻繁に行っている人にブロック生成の資格がある。ビットコインではＡＳＩＣなどの機器を大量に保有して大きなエネルギーをかけてマイニングする必要があるが、ネムでは大量のエネルギーは必要ない。ネムではマイニングではなくハーベスティング（収穫）という。

個人でハーベスティングをするのは難しいため、多くの人からネムを借りてハーベスティングの資格を得ようとする人がいる。ネムを貸し出す人にとっては定期預金をしているようなものだ。

２０１８年1月に無認可取引所のコインチェックから大量のネムが盗まれた事件をきっかけに、仮想通貨の取引所に対する監視が強まった。

アイオタ（MIOTA）

アイオタのアルファベット名はＩＯＴＡであり、ＩｏＴペイメントを実現させるための仮想通貨だといえる。ブロックチェーン技術を使わずに支払いをすることができ、少額で大量のトランザクションを処理できるタングルという技術を採用している。

アイオタでは送金手数料は存在せず、マイニングも行われない。トランザクションが記述された台帳をブロードキャストしたい人は、過去の２つの台帳を承認しなければならない。２つの台帳を承認するだけならコストはほとんどかからず、時間も短縮できる。自分の台帳は１つまたは複数の承認を得ることができる代わりに、自分も２つの台帳を承認する必要があるというシステムでデータを処理している。今後の展開が非常に注目されている通貨だといえる。

5　分散型台帳技術

分散型台帳技術とは

トランザクション（やスマートコントラクト）を記述したデータファイル、つまり台帳を１カ所で管理するのではなく、大勢で同時に管理することを分散型台帳技術という。

図表４－11の左のように、従来はデータを集中管理するサーバーとデータを閲覧したり処理したりするクライアントという２つに分かれていた。この方式ではデータはサーバーだけで管理すればいい

ため効率性は高いが、サーバーが攻撃されてデータが破壊されるとデータの復旧ができないという問題があった。分散型台帳技術は分散型データベースの一種であり、全ての接続端末（ノードという）がサーバーの役割を果たしている。データのコピーが大量に作られているため、システム全体としてはデータの安全性が保たれる。その代り、それぞれのノードは自分のデータが最新かどうかを確認するために、他のノードと頻繁に通信しなければならない。分散型台帳技術の中でも、一定の手続きに基づいてブロックの形でデータを保存する方式をブロックチェーンという。

ブロックチェーンはインターネット時代の新技術だと思われるかもしれないが、アナログでも実現できる。家計簿を使って考えてみよう。家計簿には収入や支出、つまりトランザクションが記載される。1カ月分の取引がノート1ページに収まるように取引を書くと、1カ月分の1ページが1つのブロックということになる。光熱費や食費などの支払いなど多くのトランザクションが発生するので、後で検索しやすい

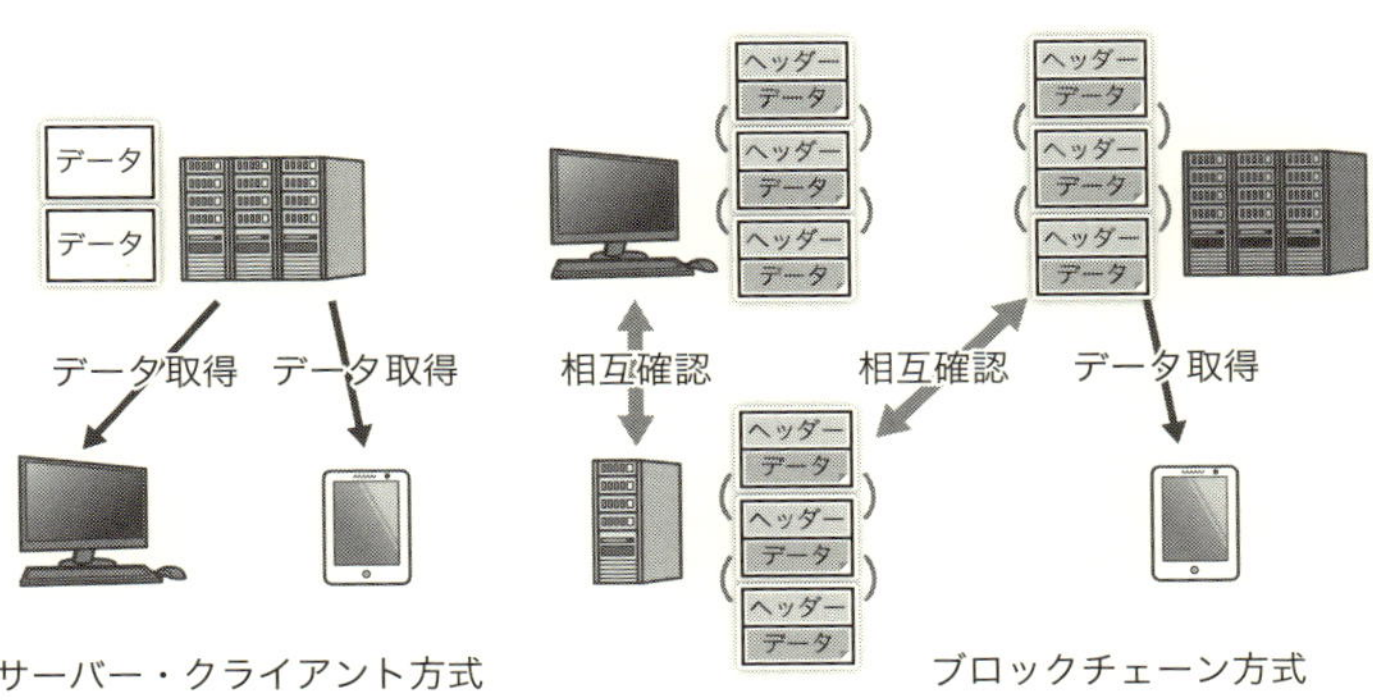

図表4-11　データの管理とネットワーク

ようにそれぞれの支払いにナンバーを付けておくと便利だ。これがトランザクションIDとなる。各ページの上部には２０１８年４月などの日付が入るが、これがブロック高を表している。ブロックは1月、2月、3月というように順々に、つまりブロック高の順番に並んでいる。２０１８年1月と２０１８年2月が本当につながっていることを後で確認できるように、1月31日と2月1日の天気をページの上部に記入しておく。これはハッシュ値の代わりになる。このようにして、1つのノートに綴じられた家計簿全体がブロックチェーンということになる。

この家計簿を家族で共有する。単身赴任をしている夫や大学に進学して一人暮らしをしている子供も家計簿のコピーを持っており、それぞれ何か買い物をするたびに電話で連絡して家計簿を更新する。この作業は面倒だが、ブロックチェーンを維持するためには頻繁な通信が必要で、これをＰ２Ｐ（ピア・ツー・ピア）ネットワー

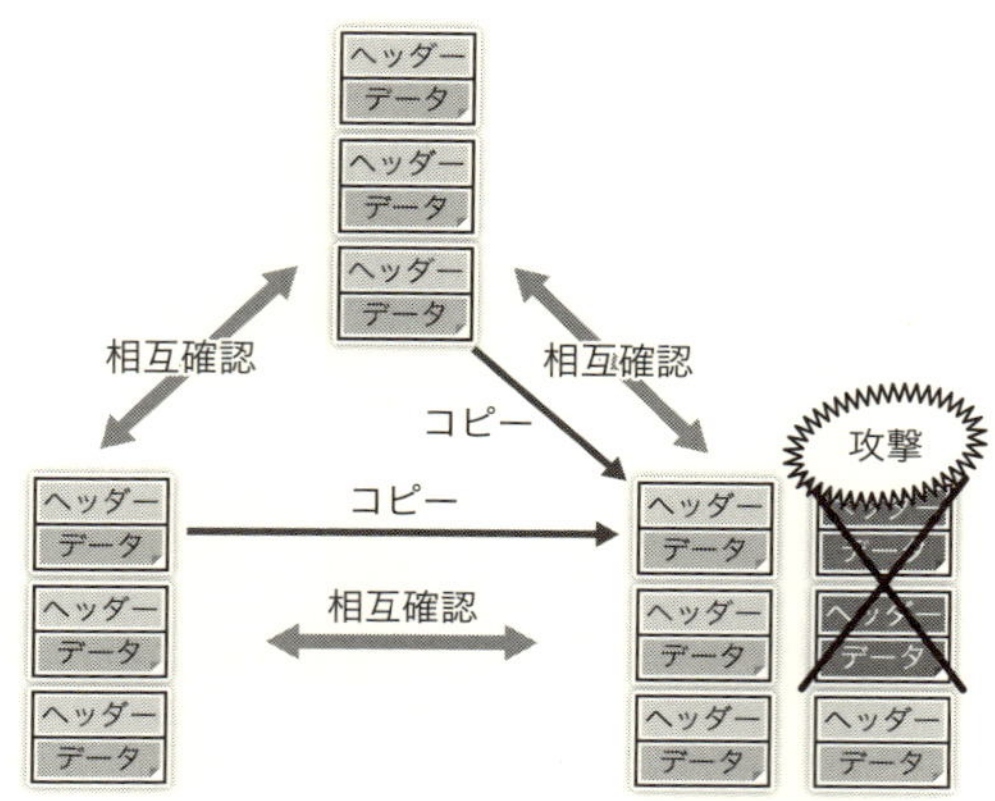

図表4-12　ブロックチェーンでのデータ維持

クという。もし誰かの家で盗難があって家計簿が盗まれたとしても、他の家族からコピーを送ってもらえばよい。

多様化するブロックチェーン

ビットコインが誕生したころは、ブロックチェーンにはデジタル資産（つまりビットコイン）やメッセージの送信機能しかなかった。このころのブロックチェーンは第1世代といわれている。ビットコインのブロックチェーンでは様々な機能が搭載されてきているが、イーサリアムなどスマートコントラクトが実装されるブロックチェーンも登場し、第2世代といわれている。現在はブロックチェーンは必ずしもデジタル資産の送信に使われるわけではなく、データ管理ツールとして使われ始めている。第3世代といってもいいだろう。ブロックチェーンはもともと分散型データベースの一種であるのだから、データ管理ツールとして使われるのはある意味当然の話だ。

図表4－13のように、用途に応じて様々なブロックチェーンが設計されている。ビットコインの場合上から、パブリック、非許可型、コンセンサス、有料、閲覧制限なし、トークンなし、匿名性あり、となる。先ほどの家計簿の例では、コンソーシアム、許可型、承認、無料、閲覧制限あり、トークンなし、匿名性なし、となる。ブロックの認証とは、ブロックが正当な手続きに基づいて作られていることを証明する判定方法を指している。ビットコインなどでは、マイナーが見つけたナンスを他のマイナーが検算して正しいものと認めるコンセンサス方式を採っている。ハッシュ関数では検算は

とても簡単なので、世界中のマイナーのコンセンサスを得るまでの時間は非常に短くて済む。一方、承認方式では一定の方法に基づいて選ばれた承認者がブロックを検証して承認を与える。より中央集権的な管理方法だ。参加者の匿名性とは、誰がブロックやトランザクションを作っているのか事前に個人を特定させるという意味だ。家計簿の場合、家族のメンバーは事前に参加者全員が知っているので匿名性がない。コンソーシアム型では通常、参加者の匿名性がない。

近年は、企業や団体が作るコンソーシアム型のブロックチェーンの開発が活発に進められている。コンソーシアム型のブロックチェーンでは参加者が限られているため、ブロックチェーンの設計やルール変更

図表4-13　ブロックチェーンの設計

運営	パブリック　　：集中的な運営主体なし コンソーシアム：企業、団体、官公庁などが運営 プライベート　：個人のテストネットや企業内イントラネットブロックチェーン
ブロック生成許可	非許可型：全てのノードがブロックを生成できる 許可型　：運営主体などから許可された参加者のみブロックを生成できる
ブロックの認証	コンセンサス：一定の方式に基づいて参加者がブロックの確かさを確認 承認　　　　：決められた承認者がブロックの確かさを保証
手数料	有料：トランザクション生成者が手数料などの形で負担 無料：ブロック生成者がコストを負担するか、トークンを販売して費用を回収
閲覧制限	あり：データは許可された参加者のみ閲覧できる なし：ブロックのデータは誰でも（第三者も）閲覧できる
トークン	あり：参加者が独自のトークンを生成できる（ICO機能あり） なし：トークン生成機能なし
参加者の匿名性	あり：暗号化されたアドレスなどで参加 なし：参加者はあらかじめ登録が必要

が容易に行えるというメリットがある。コンソーシアム型のブロックチェーンは安全性とコスト低減が実現できるという解説があるが、あまり正しくない。ビットコインなどのパブリックなブロックチェーンのデータの安全性は、ブロックを書き換えることが事実上不可能なほど労力がかかるという事実に依拠している。コンソーシアム型では例えば参加ノードが１００しかなければ、そのノードのうち半数以上を攻撃して支配下に置けばよい。50カ所を同時に攻撃せずとも、１つのノードにワームというウイルスを仕掛けてそこから他のノードへと増殖させるだけで済む。つまり、サーバーのセキュリティ対策や維持コストは削減できるが、全てのノードに高度なセキュリティ対策が必要で、コンソーシアム型のブロックチェーンは常に攻撃のリスクにさらされているだけでなく、ブロックチェーンネットワーク全体のコストが削減できるかどうかも不明確だ。セキュリティ対策ではノード全体が常に最新の対策をする必要がある。

２０１７年春にワナクライというウイルスが世界中に広がった。ＰＣを乗っ取り、身代金をビットコインで支払うように要求したことで話題になったが、Windowsアップデートを施していないＰＣが攻撃された。簡単に対策が施せたが、国際展開している日本の大手企業も攻撃されてしまっていることからもセキュリティ対策の難しさが分かる。また、セキュリティ対策はウイルスソフトなどのデジタルのものだけではない。あなたの所に会社のシステム管理者が来て「システムの更新をするのでＰＣを数分操作させてほしい」といわれたら多くの人は作業に同意するだろう。システム管理者が本当に自社の従業員であっても、実はブロックチェーンをひそかにコントロールするために送られてきた産業スパイかもしれない。

それでもやはりビットコイン

データの安全性ということを考えると、ビットコインやイーサリアムのようなパブリックなブロックチェーンの利用価値が高い。しかし、すでに見てきたように処理速度や送金手数料などの問題がある。そこで、近年では自社のデータ処理システム（オフチェーンまたはサイドチェーン）とビットコインのブロックチェーン（オンチェーン）を組み合わせるサービスが増えている。

オフチェーンでのデータ処理はブロックチェーンでもサーバー・クライアント方式でも、サービス提供者が最も適切だと思う方法を用いればよい。10分間の間は自社のシステムでデータの処理をして、10分ごとにハッシュ関数に入れたデータなどをメッセージに書き込んでからビットコインを送るトランザクションを作る。ビットコインはデータを入れる封筒や切手のような役割を果たしており、トランザクションはビットコインの送金ではなくデータの書き込みに利用されている。

ビットコインのブロックチェーンを利用したサービスは日々増えてい

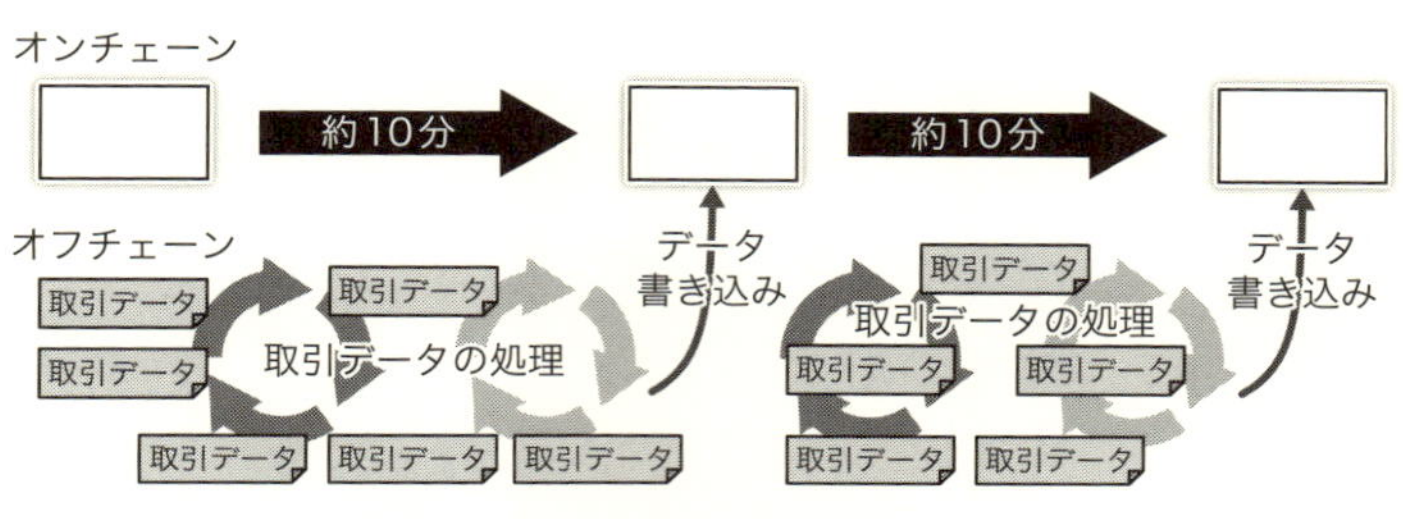

図表4-14　オンチェーンとオフチェーン

る。図表4－15は代表的なサービスだ。例えば、Everledgerはブロックチェーンを利用してダイヤモンドの流れを可視化させようとするサービスで、もともと紛争ダイヤモンドを無くしたいという意図で作られた。アフリカ大陸ではダイヤモンドが採れるところが多いが、内戦や紛争地域では子供たちなどに採掘作業をさせたダイヤモンドを合法的なダイヤモンドに混ぜて流通させている。ダイヤモンドはカットして磨いてしまえば誰が採掘したか分からない。あなたが持っているダイヤモンドが正規の手続きで採掘されたものか紛争ダイヤモンドかを知ることは不可能だ。Everledgerでは、ダイヤモンドがどこで採掘され、どのように消費者の手に渡ったのかデータがブロックチェーン上に残る。このようなサービスは、ダイヤモンドの大手企業が行うこともできる。しかし、1企業が作るデータベースに恣意的な操作がないという保証があるだろうか。誰でも

図表4-15 ビットコインブロックチェーンの利用例

Everledger	ダイヤモンドの証明。100万個以上のダイヤモンドにIDを振り、生産から消費までトレース。
Openbazzar	P2Pのフリーマーケット、中央集権的な管理者を持たないオンラインマーケットプレイス。支払いにはビットコインを使う。
Counterparty	ビットコインのブロックチェーン上でスマートコントラクトの実行が可能となるプロトコルサービス。XCPという独自通貨も発行。Authparty（オンライン上での個人設定管理ツール）、CoinDaddy（資産登録、譲渡、エスクローサービスなどに関わる暗号化支援サービス）など多くのサービスがCounterparty上で展開。ブロックチェーンを利用したゲームが多い。
Colored Coins	ビットコインの機能を拡張して資産管理ができるようにしたもの。NASDAQ Linq（未公開株式取引市場：Nasdaq Private Marketのシステム）、lykke（仮想通貨やデジタルアセットの取引システム）など。
Blockstream	ビットコインのSidechainを展開。マイクロペイメントなどに利用できるオフチェーンを開発。

データを閲覧でき、改竄が不可能なブロックチェーンを使った方が証明書としての価値が高まる。

次世代の分散型台帳技術

本章の最後に、アイオタで用いられているタングルを見てみよう。タングルには有向非巡回グラフ（Directed Acyclic Graph：DAG）という技術が用いられている。技術的なことはさておき、タングルの特徴は台帳が並列して存在できるという点にある。ブロックチェーンの処理速度が遅い原因は、ブロックを1つずつ積み上げていく方式にある。ブロックチェーンでは系列が2つに分かれてしまうフォークが発生すると、どちらか一方が正しいメインチェーンで、もう一方はオーファンブロックとしてそれ以降は無視され、オーファンブロックに入っているトランザクションも無効になる。この方式はデータの安全性や前後のつながりを確実なものにするためには有効だが、並列処理ができないという弱点もある。

図表4－16では下から上に向かって時間が流れている。多くの台帳が集まると川の流れのように見えてくるが、この流れのことをタングルといっている。アイオタでは台帳をタングルに載せるためには過去の2つの台帳承認しなければならないため、矢印が過去を向いている。タングルは多くのトランザクションを処理できるだけでなく、手数料の無料化にも成功している。過去の2つの台帳を承認することが手数料に相当しており、通信などのコストは負担しているがお金を支払ってはいないということだ。タングルは量子コンピューターによる攻撃にも強いという。

仮想通貨自体はキャッシュレスな支払い手段としてこれからも進化を遂げるだろう。新しい発想や技術が採用されて利便性や安全性が高まっていくことが期待される。確かに詐欺事件なども頻発しているため一定のルールが必要かもしれないが、政府による規制がイノベーションを阻害することがないように慎重な議論が必要だ。一方で、仮想通貨に使われている技術は応用範囲が広い。新しい技術が次々に生まれて多くの分野に応用されることが期待される。

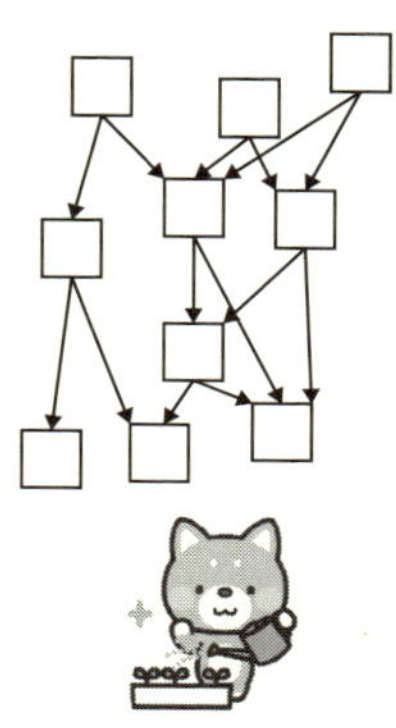

ブロックチェーンは
1ブロックずつ確実に！

タングルは並列もOK！

図表4-16　ブロックチェーンとタングル

第5章

迫りつつある電子通貨の時代

第2章から第4章にかけて、銀行や企業が提供するキャッシュレスな支払い手段を見てきた。キャッシュレスな支払いとは、現金の利用を節約すること、さらには現金を避けることだ。まるで現金が嫌われ者のようだが、私たちにとって現金の管理は煩わしいだけでなく、社会的なコストも発生させている。紙幣や硬貨の現金に問題があるのであれば、それならいっそ、「現金そのものをデジタル化すればいいのではないか」という疑問がわく。実際にそのような疑問は世界で起こっており、中央銀行が発行するデジタルな法定通貨についての議論が盛んに行われており、研究や実験も行われている。このような中央銀行が発行するデジタルな法定通貨には様々な名前が付けられているが、本書では「電子通貨（e-cash）」と呼ぶことにする。

まずは電子通貨を巡る近年の動きを見ていこう。現金の社会的コストについても考えよう。スウェーデンのリクスバンクは電子通貨 e-krona についての報告書を公開している。e-krona とはどういうものなのか見ていこう。最後に、電子通貨を発行するために考えなければならない設計項目を見ていこう。

1　電子通貨を巡る動き

中央銀行が考える電子通貨

図表1-8（22ページ）のBISのレポートでは、中央銀行が発行する通貨は2種類あった。ホー

ルセールとリテールとなっているが、ホールセールは中央銀行と銀行の間でやり取りするお金のことだ。私たちが銀行に預金をするように、銀行も中央銀行に預金をしている。銀行が預けたお金は準備預金という。準備預金は金融政策にも使われるが、銀行間の決済にも使われる。図表1－9では銀行から銀行にお金が移動しているが、本当は準備預金が中央銀行の中で移動している。このやり取りはすべて電子化されており、準備預金は電子通貨といえる。つまり、ホールセールの分野ではすでに電子通貨が使われており、昼間の営業時間内であればリアルタイムの送金が実現している。

一方、リテールの所に入るのが現金で、この現金の電子化が本章のテーマでもあり、近年議論が盛んな分野だ。図表5－1のように国により立場は異なるが、関心が高まっていることは間違いない。

電子通貨の研究、発行

スウェーデンは電子通貨にe-kronaという名前を付けて具体的な研究に入っている。一方、隣国のデンマークは電子通貨が金融システムを混乱させるとして電子通貨の発行に否定的な見解を公表している。その他の先進各国や国際決済銀行（ＢＩＳ）は興味を持って研究しているというところだ。イギリスも現時点では電子通貨を発行する気はない様だ。欧州中央銀行やイギリスは仮想通貨などの新しい技術には注目しているものの、まだ金融や経済に影響を与えるほどのインパクトはない、と結論付けている。これらの研究では、現金と電子通貨が併存する世界を想定している。

カナダなどは準備預金のシステム効率化に分散型台帳技術が使えないかどうかを研究していた。

図表5-1　電子通貨を巡る動き

スウェーデン	e-kronaの研究開始、2017年に中間報告を公表。2019年末にも発行の是非を判断。
デンマーク	2018年に電子通貨の発行に否定的な見解を公表。
ノルウェー	2018年5月に中央銀行が電子通貨に関するレポートを公表。将来の電子通貨導入の可能性を示唆。
エストニア	2017年にestcoinの発行を公表。1 estcoin＝1ユーロとすることなどが公表されたが、ECB（欧州中央銀行）の反対もあり、2018年6月に事実上断念。
リトアニア	2018年6月に中央銀行創立100年を記念する記念硬貨をデジタル方式で発行することを公表。
スイス	2018年5月にスイス政府がe-francの発行を検討していると報道された。
イギリス	キャッシュレス化による経済への影響を研究。イングランド銀行HPにデジタル通貨の専用ページ。
カナダ	2016年3月にCADコインの研究を開始、2017年9月に研究結果（Jasper report）を公表。
アメリカ	2017年に複数の関係者からFedコインに関する発言あり。
イスラエル	2019年にも電子通貨を発行できるとの報道が。ただし、イスラエルの中央銀行HPには記載なし。
シンガポール	中央銀行の業務に分散型台帳技術を取り入れるUbinプロジェクトを2016年11月に開始。プロジェクト1では国内での、または外国とのシンガポールドルの決済について、プロジェクト2では準備預金についてレポートを公表。
ロシア	2018年1月にクリプトルーブル（CryptoRuble）を法定通貨にするための法案が提出される。発行は2019年の見通し。
中国	アニュアルレポートで電子通貨の研究を示唆。
ウルグアイ	2017年11月にe-Pesoの発行実験を開始。実験は半年間の予定。
ベネズエラ	原油を価値の裏付けとしたペトロを発行。仮想通貨の仕組みを利用していると公表。
エクアドル	2015年に中央銀行がアメリカドルの電子マネーDinero electrónicoを発行。2018年2月に事実上停止。第1章24ページ。
国際決済銀行	電子通貨（BISは中央銀行デジタル通貨と呼んでいる）に関する論点整理（BIS CPMI, Central bank digital currencies, 2018-3.）。

出所：各国中央銀行、各ホームページ。

ビットコインなどのブロックチェーンで用いられているコンセンサス方式ではなく、承認者（notary node）を使えばスピードを上げながらファイナルも確保できる。自動化によりシステム運営上のミスをなくすこともでき、好意的な結論を得ている。シンガポールのUbinプロジェクト2も準備預金の効率的運用を目指す研究である。

途上国のグループでは、すでに発行の動きが見られる。第1章でも紹介したエクアドルの例では、アメリカドルの電子マネーを政府が発行した。エクアドルにはアメリカドルを発行する権限はないことから、本書ではこれは電子通貨ではなく電子マネーと考える。また、ウルグアイのe-Pesoはよく知られている。ウルグアイでは２０１７年11月にe-Pesoの実証実験を始めた、というニュースはよく知られているが、その後の利用状況などの統計やニュースはウルグアイの中央銀行のホームページにも記載がない。電子マネー方式でデバイスにチャージするタイプのようだ。６カ月間の実験とのことなので、実験終了後はレポート等が出るかもしれないが、現時点では評価のしようがない。なお、フィリピンにはE-pesoという名前の電子マネーがある。検索の際には打ち込み間違いに注意が必要だ。ベネズエラはペトロを発行しており、原油が価値の裏付けになっているとしているが、ペトロを政府に持って行っても原油と交換してくれることはないだろう。ベネズエラ政府は大企業などにペトロを押し付けているようであり、これは返ってくる見込みの全くない政府債務であると評価できる。

ロシアはクリプトルーブルの発行に向けて動き始めている。中央銀行関係者などからは慎重論が出ているものの、プーチン大統領が発行を指示したとの報道もあることから、法案が成立する可能性はある。ただし、本章で見ていくように電子通貨の発行にはクリアしなければならない課題が多く、ロシアが現時点で詰めた議論を行っているかどうかは疑問が残る。「クリプト」という名前が付いているものの、仮想通貨のような仕組みではなく電子マネーになるのではないかと思われる。ただし、仮にクリプトルーブルが発行されれば、ロシアだけでなくロシアが中心となっているユーラシア経済共同体で使われるようになる可能性もある。

途上国グループでは、経済に何らかの問題を抱えている国で電子通貨の議論が盛んだ。政府債務の増加や経済制裁などの負の影響を緩和するために新しい技術を使おうというわけだ。一方でスウェーデンでは、第2章で見たように現金の流通が近い将来、ほぼゼロになることが予想されており、電子通貨についての議論は避けて通れないことが研究の動機となっている。

電子通貨に関しては様々な報道があるが、報道は先走る傾向があり、憶測をもとに報道する場合もある。関係者の個人の意見が政府の意見であるかのように報道されることもある。報道は割り引いて見なければならないが、それでも各国の関心が高まっていることに違いはない。

どうして現金ではダメなのか

第2章で見たように（81ページ）、現金の取引では認証は不要で、ＰＳＰ（決済サービス事業者）が間に介在せず渡した瞬間にファイナルとなる。多額の現金を退蔵するのは大変だが、少額であればどこにでも保管できる（保管場所を忘れてしまうというデメリットがあるが）。匿名性がありプライバシーを守ることができる。一方で、盗難や紛失の際には匿名性がアダとなって取り返すことができなくなる。火災では灰が残っていれば交換も可能だが、通常は文字通り灰と化して失われる。そして、現金には様々な社会的コストがかかる。

現金は生産から流通、使用、そして廃棄まで様々な段階を通過する。そして各段階でコストが発生する。現金は生産時には紙や金属資源などを多く使う。化学薬品やエネルギーも必要だ。デザインの決定や偽造防止技術の開発、その技術についての啓蒙活動もコストの一部だ。デンマークは紙幣の印刷をフィンランドに委託している。フィンランドからデンマークへの輸送費も必要になる。紙幣の印刷コストは時には膨大になる。2006年から2009年にかけてハイパーインフレーションに見舞われたジンバブウェでは、紙幣を外国企業に委託していたため、紙幣切り替えのたびに大量の輸入が必要となり、経済にダメージを与えた。ドル化しているエクアドルでは印刷費用は不要だが、ドル化を維持させるために年間300万ドルのコストがかかるという。古くなって使えなくなったドル札を新品に交換するためだ。エクアドルが勝手にアメリカドルを印刷することはできないため、政府が新品のドル札を買ってくる必要がある。

現金は中央銀行から銀行へと配布されるが、枚数の計測（100枚ごとに縛る紙の帯代も）、並べ替え（番号順など）、真贋判定（この場合は不良品探し）、輸送費、保険料（輸送中の現金強奪などに備える）などがかかる。銀行では保管料や現金配布コスト（ATMや窓口の運営費など）がかかる。銀行の人に聞くと、今でも1日の終わりに1円でも数字が合わないと総出で探すという。これも現金の保管コストの1つだ。銀行の手を離れて小売店では、輸送、保管、保険、計測、真贋判定、両替などのコストが発生する。特に、レジには一定額の釣銭を準備しなければならないため、必要以上に多くの現金を保有しなければならない。また、店舗では現金を紛失しても取り戻すことができない。保険に入っていれば取り戻せるが、保険費用がかかる。ヨーロッパでは、50枚の1セントが入っている1ロールにかかる費用が40セントになる例もあり、[*1] 合計で90セントの出費を強いられる。小売店から銀行、中央銀行と戻っていく場合も同じようなコストがかかる。そして中央銀行では現金を再流通させるかどうか判断し、再流通できないものには廃棄コストがかかる。日本銀行を見学すると裁断した紙幣が入っているボールペンがもらえるが、ごみの廃棄費用はかなりの額になるだろう。

中央銀行は現金のシステムを維持させるために膨大なコストを支払っている。それには技術的な面だけでなく、人手も含まれている。スウェーデンでは1998年に現金の配布や回収を現金センターに任せることにした。現金センターはその後民営化された。現金センターは適切な収益を得るために銀行から手数料を取る。銀行が手数料を節約したいのであれば、キャッシュレスな支払い手段を提供する必要がある。中央銀行にとっては現金センターにより業務を削減させることができ、その分人件費も削減できる。このような方式はデンマークやノルウェーでも採用されている。

それでは現金の社会的コストはいくらくらいなのか、いくつかの資料から具体的な数字を見てみよう。[*2] まずはデンマークから始めよう。デンマークのデータは2009年時点とやや古いが、現金の支払いコストは1回当たり7・36クローナかかるところ、Dankortだと3・15クローナと半分で済んでいる。Dankortでもカードの発行にかかる費用やシステム維持費、電気代などが必要なため、コストがゼロになるわけではないが、かなり節約できることが分かる。２００９年時点ではDankort Appがないため、モバイルペイメントが使える現在ではさらにコストが下がっているだろう。

ノルウェーの調査では２００７年と２０１３年の比較がある。それによると、１回当たりの支払いコストは、現金では２０１３年で６・４４クローネ（２００７年は７・０７クローネ）、カード払いは４・１４（５・９８）、振り込みは８・６１（４・５０）となっている。現金やカード払いはコストが下がっているものの振り込みのコストは上がっている。振り込みのコストが上がっているのは開発費によるようだ。

図表５－３は支払いコストをだれが負担しているのか、を表し

図表5-2　デンマークでの支払いコスト（クローナDKK）

店舗での支払い		総コスト	1回当たりコスト
	現金	58億	7.36
	Dankort	25億	3.15
	クレジットカード	4億	21.17
オンラインでの支払い	Dankort	2億	4.10
	クレジットカード	1億	21.49
その他の支払い	オンライン銀行の振り込み	18億	0.36
	引き落とし	25億	0.15

出所：Danmarks Nationalbank, Cost of Payments in Denmark.

＊1　European Commission（2010）, "Legal tender of the euro : Q&A", MEMO/10/92.

＊2　Danmarks Nationalbank（2012）, Cost of Payments in Denmark; Norges Bank（2014）, Costs in the Norwegian payment system, Norges Bank Papers, No.5, 2014; Schmiedel, Kostova, Ruttenberg（2012）, "The social and private cost of retail payment instruments", ECB Occasional Paper, No.137.

ている。マイナスは受け取りを表す。ノルウェーではデビットカードのBankAxeptを利用するとユーザーも支払手数料を負担する（61ページ）。そのため、銀行はシステム維持費などを支払ってもトータルで2・6億クローネの受け取り超となっている。その他には決済サービス事業者などが含まれ、手数料を受け取るために数値がマイナスになっている。ノルウェーでは支払いのコストは商店が最も多く負担し、同じくらい家計も負担している。現金よりもカードの方が家計も商店も負担が大きくなっているが、支払いの回数で見るとカードの方が現金よりも3倍多いため、家計にとってみればカードの方が支払い1回当たりの負担が少ない。ヨーロッパではATMで現金をやり取りすると手数料がかかるケースがある。銀行や国にもよるが、ATMに預ける際にも手数料が必要になるケースもある。家計による現金のコスト負担は日本よりも大きくなっている。日本では家計が低い分だけ銀行や中央銀行の負担が大きくなっているはずだ。商店にとってみるとクレジットカードやデビットカードは手数料の負担が重いため、より手数料の低いモバイルペイメントや電子マネー、仮想通貨などが普及する余地があるといえる。

図表5-3　ノルウェーでの支払いコストの負担（億クローネNOK）

	現金	カード	振り込み	合計
銀行	12.387	−2.587	10.624	20.424
家計	13.766	23.427	24.358	61.511
商店	3.475	41.458	18.265	63.198
その他	−0.361	−0.534	−0.427	−1.322
中央銀行	1.141	0.199	0.292	1.632
合計	30.409	61.963	53.112	145.484

出所：Norges Bank, Costs in the Norwegian payment system.

ノルウェーのレポートには他の様々な研究をまとめた国際比較の表がある（図表5－4）。この表によると、北欧ではカードよりも現金の方がコストが高く、南欧や東欧では現金の方がコストが低い。カード払いのコストは、各国での決済サービス事業者間の競争や、決済システム利用料も関係しており、北欧では決済サービスがより発達していることが要因だ。第6章でも見るように、ヨーロッパでは決済システムのSEPA Instant Paymentsや決済サービス指令（PSD2）など、システムや法の整備が進んでいる。南欧や東欧でも次第にデビットカード払いのコストが下がっていくだろう。

支払いのコストがGDPの1％前後ということは、日本では5兆円程度ということになる。日本の支払いの大部分は現金であることを考えると、現金支払いのコストは数兆円に上るのではないかと予想できる。キャッシュレス化が進むことによって社会全体のコストの削減が可能になる。電子通貨も社会的コストの削減に寄与するだろう。

図表5-4　支払いコストの各国比較

国	支払いコスト	現金	デビットカード	クレジットカード
デンマーク	1.00%	0.99ユーロ	0.49ユーロ	2.85ユーロ
ノルウェー	0.48%	0.82ユーロ	0.37ユーロ	1.61ユーロ
スウェーデン	0.68%	0.78ユーロ	0.42ユーロ	1.15ユーロ
ポルトガル	0.73%	0.15ユーロ	1.54ユーロ	1.58ユーロ
ハンガリー	1.49%	0.26ユーロ	0.72ユーロ	2.84ユーロ

注：支払いコストは総コストがGDPに占める比率。他は支払い1回当たりのコスト。
出所：Norges Bank, Costs in the Norwegian payment system, p.8.

2　スウェーデンの e-krona

2つの e-krona

第2章で見たようにスウェーデンでは２００８年をピークに現金流通が減少し続けており、２０１０年代に入るとスウェーデンで利用される様々な支払い手段や現金の役割についての議論が起こった。Swish の登場は２０１２年だ。２０１６年には中央銀行のリクスバンクから e-krona という電子通貨の具体的な名前も登場し、多くの人々の関心を集めた。２０１７年は e-krona に関する研究が始まり、２０１７年と２０１８年に中間報告が公表された。当初は２０１８年末にも発行の是非を決める予定だったが、具体的な計画の公表は２０２０年以降に延期されている。

ここでは、リクスバンクのレポートを見てみよう。[*3] レポートはまずスウェーデンの支払い手段や市場についての分析から始まり、その後、レポートは図表５－５のような電子マネー型

図表5-5　e-kronaの特徴

	現金	電子マネー型	口座型	銀行預金
信用リスク	なし	なし	なし	あり
退蔵	可能	可能	可能	可能
リアルタイムでの支払い	可能	可能	可能	Swishなら可能
オフライン機能	あり	あり	なし	なし
匿名性	あり	ありorなし	なし	なし
物理的な形	あり	ありorなし	なし	なし
支払い方法	そのまま使える	カードリーダーまたはアプリ	アプリまたはオンライン	アプリまたはオンライン

出所：The Riksbank's e-krona project, Report 1 (2017), Report 2 (2018) より作成。

（Value 型）と口座型（Account 型）の 2種類の e-krona を提唱している。リクスバンクは、ハードルは高いものの口座型を導入すべきだと考えている。

電子マネー型の e-krona では、ユーザーは（キャッシュカードやクレジットカードのような）カードまたはスマートフォンのようなデバイスにチャージして使う。つまりウォレットだ。図表5－5のオフライン機能とはインターネットや専用線につながっていないデバイスでも使うことができるという意味で、現金はもちろんオフラインで使える（むしろオンラインでは支払いができない）。電子マネー型の e-krona はカードやスマートフォンを近づけるだけで支払いができるため、オフライン取引が可能になる。オフライン取引ができるということは、大規模災害などで広範囲の停電が発生しているときでも支払いが可能な場所があるということだ。e-krona 専用のチャージカードを作れば、カードという物理的な形も実現できる。匿名性については設計次第ということになるが、匿名性を確保する場合、e-krona をチャージしたカードを失くすと取り戻すことができなくなる。また、匿名性を確保すると、電子通貨がマネーロンダリングに利用されないよう対策が必要となる。電子マネーのようにチャージに上限が必要になるかもしれず（ＥＵのルールでは２５０ユーロ相当）、利便性は低くなる。

口座型の e-krona は銀行預金に似ている。私たちが銀行に口座を開いて、オンライン銀行やモバイル得ペイメントの形で支払いを行うことに似ている。技術的な壁はあるものの、カード型のデバイ

＊3　Sveriges Riksbank（2018）, The Riksbank's e-krona project Report 2.

スも利用できるようにはなるだろう。口座型のメリットは私たちがすでに慣れている方法がそのまま応用できることにある。口座の残高はデータベース側で管理されているため、デバイスを失くしても届け出をすれば e-krona を失わずに済む。クレジットカードを失くした人がカード会社に届け出て不正利用を防ぐのに似ている。ただし、全ての取引は追跡が可能となり、匿名性は完全に失われる。なお、クレジットカードはすべての取引が追跡可能で匿名性が全くない。

リクスバンクは e-krona の導入によって現金を廃止するということは考えていないようだ。現在のペースでは2023年にはスウェーデンで現金が事実上流通しなくなるとみられており、そのような事態に備えて現金を補完する役割を e-krona に担わせようと考えている。電子マネー型の方が開発が簡単であることから、口座型を本命としつつも電子マネー型の開発も続けるとしており、2020年には何らかのレポートが公表される予定となっている。また、2020年には e-krona の実証実験が始まる可能性もあり、今後の動きが注目されている。

リクスバンクの役割

e-krona を生み出すのはリクスバンクだが、具体的な運用や管理は誰が行うのか。かなりややこしい問題だ。それは、管理がどの範囲までを指し示すのかによる。e-krona のウォレットの基本的な仕様はリクスバンクが決めてもよいが、具体的なアプリの開発は決済サービス事業者（PSP）に任せるのが最も現実的だ。現金の配送センターはリクスバンクのコストを削減させて、リクスバンクの業務を金融政策に集中させるものであった。リクスバンクが e-krona のアプリ開発やカスタマーサービスなどのアフターサービスを引き受けてしまってはコストも業務も増える。加えてサービスの改善などは民間に任せた方がよく、イノベーションも早い。

e-krona をどのようにして人々に配布するのかも重要な論点だ。この分野の論文やレポートでは、「個人が中央銀行のバランスシートに直接アクセスできる」という記述が見られる。文字通り解釈すれば、個人が中央銀行に口座を開いて電子通貨を手に入れることができる、ということになる。銀行に比べて個人や企業の数は圧倒的に多く、多くの口座の管理をリクスバンクが行うのは負担が重い。さらに、金融資産が少ない人々にとっては中央銀行の口座があれば十分で、銀行に口座を開く必要がなくなる。銀行にとっては大問題だがその点は第6章で見ることにして、ポイントは中央銀行が銀行の役割も一部担うことになるという点だ。ここでの銀行の役割とはお金を預かることと決済の2つだ。e-krona が導入されれば、ウォレットの中にお金を安全に入れることができ、支払いにも使える。わざわざ銀行に口座を開く必要がない。中央銀行がそこまでの役割を担うべきなのだろうか。本書では省略するが、リクスバンクの役割に応じて法律も整備する必要がある。e-krona は新しく生み出されるものであるため、e-krona の法的な位置付けも明確にしなければならない。電子通貨を発行するには決めなければならないことがたくさんある。

どのような技術を使うのか

アクセシビリティと処理速度という e-krona の技術的な面にも目を向けてみよう。アクセシビリティとは、e-krona が誰でも使えるようにすることを表している。現金の世界では、現金を手に入れた人は誰でも使うことができる。電子通貨の世界では、電子通貨を使うためのウォレットを持つ必要がある。ウォレットはカード型かもしれないしスマートフォンのアプリかもしれない。アプリでしか使えないということになれば、全ての人にスマートフォンを配布する必要がある。リクスバンクのレポートでは「一定のグループの人々」という言い方が何度も出てくる。田舎の人々、高齢者、所得や学歴の低い人々を指していることは明らかで、このグループの人々へのウォレットの普及と教育が必要になる。私たちは現金の特徴や使い方を正式に教育されたことはないが、親が使っている場面を見るなど様々な機会により少しずつ現金への理解を深めて成長する。しかし、電子通貨を導入する際には子供だけでなく大人も含めて教育が必要となる。

処理速度の問題も大きい。第４章で見たように、ビットコインやイーサリアムなどブロックチェーンを用いた仮想通貨では、トランザクションの集中による遅延という問題があった。この問題を解決するために、ブロックの認証をコンセンサス方式からリップルなどで採用されている承認方式にするという研究もあるが、[*4] 中央集権的なサーバーで管理する方が明らかに処理速度が速い。Visa のホームページでは、２０１０年の時点で１秒間に2万４０００件のトランザクションを処理できるという。ビットコインでは10件程度、[*5] RSCoin では１５００件程度の処理能力があるが、電子通貨に使えるほどではない。

スウェーデンを例にどれくらいの処理速度が必要か考えてみよう。スウェーデンの人口は１０００万人だが７００万人が日常的にトランザクションを発生させていると仮定する。ＥＣＢの調査などでは成人は１人１日当たり１・５回から２回の支払いをしている。この中にはカード払いも含まれている。個人間の現金のやり取り、電子通貨が導入されることによるカード払いなどの一部が電子通貨払いにシフトする可能性、企業間の支払いも一部が電子通貨にシフトする可能性などを考えて、１人１日当たり３回と勝手に仮定する。そうすると１日当たりのトランザクションは２１００万件となり、１秒当たり２４３件になる。午前２時よりも午後２時の方が支払いの回数が多くなるだろう。またイベントなどで一時的に多くのトランザクションが発生する可能性も考慮して最大で10倍程度、１秒当たり２５００件程度の処理能力が求められることになる。日本の人口は10倍以上なので、少なくとも１秒当たり２万５０００件の処理能力が求められることになる。

＊4　Danezis and Meiklejohn (2016), Centrally Banked Cryptocurrencies. この論文では台帳の承認を複数の承認者が並列で行い、その結果を中央管理者に送るという方式により、処理速度を上げている。リップルとステラの技術を応用していることから RSCoin という名前が付けられている。

＊5　よく1秒間に7回といわれているが、２０１７年に Segwit という機能を搭載したことにより、ブロックのデータ量が最大で4倍になった。しかし、処理件数は1・6倍ほどにしかなっていない。Segwit はブロックチェーンの処理速度を上げるというよりも、オフチェーンでのマイクロペイメントを容易にする面でのメリットがある。

3　電子通貨をどう設計するか

電子通貨は現金と同じか

今更かもしれないが、電子通貨は現金と同じように設計すべきかどうか考える必要がある。例えば図表５－５の現金と電子通貨の比較では、電子通貨に追跡機能を付けることが可能になる。現金にはない機能だ。多額の現金を持ち運ぶのは不便だが、電子通貨なら金額に関係なく簡単に持ち運べる。多額の電子通貨の持ち運びを認めるかどうか決めなければならない。電子通貨をできるだけ現金に近づけて設計すべきだという考え方もあれば、新しい支払い手段なので現金を意識する必要はないという考え方もある。筆者は後者の考え方を支持するが、ともかく議論が必要だ。

すでに出てきたアクセシビリティの問題もある。オンライン銀行、モバイルペイメント、電子マネー、仮想通貨などは使いたい人だけが使えばよく、ユーザーが勉強すべきだ、という考え方にも一理ある。しかし、電子通貨は全ての人が使えるように設計しなければならない。例えば、ウォレットは視覚障碍者が利用しやすいように設計されなければならない。現金では紙幣の端に視覚障碍者のための工夫が施されている。プラスチック製のカード型ウォレットを導入する時には、液晶画面だけでなく音声認識機能も搭載する必要がある。

これまでの議論も踏まえた電子通貨の設計項目は図表５－６のようになる。通信方法（プロトコルなど）の技術面は省略したが、それでも多くのことを決めなければならない。細かい議論だが、以下、日本を例に各項目を見ていこう。

小数点

日本円は1円が最小単位だが、株式の取引では10銭＝1円となる小さな単位も使われている。そのような小数点以下の

図表5-6　電子通貨の設計項目

小数点・分割	電子通貨に小数点を認めるか、小数点への分割を認めるか。
ID	電子通貨にIDを付けるか、IDを付けると追跡が容易に。
データベース	電子通貨のデータをどのように管理するか。
ウォレットの仕様・認証	ウォレットの仕様を誰がどのように決めるのか。ウォレットの認証を誰が行うか。
ウォレットの管理	セキュリティ対策用のアップデートなどの管理を誰が行うか。古いタイプのウォレットの互換性をどこまで認めるか。
個人情報の紐付け	ウォレットにマイナンバーなどの個人情報を紐付けるか。ウォレットに本人認証機能を付けるか。
ウォレットの上限	チャージの上限を設定するか。設定するのであればいくらにするか。
非居住者のウォレット保有	非居住者にウォレットの保有を認めるか。
電子通貨の配布方法	電子通貨を中央銀行が直接配布するか、銀行を通じて間接的に配布するか。
トランザクションフィー	支払い手数料（システム維持費）は誰が負担するのか。
コインエイジ	一定期間使用履歴がない電子通貨やウォレットを無効にするか。
退蔵	電子通貨の退蔵を認めるか
二重支払い	二重支払いをどのように防止するか。
ダウン・遅延	システムダウン時の電子通貨の取引を認めるか。どのような方法で取引を保証するか。
危機時の配布	金融危機などが発生した時に一時的に電子通貨を追加配布するか。
アクセシビリティ	様々な事情を抱える人々も簡単に利用できる仕組みやインターフェースの開発。
付利	ウォレット内の電子通貨に金利を付けるか。金利を付ける場合、マイナス金利も認めるか。

取引を認めるかどうか、決める必要がある。ユーロやドルなどでのセントのような補助単位がある場合は、０・１セントを認めるかどうか、という問題になる。小数点を認めるのであれば、１円を２つの50銭に分割できるようにするかどうかも考える必要がある。

ビットコインでは０・２ＢＴＣなどの支払いができ小数点が認められているように見えるが、プログラム上は全てsatoshi単位で動いており、０・1satoshiなどの取引は認められていない、つまり、小数点以下は不可となっている。小数点以下は不可にすべきというのが筆者の提案だ。

ＩＤ、個人情報の紐付け

電子通貨にＩＤ番号を振っておけば、特定の番号の電子通貨が今どこにあるのか検索することができるようになる。ただし、ＩＤだけで匿名性が完全に失われるわけではない。電子通貨ＩＤ、ウォレットＩＤ、個人ＩＤが完全に紐付けされたときにのみ匿名性が失われる。これらの組み合わせで電子通貨の匿名性を形作ることができる。例えば、筆者が提案する電子通貨ＩＤとウォレットＩＤのみの紐付けは、特定の電子通貨がどのウォレットにあるのかは分かるが、誰がそのウォレットを保有しているのかは分からない。

データベース

電子通貨のデータをどのような方式で管理するのか、特に、データを集中的に管理するのか、分散型で管理するのかなどを決めておく必要がある。分散型にすれば並列処理が可能になり、処理速度を高めることができる。ブロックチェーンのように過去の取引も全て記録し続けるのか、例えば1年間など一定期間だけ記録するのかも決めておく必要がある。マネーロンダリングなどの対策には長めの記録が望ましいが、それだけデータベースに負担をかけることになる。

ウォレットの仕様・認証、管理

ウォレットの仕様や認証の方法は中央銀行がイニシアティブをとりつつ、銀行やICT企業などと連携して決めるのがいいだろう。特に、カード型のウォレットは必須であるが、セキュリティ、生体認証、使いやすいインターフェースなどが求められる。ウォレットにはIDを付けることを提案したいが、ウォレットにIDを保存する領域が必要になる。この領域は中央銀行によってIDが書き込まれるが、その後はアクセス不能にして書き換え不可能にする必要がある。スマートフォンの場合にも物理的なチップなどの形で基盤に埋め込むことになるだろう。ウォレットの機能は適宜アップデートされることになるだろうが、古いウォレットの扱いが問題となる。ソフトウェアのアップデートだけで対応できる場合は下位互換性を持たせるが、仕様が大きく変わるときなどは周知期間を経た後に古いバージョンを使用不能、または、新しいバージョンのウォレットへの電子通貨の移動のみを認めることにするような工夫が必要となる。

非居住者

非居住者とは、外国に住んでいる人や企業を指す。国籍は関係ない。日本人が数年に渡って外国に住んでいる場合も日本から見て非居住者になる。非居住者がウォレットや電子通貨を持てるようにするかどうかは、外国為替市場にも影響する大きな問題だ。観光客が日本にいる間だけ電子通貨を使えるようにするという考え方もある。クレジットカードなどで支払う形でレンタルウォレットにチャージする。出国時の残金はカードに戻せばよい。出国時の自発的な交換を促すために、ウォレットや電子通貨に期限を付けることを提案したい。

ウォレットの上限

ウォレットにチャージできる額に上限を付けるかどうかという問題だ。筆者は上限は不要だと考えている。電子通貨に匿名性がなければマネーロンダリング対策のために上限を設けなければならなくなる。一方、上限がなければ全財産をウォレットに入れることもできる。金融資産の少ない層を中心に銀行口座の解約が進む可能性がある。

電子通貨の配布方法

電子通貨を中央銀行が直接配布すれば、銀行口座を作らない人々も出てくるだろう。一方、中央銀行から銀行に配布し、銀行からウォレットに配布する間接配布の形を取ると、これまでの現金と同じように流通することになる。銀行口座は必ずしも必要ないが、多くの人は銀行口座を維持するだろう。間接配布の方が金融市場への影響は小さくなる。

トランザクションフィー

電子通貨のシステムには維持費がかかる。この維持費をだれが負担するのかを決める必要がある。クレジットカードでは受け取り側の店舗が手数料を支払い、多くの仮想通貨では支払い側が手数料を支払う。現金は中央銀行や銀行が生産や流通などのコストを負担しているが、現金の受け渡しに関しては手数料はない。[*6] 電子通貨ではどうするのか。

筆者はシステム維持のコストは中央銀行（と銀行）が負担すればいいと考えている。システムの開発には多額のコストがかかるものの、一度システムができると現金よりもランニングコストは下がるはずだ。中央銀行は無からお金を創り出して流通させることができ、それによって収益を得ている。収益は収入から費用を引いて求められるので、費用が下がれば収益が増える。そこからシステムの経費を捻出すればよい。これはシニョレッジ（貨幣発行差益）と呼ばれる問題だ。第６章でもう一度振り返る。

＊6　ＥＵでは現金での支払いに手数料を課すことを禁止している。

コインエイジ、退蔵

コインエイジとはコインの保有期間のことで、仮想通貨の中にはコインの保有期間をカウントする機能を持たせているものもある。電子通貨にもコインエイジの機能を持たせることができる。筆者はこれを利用して、電子通貨やウォレットに有効期限を持たせることを提案する。一定期間使われていない電子通貨の利用をロックしたり、使用不能にしたりできる。これは退蔵対策でもある。紙幣がどれくらい退蔵されているのか、統計を取ることはできない。中央銀行に返ってこない紙幣の量は分かるが、燃えてしまったのか退蔵されているのかは分からないからだ。日本のように古い紙幣も有効にしている国では、ますます分かりづらい。後述する筆者が提案するシステムでは、一定期間ごとにウォレットが電子通貨の保有を届け出ることで退蔵すること自体は可能だ。しかし、うっかり有効期限を過ぎてしまって電子通貨が無効になるリスクがあることから、退蔵の手段を電子通貨から金など他の価値のあるものに誘導することができる。

二重支払い、ダウン・遅延

二重支払いとはシステムの不備をついて同じコインで2回の支払いを行うことをいう。例えば、ビットコインのブロックチェーンは10分に1度トランザクションが処理される。この時間差を利用して、10分の間に一度支払ったビットコインを他の場所でも支払おうとする攻撃が毎日大量に発生している。ビットコインの場合はマイナーが二重支払いをチェックする形をとっている。単純な攻撃だけでなく、電子署名の仕組みを利用した二重支払い攻撃（トランザクション展性またはマリアビリティという）も試みられていた。２０１７年にSegwitを導入することでこの攻撃への対策が施された。システムを走らせて初めて分かる不備もある。不備や攻撃への対策チームも必要になる。

災害時など電力が供給されない場面で電子通貨を使うことができるのか。この点については２つ考える必要がある。第１は端末レベルでの取引であり、自家発電など電力が供給できれば良いが、供給できないときの取引をどうするかという問題がある。第２は中央銀行に電力が供給されない場合にどうするのか、という問題を解決する必要がある。現金であれば、災害時にシステムがダウンすることはない（紙幣が燃えれば別だが）。電子通貨ならではの問題といえる。

危機時の配布

金融危機などが生じると、人々は現金を保有しようとする。図表２－３（38ページ）では、金融危機の際にユーロの現金流通額が大きく伸びていた。危機に際して現金を手に入れようとしても、現金は印刷してから個人の手元に届くまでに時間がかかる。電子通貨なら現金よりもはるかに短い期間で流通させることができる。危機時の電子通貨への需要は一時的に増加して、その後緩やかに減るだろう。現金と違って大量に発行しても資源の浪費は少なく、償却も簡単だ。需要に応じて発行させるのがいいだろう。

付利

付利とは、電子通貨に金利を付けるかどうかという問題である。筆者は付利すべきではないと考えており、多くの中央銀行も同様だと思われるが、研究者の間には付利すべきだという意見も多い。その最大の理由はマイナス金利を電子通貨に課すことができるというものだが、筆者は大変ばかげた主張だと考えている。この点については第６章で見ていこう。

なぜ付利という話が出てくるのか、それは中央銀行の成り立ちに関係している。紙幣は銀行券ともいうが、昔は銀行券は金などの金属と交換する形で発行されていた。兌換（だかん）銀行券という。中央銀行にとって銀行券はいつかは金属の形で返さなければならない負債証券だった。つまり借金ということだ。借金なら金利を付けて返すべきだが、紙に金利を付けるのは技術的に難しいため、金利ゼロということになった。現在は兌換はできないが、それでも紙幣（つまり銀行券）は中央銀行にとっての負債という形で処理されている。負債である以上は金利を支払う必要があり、電子通貨であれば簡単に金利を付けられる。中央銀行は本来支払うべき金利を支払っていないので不当に儲けている。この儲けを市民に返還すべきではないのか、というのが本来の趣旨だ。筆者はこれは考え過ぎだと思う。中央銀行は安全で安心して使える支払い手段を提供してるのだから、その分何らかの果実を手にしてもいいのではないか。それが支払い損ねている金利という形で得られている、ということでいいと思う。ただし、利益と引き換えに「安全で安心して使える支払い手段の提供」が課せられていることを再認識すべきであり、紙幣が最も安全で安心して使える支払い手段かどうか検討すべきということにもなる。この点は後で振り返ろう。

4　電子通貨のエコシステム

本書が提案する電子通貨「システム」

前節では様々な項目について見てきたが（長くて退屈だったと思う）、ここでは電子通貨がどのように経済の中で使われるのか、イメージしてみよう。筆者の提案は、中央集権的なデータベースで電子通貨を管理する方式と電子マネーのような端末レベルで自由にやり取りできる方式を合わせたハイブリッドシステムだ。[*7]名前がないと不便なので、とりあえず「システム」ということにしておく。

このシステムの特徴は、膨大な取引（トランザクション）の一部を記録しない、というところにある。図表5－7のように、システムは中央銀行、中継所、ウォレットという3層から成り立っているが、このうちウォレット間の取引は中央銀行のデータベースには記録されない。[*8]そうしてデータ処理を節約しつつ、災害時など中央銀行のシステムがダウンするようなときでも、個人間や店舗での支払

＊7　川野祐司（2018）「実現可能な電子通貨の設計」『World Economy Report』No.1、日本国際問題研究所。

＊8　これは個人が店舗に支払いをしても中央銀行のデータベースには記録されないという意味である。店舗が決済サービス事業者と提携して支払い記録を残して税務書類を作成したり、政府が税の確認などの目的で取引データの提出を求めたりする可能性はある。

いが可能になる。

３層構造

まず図表５－７の各層を見ていこう。中央銀行は電子通貨を創り出して供給する。経済や人口などの規模にもよるが、小国であれば本店のみで、大国であれば本店と支店でネットワークを構築する。ほとんどの国では本店と支店が必要になるだろう。支店は地域ごとに設置され、各地域の電子通貨の取引の記録を担当する。本店は支店から送信されたデータを集中的に管理する。支店はＰ２Ｐネットワークを構成し、支店間のデータ共有は分散型データベース（または分散型台帳方式）で行われる。電子通貨には１円ごとにＩＤが振られており、ウォレットＩＤとペアでデータ化されてい

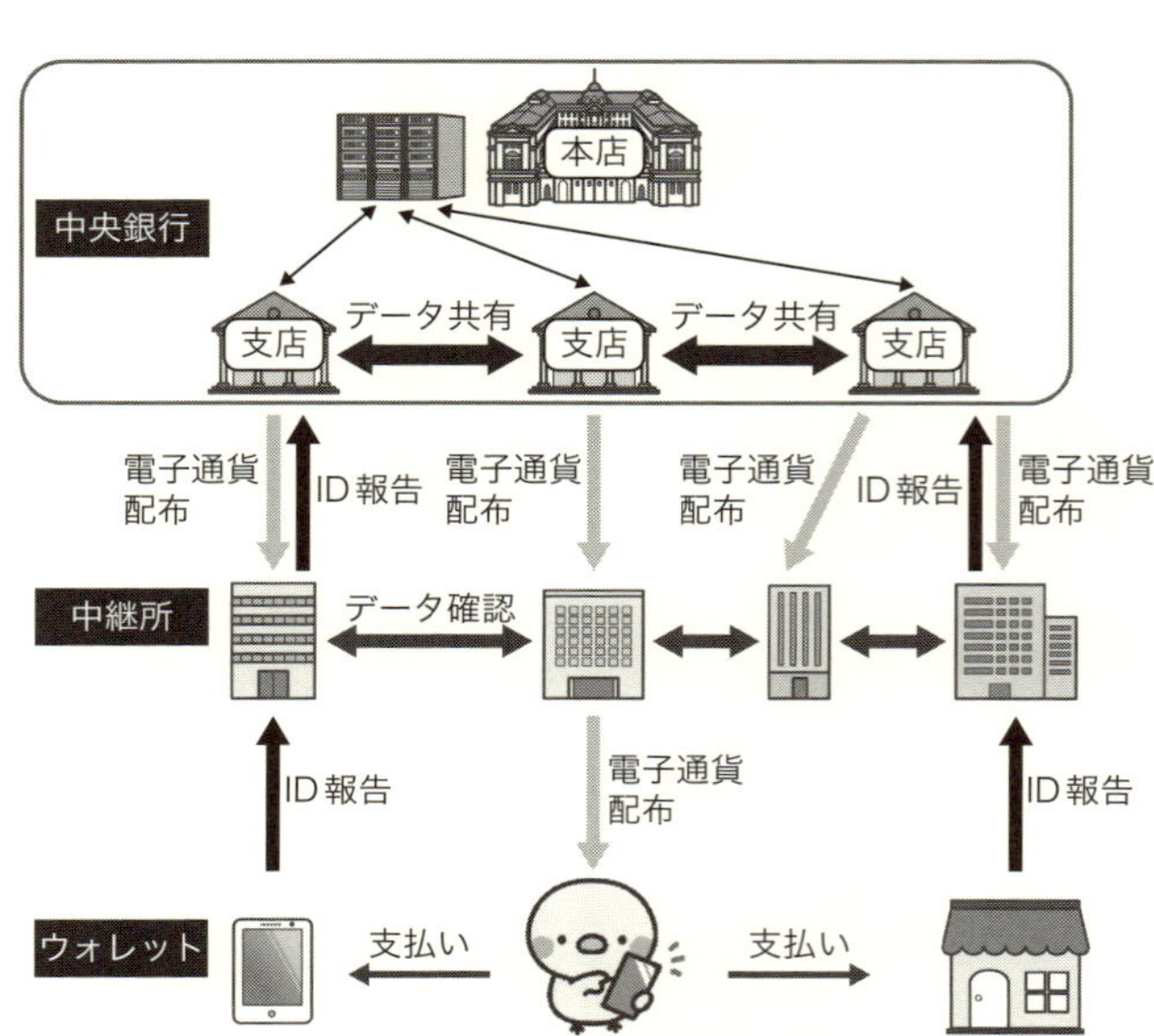

図表5-7　本書が提案する電子通貨システム

る。偽造を防ぐためにハッシュ値などをＩＤに使うといいだろう。ただし、ウォレットＩＤと個人情報は紐付けられていない。[*9]

中継所は中央銀行と家計・企業をつなぐ役割を果たしている。当面は銀行が中継所になるが、銀行以外の決済サービス事業者などが参入してもよい。中継所は中央銀行から電子通貨を預かり、ウォレットに配布する。現金と同じ仕組みだ。中継所は電子通貨ＩＤとウォレットＩＤのデータを持っており、それぞれの中継所はＰ２Ｐネットワークで結ばれており、定期的にデータを更新・確認し合っている。中継所もウォレットＩＤを持っている（業務に応じて複数持っていることもある）ため、中継所同士で電子通貨を融通することもできる。ある地域で電子通貨の引き出しが多くて電子通貨が必要になった場合は、中央銀行から手に入れてもいいし他の中継所から手に入れてもよい。マネーマーケットに似た市場が形成されるだろう。中継所は定期的に（例えば3時間ごとに）中央銀行に差分データを送り、24時間ごとなどより長い間隔ごとに中継所の全データを送信する。

ウォレットは中継所から電子通貨を受け取る。銀行から預金を引き出して現金を手に入れるのに似ている。ウォレットＩＤは中継所に登録され、以降、ウォレットは定期的に中継所と通信することになる。ウォレットは個人だけでなく企業や非営利団体など様々な経済主体が保有している。自営業者は個人用と店舗用と２つのウォレットを持つことになるだろう。ウォレット間の電子通貨の移動は

*9　中央銀行は紐付けしないが、政府が紐付けを要求するかもしれない。

ウォレットの基本機能だけでも可能だが、他の金融サービスやデータサービス、金融教育サービスをセットにした決済サービス事業者も活躍するだろう。

電子通貨の支払いと管理

電子通貨はウォレットからウォレットへと移動する。ウォレットは電子通貨IDを管理しており、支払いの際には相手のウォレットに電子通貨IDを引き渡す（図表5－8）。電子通貨IDの移動を持って支払いが完了したことになる。

ウォレットは定期的に、例えば12時間ごとに中継所へ保有している電子通貨IDのデータを送信する。[*10] 中継所はその時点でウォレットIDと電子通貨IDのデータを更新する。それぞれのウォレットは12時間ごとにデータを送ってくるが、全てのウォレットから一斉にデータが送られてくるわけではなく、逐次データが送られてくる。データ送信予定時間にたまたまデバイスの電源が切

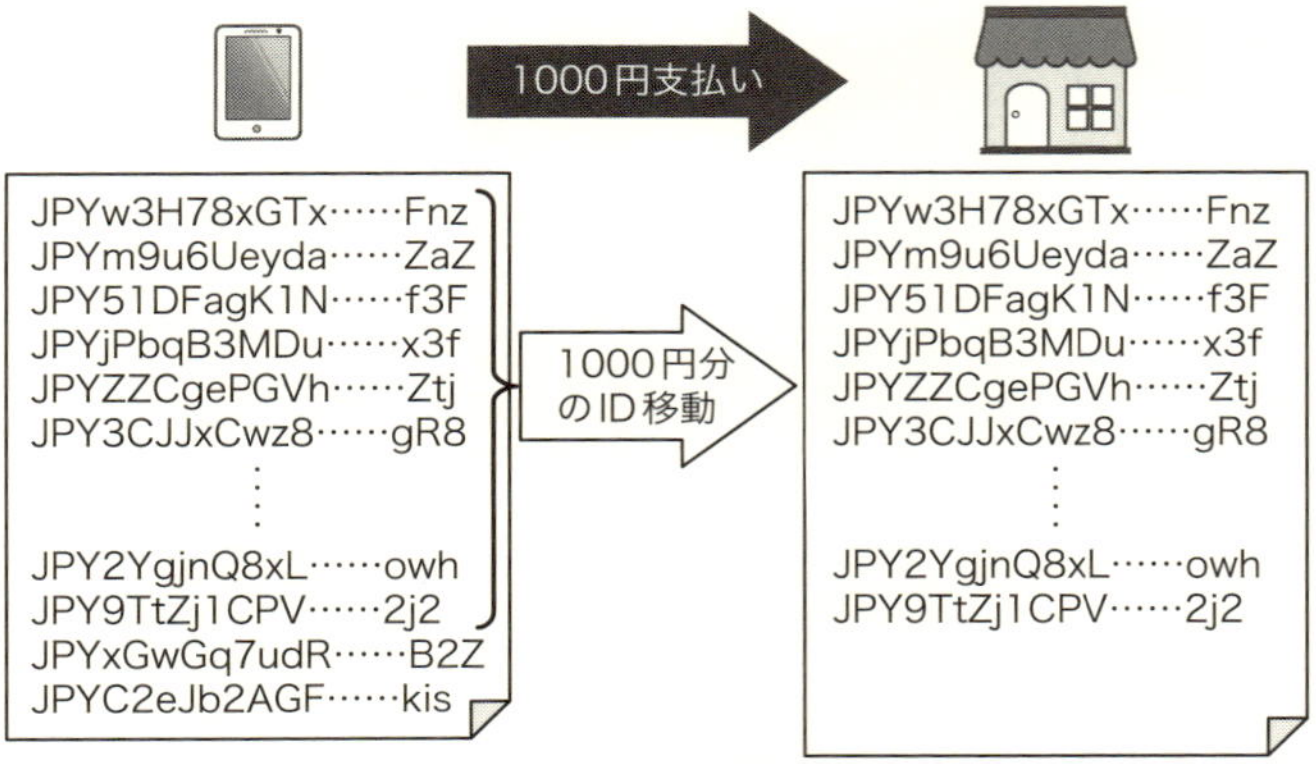

図表5-8　電子通貨の支払い

られていることもあるだろうし、ウォレットの利用開始時間が人によって異なるためである。

ある特定の電子通貨の動きを追うとしても、12時間の間はどのウォレットを経由して支払いが行われているのか中継所は把握できない。この間の追跡ができない代わりに、支払いデータはウォレット間のみで扱われることになるため、中継所や中央銀行のデータベースの負担を軽くできる。より詳しく把握したければ、12時間ごとという期間を6時間ごととか1時間ごととか短くすればよい。逆に、24時間ごとに延長するなどしてデータベースへの負担をさらに低減させることもできる。

コインエイジ

本書のシステムでは、電子通貨とウォレットに有効期間がある。ウォレットが一定期間、例えば1年間、中継所と連絡が途絶えると、ウォレットはロックされ、一定の手続きを経ないと電子通貨が使えなくなる。さらに一定期間、例えば、ウォレットのロックから5年経つとウォレット内の電子通貨は無効になる。中央銀行は中継所経由で無効になった電子通貨IDをデータベースから消去するか無効IDとしてストックする。このような事態は、ウォレットの保有者が死亡して誰も引き継がなかった場合などに発生する。ウォレットが定期的に中継所と通信できれば電源を入れっぱなしにする必要はなく、電子通貨の退蔵も可能になる。1～2年など一時的に外国に引っ越す場合も、ウォレット内

＊10　スマートフォンなどインターネットにつながっているデバイスでは送信は簡単だが、カード型の場合は店舗での支払い時に自分のデータを店舗のレジ経由で送るなど工夫が必要となる。

の電子通貨を退蔵できる。頻繁に日本を訪れる外国人もウォレットを自国に持ち帰ることができる。

これは完全なシステムではないかもしれないが、既存の技術の組み合わせで実現できる。分散型台帳技術など1つの技術だけで電子通貨のシステムを構築する必然性はない。様々なアイデアを組み合わせることで、電子通貨の現実性が高まる。

5　電子通貨は必要か

電子通貨はそもそも必要なのか

第2章から第4章まで見てきたように、キャッシュレスな支払い手段は続々登場しており、ユーザーにとって利便性が増している。スウェーデンでは現金を使わない人が増えつつあり、リクスバンクは研究をしているものの民間だけでキャッシュレス経済が実現しつつある。一方で、電子通貨のシステムを構築するにはかなりの労力が必要だ。仮想通貨では興味深い技術がいろいろ使われているものの、仮想通貨の仕組みをそのまま電子通貨に応用することはできない。多くの労力をかけて電子通貨を創る必要はあるのだろうか?

筆者の答えはイエスだ。それは、中央銀行は人々が安心して使える安全な支払い手段を提供すべきだからだ。「安心して使える」ということは中央銀行に信認があり、システムが堅牢であることを意味している。「安全な」とは最新技術によるセキュリティ対策が施されていることを意味している。先進国の中央銀行は市民から完全に信認されているとは言い難いが、少なくとも自国通貨を支払いに使うのを止めて外貨を積極的に使うほど不信感が高まっているわけではない。現金のシステムは長く続いてきたシステムであり、信頼性が揺らいでいるわけではないが、最も安全なシステムかどうかは分からない。電子マネーなどの新しい技術が実現している中で、紙や金属を使うのが最も安全なのだろうか？　紙や金属の資源を大量に使うシステムは望ましいシステムなのだろうか？

本書で提案する電子通貨のシステムは、現行の金融政策や金融市場の枠組みを変えることなく導入できる。現在の金融システムが最もいいシステムなのかどうかは議論の余地があるが、電子通貨への移行による混乱は最小限に抑えられるだろう。

電子通貨は犯罪をなくせるか

現金は犯罪に使われるからなくすべきだという議論を多く見かける。全ての紙幣を一気になくすのではなく、額面の高い紙幣から徐々に廃止すればいいという議論もある。これらの議論は全くのナンセンスだ。

ある論者は現金は不法移民の違法労働に使われているから１００ドル札をなくすべきだという。不法移民は日払い労働者になることが多く、不当に安い賃金で雇われている。１００ドル札がなくなれば現金を持ち運ぶ手間が大きくなるため、違法な業者はいなくなるだろうということだ。アメリカは日本よりも物価が高いが、1日働いて100ドル札を1枚くれる業者は不法移民にとってありがたい業者だろう。20日働けば2000ドルの収入が得られる。違法な業者はもっと安い賃金で働かせているはずで、そもそも100ドル札の出番はない。100ドル札を廃止する意味は全くない。

現金を廃止すれば麻薬組織などの活動を撲滅できるという議論もある。確かに打撃はあるのかもしれないが、麻薬は現金よりも軽くて価値があり、小さく分割したりいくつかまとめて大きくしたりできる。これは金などの貴金属と同じ性質だ。現金が使いづらくなれば、彼らは麻薬の錠剤を支払い手段として使うようになるだろう。これは現実に起こっていることだ[*11]。現金をなくすことで、結果的に犯罪組織にシニョレッジを与えることになる。犯罪組織は麻薬タブレットや仮想通貨、貴金属などを併用するだろう。支払い手段が多様化するだけだ。

電子通貨を追跡可能にすることで、日本で多く発生している特殊詐欺は難しくなるだろう。しかし、犯罪を止めるのは道具となる手段の廃止や罰則の強化ではなく、犯罪を思いとどまらせるような仕組みだ。例えば、飲酒運転の厳罰化が進んでいるが、飲酒運転が減ってはいない。心情的には理解できるが厳罰化はほとんど意味がない。飲酒運転によるマイナスの効用は、主観的な摘発確率に罰金（または罰則）をかけたものになる。罰金をいくら増やしても主観的な摘発確率がゼロであれば飲酒運転を止めようという気を起させない。罰金はあまり高くなくてもいいので、摘発確率を上げることが重要だ。「主観的」というのがポイントで、飲酒運転の摘発がどれだけニュースで流れても、自分の周囲で摘発がなければ主観的な摘発確率はゼロとなる。飲酒運転をなくすのであれば、全ての車に飲酒運転発見装置を付けたり（主観的な摘発確率は100％になる）、毎日徹底的に検問を行う方が有効だ。電子通貨に追跡機能を付けても、犯罪者は他のものを取引に使うだけだ。それよりも犯罪の主観的な摘発確率を上げる方が大切だ。この面では、電子通貨は期待され過ぎているように思える。

現金は廃止するべきか

現金を今すぐ廃止すべきかというと答えは難しい。おそらく、現金と電子通貨との併用期間が必要で、それもかなり長い期間が必要かもしれない。電子通貨のシステムが安全で堅牢だと証明されるだけでなく、多くの人々がそれを信じることが重要だ。何十年も続けてきた習慣を変えるのは難しいため、世代が入れ替わるまで待つことも考えなければならないかもしれない。スウェーデンのような国では、すでに現金の利用が非常に少なくなっているため、わざわざ現金を廃止する必要はないかもしれない。ほとんど利用されないシステムであっても、コストがかからないのであれば、いざという時のために残しておくという選択肢もある。しかし、長期的に見れば現金を廃止することは自然の流れとなるだろう。

＊11　ＡＦＰ、「コカインペースト」が現金代わりに、コロンビアの小さな村、2017年10月29日。

第6章

キャッシュレス経済の行方

これまで様々なキャッシュレスな支払いについて見てきたが、本章では、これまで紹介できなかった動きを紹介する。キャッシュレスな支払いの次のターゲットは国際送金だが、国によって法律や制度が異なるため、銀行預金を使った国際送金はまだまだ改善の余地が大きい。その中でも、EUで進んでいる新しい取り組みを紹介する。その後、キャッシュレス経済によって何が変わるのか、支払いサービスや金融政策への影響を見てみよう。最後に、将来私たちの生活がどのようになっているか、小説風の未来予想図を見てみよう。

1　変わりつつある「支払い」の形

寄付

寄付といえば箱やかごを思い浮かべるが、近年は小銭を持ち歩かない人が増えつつあり、箱を回しても寄付が集まらなくなりつつある。アイルランドでは2015年にラウンディングが実施され、1セントと2セントを使う人が減少した。当時は寄付が減ることへの懸念が表明されたが、実際には寄付はあまり減っていないようだ。フランスでは、Obole Digitaleという企業が寄付用のアプリを開発している。団体などへの寄付を行うLe Donと教会への寄付を行うLa Quêteというアプリを展開しており、スマートフォンでの非接触型の支払いに対応している。教会にとって日曜礼拝での寄付は重要な収入源だが、現金を持ち歩かない人が増えつつあることが課題となっていた。パリのサンフランソワ・ド・モリトール教会では、クレジットカードやデビットカードによる寄付を受け付けている。寄付額は1回2ユーロから10ユーロまで選択することができ、寄付額は増えているという。

イギリスでも英国国教会がiZettleやSumUpと提携して、２０１８年3月から非接触型支払いによる寄付を受け付けるようになった。ApplePayやGoogle Payなどにも対応している。イギリスではGoodBoxという企業が、寄付を受け付ける端末を開発して販売している。

キャッシュレス化が進んでカードやスマートフォンによる寄付が増えていくのが時代の流れだが、1回当たりの寄付金額が増加する例もあるようだ。現金であればポケットの中に入っていた1セントや1円のような少額硬貨を何枚か支払うこともできたが、現在の寄付端末は最低金額が設定されていて、少額の寄付ができなくなっている。ドイツでは教会に関する負担を嫌ってキリスト教徒を止める人が増えつつあるという。教会やチャリティー会場では、少なくなりつつある参加者の一人ひとりからできるだけ多くの寄付を引き出そうとしているように見える。もともと、キャッシュレスな支払いの特徴の1つは少額の支払いにある。5円などの少ない金額を手数料なしで寄付または支払うことができるのがいい点で、マイクロファイナンスにも有用だ。しかし、「マイクロ」に相当する金額は上昇し続けている。キャッシュレスな支払いは、支払ったという感覚が小さいという特徴もあり、使い過ぎの問題は常にある。チャリティーがこのような感覚を利用しているのであれば残念だというしかない。

チップ

筆者はチップ制度に反対だ。チップは価格の透明性を阻害する悪弊であり、従業員間の不公平も生み出す（料理を作っている料理人はチップをもらえず、ただ運んでいるだけのウエイターがチップを受け取っている）ことからチップを廃止するレストランもわずかだが増えつつある。アメリカと違ってヨーロッパではウエイターをほぼタダで雇ってチップを給料の代わりにすることはできない。近年はレストランでもカードやスマートフォン払いが増えているが、客に操作させるタイプの端末は要注意だ。操作の途中にチップの項目があり、デフォルトが「支払う」になっている。客はどんどん緑のOKボタンを押していると、チップを払わざるを得なくなる。この端末には「1つ戻る」というボタンがない。ちなみに、日本人とアメリカ人はやたらとチップを払うので標的にされている。

バイオハッキングによる支払い

スウェーデンの鉄道会社SJ（Statens järnvägar）は、2017年5月にバイオハッキングによるチケットサービス、chippbiljett（チップチケット）の実証実験を始めた。[*1] バイオハッキングとは体の中にRFIDなどの無線機能を持ったチップを埋め込む技術のことであり、日本では2013年に施行された動物愛護管理法によりペットの猫や犬にマイクロチップを埋め込むことが求められている。このチップを人間にも埋め込む技術がバイオハッキングと呼ばれている。[*2] 親指と人差し指の間のみずかき部分にはスペースがあり、そこにチップを入れる。チップは長さ1センチほど、直径は箸の先ほどのカプセルの中に入っている。チップを埋め込んでから2週間くらいは違和感や痛みがあるそうだ。

あらかじめチップにSJの顧客番号を登録しておき、車内で車掌がタブレットを手にかざすことで切符の確認をする。「SJ Chippbiljett」で検索すると写真が見られる。現在、SJに乗る場合には事前に切符を買っておく必要があることから（車内で買うことは原則できない）、スマートフォンなどで事前に予約をしておく必要があり、それほど便利ではないが、定期券などが入るようになれば財布やスマートフォンを持ち歩く必要がなくなる。ウプサラ地域の交通機関（UL）やスカンジナビア航空（SAS）、ストックホルムの市内交通（SL）、スウェーデンで展開しているフィットネスジム（SATS）の一部店舗などでも実証実験が行われるとのことであり、将来は家の鍵などにも応用されるだろう。すでに、ヨーロッパやアメリカのICT企業の間ではチップが社員証として使われている。日本ではゲートの前で首から下げた社員証をかざすが、ヨーロッパの企業では右手の甲をかざすとゲートが開いて中に入れる。ゲートが開かなければ解雇されたということだ。

現在の技術ではチップの情報を盗み見られる可能性があったり、手首ごとチップを盗まれたりする

＊1　SJ (2017), SJ först i världen med chippbiljett, press release 2017-5-18.

＊2　バイオハッキングは生物学などでも使われる用語で指し示す範囲が広い。本章で使っている用法は体に何らかのデバイスを入れて能力を高めることを指す。色盲の人が音を利用して「色を見る」ことができるカメラとチップを埋め込む例やリアルタイムで血液検査ができるデバイスを埋め込む例などが知られている。

可能性がある。特に、後者は重要な問題だ。現金時代の強盗は財布を要求すればよかったが、キャッシュレス経済の強盗はチップの入った手首を要求するようになる。本人のバイタルサインが確認できなければ情報を読み出せなくするような技術が必要だ。チップの小型化や高性能化が進めば応用範囲は広くなる。Swish の機能が入れば財布やスマートフォンがなくても支払いができるようになる。長い目で見て最も有望な支払い手段になるだろう。

カードを使わない現金引き出し

アメリカの Fifth Third Bank は、2018年3月に10州に設置している２５００カ所のＡＴＭで、現金を引き出す際にキャッシュカードを使わずにモバイルアプリで引き出せるようになると公表した。将来は生体認証だけで現金を引き出せるようになれば、デビットカードは不要になるだろう。日本の銀行でも導入されつつあるサービスだ。なお、この銀行はモバイル銀行のサービスも提供しており、個人間での送金も可能になっている。

バンドルサービス

支払いサービスだけでなく、様々な機能をセットにすることで差別化を図ろうとする例もある。イギリスの Monzo 銀行はオンライン銀行だが、スマートフォンの利用に特化している。デビット型のマスターカードかモバイルペイメントで支払いを行う。ユーザー数は65万人。Monzo 銀行のユーザーは利用履歴をスマートフォンで確認でき、家計管理に役立てることができる。

このようなサービスは多くの銀行で始められている。金融サービス以外のバンドルも可能だ。例えば、体に埋め込まれた健康管理チップから情報を受け取り、適切な食事のメニューを提案してそれに必要な食材を自動的に注文して支払いまで行うアプリが考えられる。アレルギーに対応したレストランを自動的に見つけるサービスなどと連携した支払いサービスがあってもいい。第2章では走行時間ごとに運転の質などに応じて保険料を課金するシステムを提案したが、クレジットカードだけでなく、オンライン銀行の支払いサービスと連動させることも可能だ。支払いには行動が伴い、行動は貴重なデータだ。

人々の行動データをビジネスに応用しているのが、アントフィナンシャルのゴマ信用（Sesame Credit）だ。アントフィナンシャルの親会社のアリババという名前と童話に出てくる開けゴマの呪文が関連していることが由来だといわれているが、筆者はアメリカで同様のサービスを展開しているCredit Sesameを意識したのではないかと思う。名前はともかく、ゴマ信用は独自のスコアリングに応じて人々にスコアを付ける。Alipayを使えばデータが増えてスコアが上がりやすくなるなど自社サービスに関連付けたスコア設定になっている。それ以外にもインターネット上での言動もスコアの対象になるようだ。スコアが高ければ受けられるサービスのグレードが上がる仕組みになっている。個人データを使ったビジネスの1つといえる。

支払いサービスの国際的な展開

第3章で中国のUnionPay（銀聯）が世界１６８カ国で使えることを紹介したが、ＱＲコードや非接触型支払いなどのモバイル決済も25カ国で使えるようになっている。[*3] ネパール、タイ、マレーシアなどのアジアだけでなく、ロシアやギリシャなどでもモバイル決済が可能になっている。

筆者がドイツのベルリンの空港で免税の手続きをしたとき、[*4] 払い戻し（リファンド）の欄にAlipayの番号を記載する箇所があった。Alipayがあればクレジットカードを持ち歩かなくても買い物をすることができ、免税の払い戻しも受け取れる。

香港のオクトパス（八達通）カードは日本のＳｕｉｃａのようなカードで、香港では8万カ所で支払いが可能だ。１９９７年にサービスを開始し、香港市民の99%が公共交通機関で使っているという。ユーザー数は３４８０万と香港市民の数（約７４０万人）を大幅に上回っている。カード型だけでなく、O! ePayというアプリでも支払うことができる。深圳市の交通機関でも使えるクロスボーダーカードやプリペイド型カードも展開している。オクトパスカードはSamsung Payに登録することもでき、O! ePayの残高をSamsung Payに移して使うことができる。これにより、Samsung Payが使えるところではオクトパスも使えることになる。

国際展開の面では、第3章で紹介したM-pesaなども含めて、電子マネーのサービスが便利だ。電子マネーは自社のシステムを国際的にリンクさせれば済む。一方で、第2章で紹介した銀行預金の振り替えを使ったモバイルペイメントでは、決済システムのリンクが障害となってなかなか実現できないでいる。

2　国境を越えた銀行預金の振り替え

クロスボーダー送金の仕組み

国境を越えた送金は国内送金よりも難しい。国によって法律や習慣が異なることも問題だが、経済面で見ても3つの問題点がある。第1に、自国と外国では使っている通貨が異なっている。送金するには相手国の通貨に交換する必要がある。アメリカドルなどは比較的手に入りやすいが、ブルガリアのレバからケニアのシリングに送金するには、いったんレバをドルに換えて、ドルをシリングに変える操作が必要となる。旅行で現金の両替をする際にドルの手数料が低いが、それはドルが外国為替市場の中心にいて、簡単に交換することができるためだ。自国通貨とアメリカドル（最近ではユーロも）との交換比率を為替レート、ドル以外の通貨との交換レートをクロスレートというが、間にドルをクロスさせているという意味だ。

＊3　UnionPay, The "UnionPay" app can be used in 25 countries and regions outside mainland China, press release, 2018-4-27.

＊4　ベルリンと日本には直行便がないため、通常はEUから最終的に出発する乗り継ぎ地（ロンドンやヘルシンキ等）で免税手続きをしなければならない。ただし、午前にベルリンを出発して午後にヘルシンキから出発というように同一日にEUを出国する場合には、最終乗り継ぎ地でなくても免税手続きができる。

第2に、国が異なると時間帯も異なるということだ。銀行が営業している時間帯は国によって異なる。加えて時差の問題もある。日本では昼間でも受け取り国が夜で相手の銀行が閉っていることもある。その場合、送金処理は朝まで待たされることになる。

第3に、国内で使うような決済システムが国際的に整備されていないことだ。国内の銀行同士であれば、クリアリングハウスを使ったり、中央銀行の口座を使ったりして簡単に送金できる。しかし、国が違うと法律も違うため、複数の国の銀行が集まるクリアリングハウスを作るのは難しい。

銀行を使った国際的な送金はコルレス取引という方法で行われている。図表6－1のように、銀行が互いに口座を開き合い、この口座を使って送金を行う。日本のAさんからドイツのBさんに送金する場合、まずAさんの取引銀行Xに送金を依頼する。銀行Xは銀行Yとコルレス関係にあり、銀行Xは銀行Yにあらかじめユーロを預けている。この口座からBさんの口座にお金を移動させる。

コルレス取引は効率の悪い複雑で面倒な取引だ。AさんからBさんに送金があるばかりでBさんからAさんへの反対方向の送金がないと、銀行Xが銀行Yに開いている口座のユーロ残高がどんどん減ってしまう。残高がゼロになれば送金処理できなくなる。そうなる前に、ドイツでユーロを手に入れて入金しなければならない。口座残高の維持は銀行にとって頭の痛い業務であるようだ。他にも問題はある。図表6－1では銀行Xと銀行Yがたまたまコルレス関係にあったが、銀行Xと銀行Yに取引関係がないと送金ができない。この場合、図の下のように銀行Xはコルレス取引のあるアメリカの銀行αに送金の中継を依頼する。銀行αがイギリスの銀行βに中継を依頼して、銀行βが銀行Yに送金する、というようなことが実際に行われている。送金を中継する銀行は手数料を要求するため、コストがかかり時間もかかる。中継銀行の手数料は不透明で、Aさんは送金手数料がいくらかかるか事前に分からないケースもある。さらに、送金処理や確認ではいまだにファックスが使われているケースもあるという。ということは手入力が行われている可能性もあり、入力ミスが起こる可能性もある。

リップル

20世紀まではこの仕組みで我慢するしかなかったが、現在は仮想通貨や電子マネーを使うことでコルレス取引を回避できる仕組みがある。特に第4章

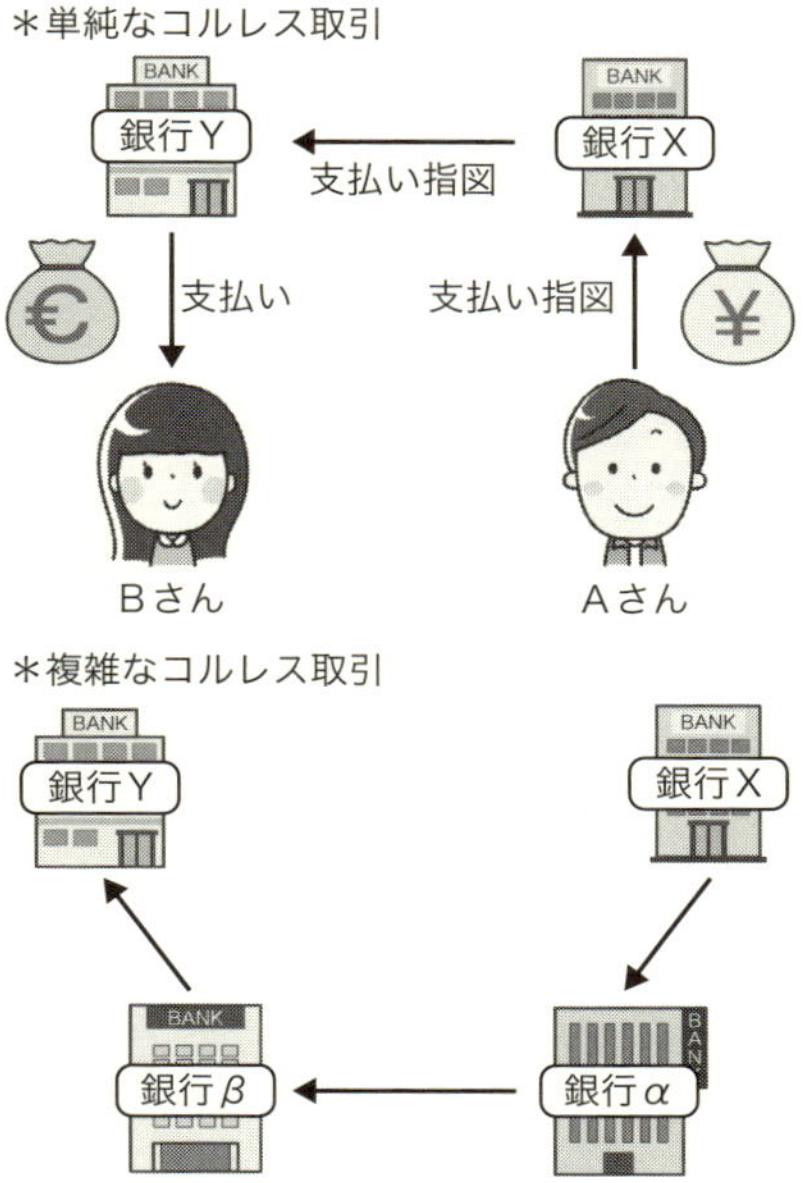

＊単純なコルレス取引

銀行Y	← 支払い指図	銀行X
↓ 支払い (€)		↑ 支払い指図 (¥)
Bさん		Aさん

＊複雑なコルレス取引

銀行X → 銀行α → 銀行β → 銀行Y

図表6-1　コルレス取引の仕組み

でも紹介したリップルはリアルタイムの送金と手数料の削減を実現させており、利用も増えてきている。

図表６－２がリップルを使った送金の仕組みだ。Ａさんは銀行Ｘに送金を依頼する。銀行Ｘと銀行Ｙがリップルと契約していれば、銀行Ｘ（円）→リップル社（リップル）→銀行Ｙ（ユーロ）と送金でき、中継銀行は不要だ。銀行Ｘは銀行Ｙに口座を開く必要はない。リップル社には円からユーロへの送金依頼が毎日たくさん集まり、ユーロから円への送金依頼もたくさん集まるため、リップルの仕組みの中でネッティングすることができる。リップル社はネッティングしきれなかった部分だけ資金を準備すればよく、資金が足りなくなれば手持ちのリップルを売ればよい。リップルはビットコインと異なり、リップル社がすべて管理しているため、微調整が可能だ。つまり、リップルは図表１－５（14ページ）のクリアリングハウスの役割を担っている。クリアリングハウスにとっては、参加銀

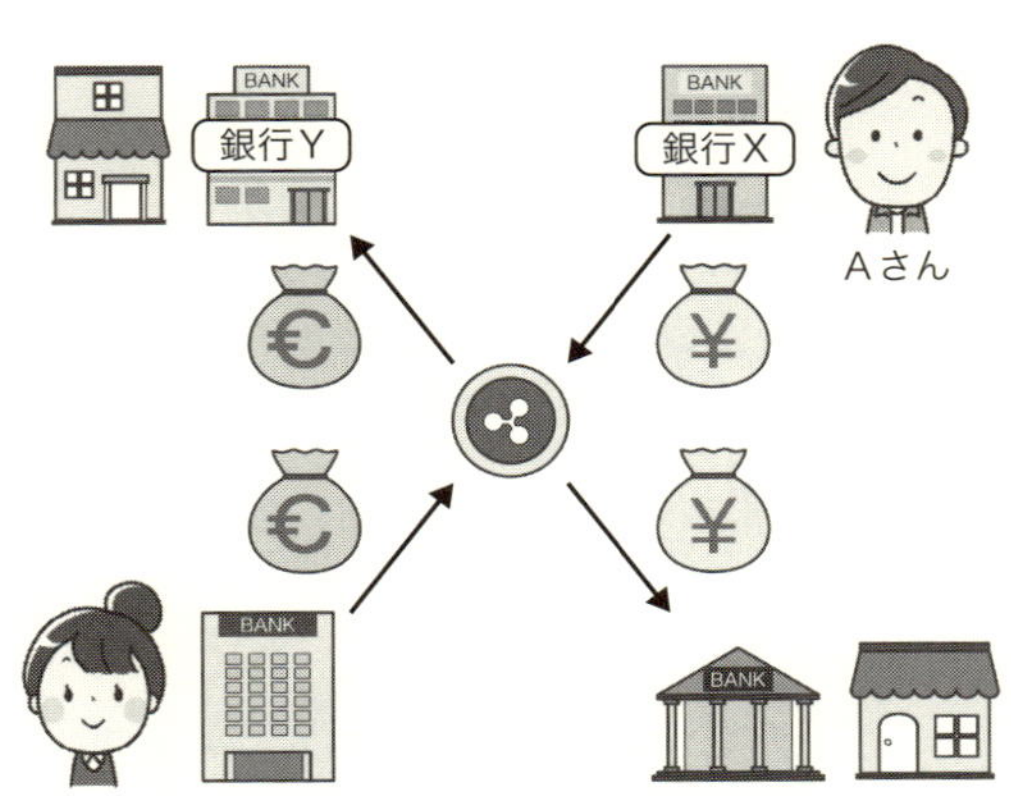

図表6-2　リップルの仕組み
注：ゲートウェイや取引所などは省略してある。

行が増えれば増えるほどネッティングが多くなり、システムの効率性が増す。現在は大手銀行を中心に世界各地の銀行がリップル社と契約している。

ＳＷＩＦＴ（国際銀行間通信協会）の改革

リップルの登場はコルレス取引のビジネスにとっては脅威だ。ＳＷＩＦＴは国際的な送金の際に送金指図などのメッセージを伝達するサービスを展開している。ＳＷＩＦＴはSociety for Worldwide Interbank Financial Telecommunication の略称で、多くの銀行がＳＷＩＦＴを利用して送金を行っている。仮想通貨が普及すればＳＷＩＦＴを使う銀行がなくなるかもしれない。そのような危機意識のもと、ＳＷＩＦＴは２０１７年1月にSWIFT gpi というシステムをスタートさせた。gpi は global payments innovation の意味であり、これまで数日かかり手数料が不透明であった送金のプロセスの改善を図っている。２０１８年にはSWIFT gpi の利用額は1日当たり１０００億ドルに達し、50％は30分以内に、残りの50％も24時間以内に送金が完了しているという。[*5] ＳＷＩＦＴ利用のうち10％がSWIFT gpi になっており、２０２０年までにはSWIFT gpi が国際送金のスタンダードになるとしている。ＳＷＩＦＴの改革を促したのは仮想通貨であり、仮想通貨は直接使わない人に対しても恩恵を及ぼしている。

＊5　SWIFT, SWIFT gpi reduces cross-border payment times to minutes, even seconds, press release, 2018-2-28. 日本語ページからも同じ記事を読むことができる。

国際的な取り組み[*6]

ＢＩＳと世界銀行は２００７年に「国際的な送金サービスの一般原則」を公表し、透明性の向上、消費者保護、決済インフラ、法的枠組みの構築、競争力のある市場、システムとリスクの管理などの整備を提言している。現在の国際送金の仕組みでは費用や時間がかかるが、少額の送金を行う移民などにとっては費用の問題は大きい。国連の持続可能な開発目標でも移民の送金コスト削減が求められている。国際送金の費用は２００７年以降減少しているものの、２０１７年時点で送金額の７・３２％に達しており、十分に下がっているとは言い難い。

国際送金の円滑化には、各国内の送金・決済システムのリンクが欠かせないが、法制度の違いや政治的な問題が障壁になっている。その中でも、２００３年にはアメリカの銀行からメキシコの銀行に１営業日で送金できるDirecto a Méxicoという仕組みが作られた。アメリカの中央銀行の決済システム（Fedach）とメキシコの決済システム（ＳＥＰＩ）がリンクしている。Directo a México のホームページによると２０１７年には約47万５０００件、約29億ドルの送金が行われた。

ＳＥＰＡの取り組み

ＥＵではＳＥＰＡ（Single Euro Payments Area）の取り組みを進めており、ＥＵ28カ国にノルウェー、アイスランド、リヒテンシュタイン、スイス、モナコ、サンマリノを加えた34カ国が参加している。ＳＴＰ（Straight Through Processing）と呼ばれる手続きの自動化を進めることで送金の迅速化が図られており、ユーロを使ったＳＥＰＡ内の国際送金は1営業日で完了する。

ＳＥＰＡの取り組みの中でも２０１７年11月に始まったSEPA Instant Credit Transfer（ＳＣＴ）という取り組みは、1回当たり1万５０００ユーロまでの送金を10秒以内で完了させることを目標とした取り組みだ。24時間３６５日送金できる。２０１７年11月時点で、オーストリア、エストニア、ドイツ、イタリア、ラトビア、リトアニア、オランダ、スペインの８カ国で５８５の決済サービス事業者（ＰＳＰ）がＳＣＴに参加している。２０１９年までにはベルギーやフィンランドなどのＰＳＰの参加が見込まれている。[*7] 個人間のモバイルペイメントの取り組みはSEPA instant paymentsという（図表２－19のオランダの欄で登場した）。オランダはＳＣＴよりもさらに高機能な5秒以内の送金を目指している。ＳＣＴやSEPA instant paymentsは国境を越えた送金を可能にしており、モバイルペイメントは国内の支払いだけでなく国際的な支払いにも使えるようになる。

ＥＵでこのような取り組みが進んでいるのは様々な制度の統一や調和を進めているからだ。第２章で紹介した金融パスポート制度（68ページ）にとどまらず、各国の決済システムの統合（ＴＡＲＧＥＴ２）、新しい証券決済システム（Ｔ２Ｓ）、公開市場操作で利用する担保預かりシステムの統一（ＣＣＢＭ）、銀行に関するルールの統一（銀行同盟）、現在進行中の証券市場のルール・税制などの統一

＊6　CPMI (2018), Cross-border retail payments では国際的な送金に関する様々な問題点を整理している。
＊7　European Payments Council, The EPCk's SEPA Instant Credit Transfer scheme is operational, press release, 2017-11-21.

（資本市場同盟）など金融面での制度の統一が進められている。[*8]

ＰＳＤ２（改正決済サービス指令）

ＥＵでは、２０１８年に決済サービスに関連する法案がいくつか施行されている。個人情報の扱いに関する法律ＧＤＰＲ（一般データ保護規則：２０１８年5月施行）については、ＪＥＴＲＯホームページなどに解説があるのでここでは省略する。２０１８年1月には、ＰＳＤ２（Payment Services Directive）が施行された。ＥＢＡ（欧州銀行監督局）に登録されたＰＳＰは、これまでよりも広い範囲の活動ができるようになる。[*9]

ＰＳＰは、ＡＩＳＰ（account information service providers）とＰＩＳＰ（payment initiation service providers）からなる。ＡＩＳＰはユーザーの銀行口座情報を取得することができ、ＰＩＳＰは銀行預金の支払い指図を出すことができる。どちらのサービスもこれまで銀行が行ってきたサービスだ。これからは銀行でなくてもユーザーの銀行口座の情報を取得することができるようになり、銀行はＰＳＰから口座情報を求められた場合は、必ず情報を渡さなければならない。ＰＳＰがユーザーの複数の銀行を使ったモバイルペイメントサービスを展開したり、支払い情報や口座情報を使って家計アドバイスなどのサービスを展開したりできるようになる。ＰＳＤ２の世界では、銀行は顧客データの保有者（owner）ではなく預かり者（custodians）であるに過ぎない、という意見もある。[*10] ＥＵの資本市場同盟の取り組みでは、銀行は中小企業向けの融資審査情報の一部を提供することも求められる。

これからは銀行は情報を囲い込むことができなくなる。ヨーロッパの銀行は環境の大きな変化にさらされており、銀行は社会でどのような役割を果たすのか、再考を迫られている。

ＰＳＤ２では、Strong Customer Authentication（ＳＣＡ）と呼ばれる認証方法が導入される。これは、パスワードやＰＩＮコードのような本人しか知らない知識、カードやスマートフォンなど本人が所有しているデバイス、指紋や音声認識など本人しか持っていない生得情報のうち２つ以上を使って認証しなければならないことを指す。これを２要素認証という。本人が持参するスマートフォンでＰＩＮコードを入力すれば要件はクリアできる。２０１９年９月14日から適用される。

ここで問題となるのがコンタクトレス決済だ。クレジットカードやデビットカードを端末にタッチするだけで支払いできるが、デバイスだけの１要素認証になってしまう。ＰＳＤ２では、１回50ユーロ未満であれば、コンタクトレス決済でＰＩＮの入力を省略できる。しかし、累計１５０ユーロごと、累計５回ごとにＰＩＮの入力が求められるようになる。せっかくコンタクトレスで簡単に支払いできるところでＰＩＮを入力すれば、ユーザーエクスペリエンス（ユーザーの満足度）が大幅に低下する。コンタクトレス決済では、拾ったカードで本人に成りすませて支払いをすることもできる。利

＊8　資本市場同盟については、川野祐司（２０１７）「金融同盟の完成に向けた資本市場同盟の整備」『国際貿易と投資』No.109、Ｗｅｂで入手可。

＊9　European Commission, Payment Services Directive : frequently asked questions, Press release, 2018-1-12.

＊10　RS2 (2017), Outsourcing and PSD2, RS2 White paper.

便性と安全性のバランスをどのように取るのか難しい問題でもある。

　なお、サービス開始時には、申請者が反社会的活動をしていないかどうかなど、本人確認を行う必要がある。つまり、サービス開始時には本人確認、サービス利用時には本人認証が行われる。言葉は似ているが、それぞれ異なる場面で使われる。

3　キャッシュレスは経済をどう変えるか

経済効果

　キャッシュレス経済はＧＤＰ成長率を高めるのか。実現してみなければ分からないことだが、少し考えてみよう。第５章で見たように現金の取引は社会的コストを発生させていた。キャッシュレス経済では社会的コストが削減される。家計や店舗にとってはいいことだが、一方で銀行やカード会社にとってはこれまで受け取っていた収入が減ることになる。社会の一方では経費削減の分だけ得をして他方では同じ分だけ収入が減って損をするのであれば経済効果はないことになる。

　より広い範囲に目を向けてみよう。先進的な決済システムができれば、資金の効率的な管理ができるようになる。コルレス取引をするためには多くの取引先銀行に口座を開いて預金しなければならないが、国際的な送金が低コストでしかもリアルタイムで実行できるようになれば、取引先の口座は不要になる。その分だけ資金を他の事業に使うことができ、例えば、企業への貸し付けに回すことができる。より多くの資金を経済に投入することができれば、経済効果はあるといえる。

さらに広い範囲に目を向けてみよう。少額で頻繁な送金、つまりマイクロペイメントが実現するような決済インフラが整備されれば、お金以外の情報も同じように送ることができる。送金や決済は情報を受け渡すことと同じであり、受け渡す情報の中身がたまたまお金というデータであるに過ぎない。ビットコインは当初は送金機能しかなかったが、現在はデータベースとしても使われているように、送金や決済のシステムは他の分野に応用できる。ＩｏＴ時代には様々な機器の間で多くの情報がやり取りされるようになるが、マイクロペイメントの仕組みはＩｏＴ機器の情報伝達にも応用可能で、仮想通貨の世界ではアイオタが目指している領域だ。キャッシュレスな支払い技術の開発や法整備が他の分野の進展につながるのであれば、より広い目で見て経済効果があるといえるだろう。

銀行の役割

銀行には様々な役割がある。私たちが預ける小口の資金（富裕層の皆さんには失礼だが）を大口の資金に変換する機能、預金といういつでも引き出せる資金をより長期の貸し付けにする期間の変換機能、企業などの貸付先の経営状況など数値化しづらい情報を金利などの数値化された情報に変換する情報生産機能、決済を行う機能などがある。このうち、決済は銀行の固有の機能であると考えられてきた。しかし、キャッシュレス経済では決済機能は銀行にとどまらず、もっと広い経済主体（ＰＳＰなど）が担うことができるようになる。ＥＵの改革では銀行による情報の独占も失われる。

電子通貨の時代になれば、電子通貨の設計にもよるが、銀行に口座を開く必要がない人がでてくる。特に、電子通貨に付利されるようになれば、ウォレットに電子通貨を入れておけば金利がもらえるようになる。銀行が預金を集めたいのであれば、より高い金利を提示しなければならなくなり、高い金利を支払うことができるような収益力が求められる。預金を預かり貸し付けをする業務はなくならないかもしれないが、証券を発行して資金を調達して証券に投資する業務の重要性が増すだろう。近年はプライベートバンキングに力を入れる銀行が増えている。金融に関する深い知識を富裕層に提供するものだが、今後はＷｅｂで簡単に情報が手に入り、発達した人工知能がレクチャーしてくれるようになる。もっと進んで顧客が勉強することなしに自動的に最適な資産管理をしてくれるサービスが登場すれば競争力を失う銀行が増えるだろう。

技術の発展により既存の産業の存在意義が失われるケースは歴史上何度も生じている。新技術と金融が融合したフィンテックの世界では、銀行だけでなく広く金融業界全体でゲームチェンジが起きるだろう。

金融政策への影響

金融政策とは物価の安定などの目標を実現させるために金融市場に働きかけを行う政策である。現金の管理も中央銀行の業務の１つだが、中央銀行の業務は多岐にわたり、金融政策は専門用語の塊だ。ここでは詳しく解説する余裕がないので、『ヨーロッパ経済とユーロ　補訂版』第12―13章などを見ていただきたい。

まずは、キャッシュレス化が金融政策に影響を与えるのか考えてみよう。実は2000年頃にも同じような議論があった。当時は電子マネーが普及し始めたころで、人々が電子マネーを使うようになり現金を使わなくなると、金融政策は影響を受けるのではないかという議論だ。特に、金融政策の効果が小さくなるのではないかという心配があった。現在も同じように、キャッシュレス化が進んで現金を使わなくなると、金融政策の効果が小さくなるのではないかという心配がある。

金融政策は大きく分けて引き締めと緩和がある（変化なしという選択肢もある）。金融引き締めとは、過度な物価上昇を止めるために経済活動を停滞させる政策で、金利を高めるように誘導する政策を実施する。金利が高くなると住宅ローンを組む人が減り、企業の設備投資も押さえられる。経済の先行き見通しは暗くなり、株式市場では株を買う人よりも売る人の方が多くなり、株価は下落する。賃金（給料）やボーナスの引き下げもあり得る。経済活動が停滞すれば、小売店は値上げをあきらめて、場合によっては値下げすることもある。もう一方のルートでは、金利が高くなれば外国から国内へと資金が移動して、為替レートが高くなる（日本の場合は円高になる）。そうすると輸出が減って輸出企業の業績は悪化し、一方で輸入品の価格は安くなる（「円高還元セール」などが起きる）。国内と国外の要因から物価の上昇は抑えられる。このようなルートを金融政策の波及経路という。図表6－3のような波及経路は一例であり、国によって、時代によって異なり、図表にはないルートもあり得る。

金融緩和は逆に金利を引き下げて、経済活動の活発化を図る。金利が低下すれば住宅ローンを組む人が増えて設備投資が増加する。株価は上昇して、為替レートは安くなる（円安になる）。輸出は増えて輸入品の価格は高くなり、物価は上昇する傾向にある。図表６－３の矢印を全てひっくり返せばよい。経済学の教科書ではそうなっているが、この想定は現実的ではない。図表６－３の矢印の向きは、株価や設備投資を表す式を作って金利で微分したら符号はどうなるのか、というイメージでとらえられる。そうすると、金利が上がった時と下がった時では政策の効果は同じで向きだけが逆になる。しかし、経済を形作っている人々の心理はプラスとマイナスで異なる。突然１万円をもらう喜びと、突然１万円を失う悲しみは同じ大きさだろうか。多くの人の場合、１万円もらう喜びよりも１万円失う悲しみの方が大きい。プラスとマイナスでは、計算式自体を変えなければならないはずだ。このような現象を非線形性という。難しい言葉はさておいて、これまでの観察からは金融引き締めは効果が大きいが、金融

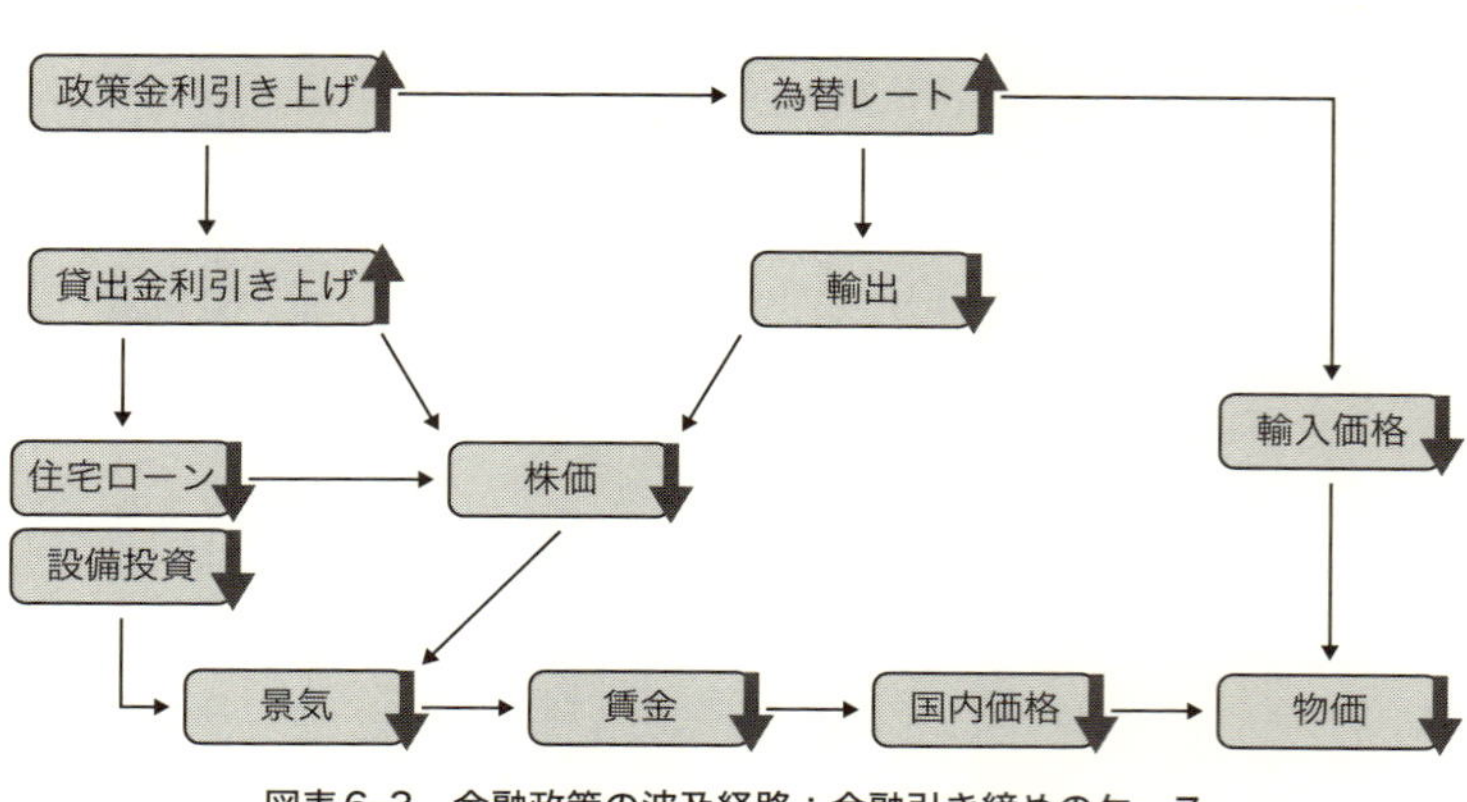

図表６-３　金融政策の波及経路：金融引き締めのケース

緩和は効果が小さい（またはほとんどない）ことが知られている。

図表6－3に戻ってキャッシュレス経済の波及経路を考えよう。今進んでいるキャッシュレス化は、個人が店舗で買い物する際に現金が他の手段に置き換わるということだ。住宅ローンを現金で支払っている人はほとんどいない（確認していないが、おそらく日本ではほぼいない）。企業間の支払いや国際貿易でも、もともと現金はほとんど、おそらく全く、使われていない。つまり、図表の多くの部分はキャッシュレス化とは関係がない。一番下の国内価格の部分に少し関係があるだけだ。株価が下がると悲しくなって消費が減るだろうが（これを逆資産効果という）、ここでの問題は現金払いの時とカード払いの時で株価下落の悲しさが変わるかどうかだ。金融引き締めの前に現金なら5万円、カードなら5万5000円使う人がいるとして、金融引き締め後に現金なら3万円、カードなら3万3000円使うのであれば、カードによる無駄遣い率は政策の前後とも10％で変わらない。金融引き締め後のカード払いが3万円まで減って無駄遣い率も変わるのであれば波及経路に影響を及ぼすことになるが、キャッシュレス化は波及経路にほとんど影響を及ぼさないといっていいだろう。もちろん反対意見もあるが、キャッシュレス化は金融政策に大きな影響を及ぼさないという研究が多いように思われる。

それではもっと進んで電子通貨の世界ではどうだろうか。これは電子通貨の設計が影響する。例えば、電子通貨に付利されて多くの人が銀行口座を解約すれば、銀行の活動は大きく変わる。銀行は波及経路の中では上流に位置するため、影響は大きい。図表5－1（188ページ）ではデンマークは電子通貨の発行に否定的となっているが、銀行口座の解約による金融市場の混乱や波及経路の予測不能な変動のリスクを考えているからだ。デンマークはユーロとの（ユーロが導入された1999年よりも前はドイツマルクとの）為替レートを一定に保つ政策を採っており、デンマーククローネとユーロとの為替レートは20年近くに渡って非常に狭い幅で推移している。ユーロが電子通貨になればデンマークも考えるかもしれないが、電子通貨による金融政策への影響を懸念している例といえる。

第5章で提案した電子通貨のシステムであれば金融政策や金融市場に大きな影響を与えずに済む。電子通貨に付利することになれば、小数点以下も認めなければならず、システムが複雑になることから、付利のないシステムが採用されるだろう。そうであれば、金融政策への影響はほとんどないといっていいだろう。

電子通貨とマイナス金利政策

電子通貨と金融政策の関係で最もよく言及されるのがマイナス金利政策だ。アメリカや日本で活発に議論されている。マイナス金利とは、通常の金利と異なりお金を貸した方が利子を支払うことをいう。非常におかしな現象だが、マネーマーケットや国債市場など日本やヨーロッパの金融市場で広く見られる。その原因がマイナス金利政策で、中央銀行が金利をゼロ以下に誘導している。

金融緩和には経済効果がないということだったが、金利をどんどん下げてマイナス金利政策を導入しても効果がアップするわけではない。[*11] そこで、電子通貨を導入して、電子通貨にマイナス金利を付利すれば経済効果が上がるのではないかと考えた人々がいる。ウォレットに入っている電子通貨が一定時間ごとに減るようにすれば、人々は電子通貨が減る前に使うだろう。そうすれば経済効果が見込める。そういうアイデアは昔からある。しかし、残念ながら机上の空論だ。あなたは一定時間ごとに減っていく電子通貨を保有したいだろうか。店舗はどんどん減っていく電子通貨を受け取りたいと思うだろうか。マイナス金利が課せられた電子通貨は、電子マネーや仮想通貨よりも価値が低いとみなされるようになり、電子マネーなら1000円だけど電子通貨なら1200円というような複数の価格が付けられるようになるだろう。電子通貨は鐚銭（びたせん、第8章309ページ）になる。国内のモノの価格は上がってデフレを脱却したように見えるが、それは誰も使いたがらない電子通貨で計った価格であり、その他のちゃんとした価値のあるもので計った価格が変わるわけではない。人々は、電子マネー、仮想通貨、外貨、貴金属、絵画等で退蔵しようとし、これらが日常の商取引で使われるようになるだろう。もう1つの解釈は、刻々と減っていく分は電子通貨の利用料だというものだ。電子マネーなど競合するサービスが無料で使える（本当は支払い情報を売る形で利用料を支払っている）中で、わざわざ有料の支払いサービスを使う人はいないだろう。いずれにせよ、電子通貨へのマイナス金利の付利には意味がない。

ちなみに、マイナス金利政策は経済を活性化させるどころか、経済を停滞させる。マイナス金利政

＊11　川野祐司（2016）「マイナス金利下のヨーロッパ経済」『証券アナリストジャーナル』2016年10月号。

策が実施されても預金金利がマイナスになるケースは多くない。一方で企業への貸付金利は低くなる。そうすると、預金を集めて貸し付けを行う銀行の収益は小さくなる。収益が小さくなり経営の余裕がなくなると、銀行は将来有望かもしれないが倒産するリスクが高い若い中小企業に融資したいとは思わなくなる。このような中小企業は株式や社債を発行できるほど金融市場で認知されていない。一方、将来性はないが惰性で何とか生きている企業にとってはありがたい環境だ。このような企業をゾンビというが、マイナス金利下ではゾンビは生き残りやすい。ゾンビ企業の優秀な人材や設備は、優秀な経営者の下に移動した方がよいはずだ。マイナス金利政策は経済活性化に逆行する政策といえる。

シニョレッジ

キャッシュレス化が進んで現金を使わなくなると、中央銀行のシニョレッジが失われるのではないか、電子通貨でシニョレッジを確保できるか、電子通貨に付利をすればその原資はどこから得るのか、このような議論はなぜか日本で人気がある。シニョレッジの把握の仕方にはいくつか考え方があり、紙幣の額面と発行コストの差を計算する発行説、中央銀行が保有している資産（国債など）からの収入（金利収入など）を計算する金利説（日本銀行が採用している方法）などがあるが、単純に中央銀行に入るあらゆる収入からあらゆるコストを差し引いたものと考えるのが妥当だ（北欧の中央銀行などが採用している方法）。

キャッシュレス化により現金の利用が減れば、現金に関わるコストが減少するためシニョレッジは増える。電子通貨は付利をするかなど設計にもよるが、付利がなく、ウォレットアプリなどの開発を民間に任せれば、同じようにコストが下がってシニョレッジは増えるだろう。中央銀行が挙げた収益は国庫に納められて社会に還元される（はずだ）。

日本はキャッシュレス経済に移行できるか

日本でもキャッシュレス化が進展するのか、という質問をよく受ける。日本では現金主義が根強いためダメなのではないかという趣旨だ。これまで本書では様々な国のキャッシュレス化を見てきたが、キャッシュレス化の前はそれらの国も現金主義だったはずだ（イギリスなど小切手が多く使われていた国もある）。人々の行動は、時には非常に早く変わる。水やお茶のペットボトルが登場した時にも、家庭で無料で作れるものをわざわざ外で買う人はいないだろうという観測があった。インターネットが登場した時にも犯罪に使われる怪しいものという見方があったし、オンラインショッピングに対しても当初は否定的な意見があった。それらのサービスは今では当たり前に使われている。第1章で紹介した韓国もカード促進政策により人々の行動が短期間で大きく変わった。第3章で見たように、現金主義といわれていた中国でもキャッシュレス化が急速に進んでいる。日本ではドローンに対する否定的な報道が多いが、そうしている間に世界では工場などでの活用が進み、アフリカでは医療用製剤などの配達に使われ、ヨーロッパではドローンレース欧州選手権が開催されるなどドローンの活用が進んでおり、日本は後れを取っている。日本人は外国人よりもイノベーションの活用が苦手というのは事実かもしれないが、利便性の高いサービスが普及しない理由はない。

日本では電子マネーの技術は早くから登場し、オンライン銀行の登場も北欧と同じ時期であり、キャッシュレス化を支える技術の面では世界に全く後れを取っていない。ということは、なぜ技術のある日本でキャッシュレス化が進まないのか、を考えればいいということになる。日本では現金の社会的コストが認識されていない。現金はいつでもタダで手に入り（現金を引き出す手数料が無料ということ）、店舗では閉店後に現金を数えて整理するのをサービス残業にすれば管理費がタダになる。近年では一部の銀行でATM手数料や両替手数料を取る動きが見られ、「現金はタダで使える」ものではなくなりつつある。

しかし、最も重要なのは、日本のサービスは利便性が低い、ということだ。第3章で見たように、日本の電子マネーはとにかく種類が多い。相互の接続サービスも不十分だ。日本のサービス事業者はユーザーの利便性を全く考えておらず、供給者の論理だけでサービスを展開している。ユーザーにとって最も便利なのはサービスが1種類に集約されていることだ。スウェーデンのSwishには多くの銀行が参加している。多くの企業が参加して1つのブランドを展開することは市場シェアを取りやすいだけでなく、ユーザーの利便性を高めることになる。キラーアプリの重要性はもっと認識されるべきだ。ライバルに対抗して新サービスを展開する、という発想自体、ユーザーの利便性を高めるという視点が欠けている。自分のことしか考えていない。そういうサービスが乱立すれば、面倒だから何も使わない、という人が多く出てくることになる。

キャッシュレス化のカギは店舗の獲得

キャッシュレス化の普及にはユーザーの獲得も大切だが、より重要なのは支払い可能な店舗数を増やすことだ。日本ではクレジットカードが使える場所が少ないが、最大の理由は店舗が支払う手数料が高いことにある。つまり、日本では非常に安い手数料を武器に新しいサービスを展開できるチャンスがある。そこで問題となるのがサービスの乱立と手数料だ。サービスが乱立すれば店舗はそれらのサービスに対応させる必要が出てくる。近年は複数の支払い手段に対応した決済端末も普及しているが、新サービスが統一ブランドの下で展開される方が店舗にとって管理が楽になる。ＰＳＰにとってはユーザーも店舗も顧客だ。顧客目線に立てばどのようなサービスを展開すればいいのかは明白だ。供給者の論理を押し付けても成功しない。

手数料の問題も解決すべき課題だ。第2章で見たように、Payconiq の手数料は1回当たりたったの6セントで、日本のクレジットカードや電子マネーの決済手数料よりもはるかに低い水準だ。手数料が高くてサービスを導入しない店舗にとってハードルが大きく下がる。決済手数料で稼ぐという発想は古い。例えば、インターネット上で広く普及しているサービスは無料で使えるものが多い。「検索1回につき100円」「メール送信1通につき100円」「写真の共有は1枚当たり100円」などというサービスがあったら利用するだろうか。これらのサービスは広告で収益を上げているが、データでも収益を上げている。決済手数料が１回当たり５円や10円で、月額利用料が無料のサービスなら導入したいという店舗は多いだろう。ＰＳＰは支払いデータを得ることができ、これをもとに収益を上げることができる。支払いデータが仕入れ帳簿などと連携して自動的に計算してくれる会計サービス、納税書類を自動的に作成してくれる納税支援サービス、マーケティング支援サービス、法務支援サービスなどをバンドルすることでそれらのサービス使用料を得ることができるようになり、異業種との提携というビジネスチャンスも得られる。資金の出入りを紙やＰＣへの手入力で管理しているところはまだ多いはずだ。支払いサービス提供を通じた店舗への手厚い支援がビジネスになるという発想の転換が必要だ。

日本でもモバイルペイメントが実現する

２０１８年は日本にとって重要な転機となる年だ。２０１８年6月には改正銀行法が施行されるが、その中にオープンＡＰＩ（Application Programming Interface）に関する項目がある。銀行以外の業者も口座の確認や支払い指図を出すアプリ（ＡＰＩ）を作ることができ、銀行はこれらのアプリの要求に応えなければならないというものだ。日本のＡＰＩには、口座残高の確認ができる参照系ＡＰＩと支払い指図を出すことができる更新系ＡＰＩがあり、参照系ＡＰＩはＥＵのＰＳＤ２のＡＩＳＰ、更新系ＡＰＩはＰＳＤ２のＰＩＳＰに相当する。２０１８年3月時点では、２０１９年3月までに参照系ＡＰＩには93行、更新系ＡＰＩには53行が対応する予定であり、２０２０年3月までには参照系ＡＰＩに１２０行、更新系ＡＰＩに85行が対応する予定となっている。[*12] 個人顧客だけでなく、法人顧客にも対応するという銀行も多く期待が持てる。ＰＳＰは電子決済等代行業者として金融庁に登録することになるが、登録業者を絞り込みすぎてイノベーションの芽を摘むことのないように期待したい。

もう１つの転機は２０１８年10月に予定されている全銀システムの改革だ。全銀システムは日本の多くの銀行が参加するクリアリングハウスであり、主に、１回当たり１億円以下の少額の決済に用いられている。１億円が少額なのか、という声がありそうだが、企業間の支払いや銀行間の支払いでは１億円はそんなに大きな額ではない。全銀システムでは８時半から15時半までをコアタイム、それ以外の時間帯をモアタイムと呼んでいるが、モアタイムの利用時間が24時間３６５日に拡大される。

この２つの改革を組み合わせれば、Swish のようなサービスが日本でも提供できるようになる。しかも、銀行以外の業者もＰＳＰになることができ、ユーザーは１つのアプリで複数の銀行口座を操作できるようになる。モバイルペイメントで個人間のお金のやり取りもできるようになる。「流行っているから」とか「他がやっているからうちも」という発想でサービスが乱立することだけは避けてほしい。ビジョンを持って取り組む企業や銀行が登場することを願いたい。収益予測とかコンサルタントが進めるからとかライバルに後れを取っているように見られたくないとか、このような発想では成

＊12　日経 FinTech、２０１８年３月号。

功しない。目先の数字にこだわるのは思考停止に陥っているからだ。なぜ新しいサービスが必要なのか、新しいサービスはどの面で私たちが直面する不便さを改善してくれるのか、新しいサービスは私たちの生活をどう変えるのか、このようなビジョンの設定は日本企業が苦手とするようだ。世界に普及している商品やサービス、長年にわたって人々に利用されている商品やサービスは、しっかりとしたビジョンに基づいて開発されている。読者の皆さんの頭にもいくつかの商品やサービス、企業名が浮かんでいるのではないかと思う。キャッシュレス化でもこのようなサービスや企業が現れることを期待したい。

4　△△年後の世界

本章の最後に、私たちの未来の姿を描いてみたい。ここでは、現在すでに実現している技術、近い将来実現しそうな技術、実現にはかなり時間がかかりそうな技術が混ざっている。せっかく未来の話を書くので、キャッシュレス以外の技術についても盛り込んだ。肩に力を入れず、空想小説として楽しんでほしい。

・・・

「新プラントへの資源投入量はこれくらいでいいだろう。想定人口は140人でいいか。資源の搬出元は・・・」

私は今、アモリスシティの都市計画を練っている。ウサギの顔の部分に当たる静かの海の近郊に建設される予定の小都市だ。明日は静かの海の中心都市、セントラル・トランキルでアモリスシティ建設に関する会議がある。普段は3Dホログラムで会議をする、というよりも会議などめったに行わないのに今回は人が集まって会議をする。単なる計画の検討にとどまらない何か重要な意味があるのだろう。

「今月はかなり仕事のペースが速いですね。すでに今月のペイアウトはプラスになっていますよ。」

「うん、会議の後は月末まで休暇を取ろうと思ってね。その分の旅費を稼がないと」。彼女は私が生まれた時からずっとそばで支えてくれているメンターロボットだ。私は30年前に生まれたいわゆる「新式人類」だ。私は人工子宮で生まれ、その後も1年間成長ボックスで育てられた。成長ボックスでは体細胞成長プログラム、脳細胞成長プログラム、免疫獲得プログラムなどを受け、脳内に記憶領域チップなどいくつかのチップが埋め込まれる。1歳でボックスを出ると成人となり、メンターロボットと生活をはじめる。私は政府に月面都市建設と地球資源管理を担う役所で働くように任命された。といっても役所に行くのは年に1度くらいで、普段は自宅で仕事をしている。仕事の状況や成果はネットワークを通じて共有されている。ほとんどの新式人類はメンターロボットと生活しているが、旧式人類の多くは家族という小集団を形成して生活している。

「まとまった休暇を取るのは珍しいですね。アモリスシティ建設予定地の視察でも？」

「うん、それもあるけど他にもいろいろ巡ってみたくてね。」

ペイアウトとは生活にかかる費用と仕事による収入のバランスを指している。ペイアウトは1時間ごと、1日ごと、1カ月ごとなどを基準に計算されるが、一定期間マイナスが続くと政府による強制労働が待っている。ペイアウトがマイナスにならないように、数分だけ、1タスク分だけ働くこともある。マイクロワーキングと呼ばれる方法だ。私のように多めに働いてまとまった休暇を取ることもできる。

「そろそろ昼食を取らないと、軌道エレベーターの時間に間に合わなくなりますよ。」

「そうだね。この後は移動だから多めに食べようかな。」

「分かりました。食事は5分後です。テラスで食べますか？」

メンターロボットが今日の私に必要なエネルギーや栄養素を計算し、私の好みも勘案して昼食の献立を立てて食事センターに注文を出すと、数分で自宅に食事が届く。最近は旧式人類の生活様式が流行っていて、食材を買って自宅で調理する人もいる。ノスタルジーというやつだろうか。

テラスで食事をとりながら出張準備の話をする。「それでは滞在日数は15日間でいいですね」。メンターロボットはセントラル・トランキルのホテルに私の情報を送信している。といっても、送信するのは私のＩＤナンバーと日数の情報だけだ。私に関する情報はデータベースに登録されていて、衣服を作るための体のサイズや医療データ、食べ物の好みなどはＩＤを見ればわかる。昔は旅行のために衣服などを持ち歩いたというが、今ではそんな人はいない。衣服はホテル近郊の工場で作られ、必要な分だけホテルに届けられる。脱いだ服は工場で洗浄され、布地に戻される。

「アモリスシティの人口140人は多すぎではないですか？　都市の規模からいえば60人くらいでもいいのでは？」

メンターロボットの指摘はもっともだ。生活に必要なものを作る工場には人は必要ない。生活必需品だけでなく、ほとんどの製品やサービスの生産はロボットが行っている。ロボットの生産もロボットが行う。都市機能の維持に携わる人はいるものの、数人で十分だ。街にとって人の存在は単なる象徴に過ぎない。しかし、今回は多めの人口を設定するように指示されている。今回は会議の設定とい い、変わった指示といい、やはり何かの意図があるのだろう。

「今回の会議ではお父様に会えますね。」「うん、どんな人か楽しみだ。」「お父様が書かれた本があるのですが、私たちのことが載っているんですよ。」

私にも遺伝上の『父親』はいるものの、一度も会ったことはない。人類は20年戦争で大きく数を減らしたため、私のような新式人類が人工的に創られるようになった。私は第1号だから旧式人類の生殖細胞を利用して創られた。つまり『父親』がいる。とはいっても私の遺伝子は数百カ所も書き換えられているのだから、親子といえるのか難しいところだ。新式人類が生まれた後には旧式人類の大量自殺が起こり、現在の人口は5億人に保たれている。

「それは面白いね。その本を持って行こうか。」「本を脳内チップに送信しますか？」「いや、今回は紙の束を持ち運ぶことにするよ。月までのシャトルでゆっくり読んでみよう。」

話をしているうちに、タクシードローンがテラスにやってきたので乗り込む。昔は人が乗り物を運転していたそうだ。荷物は本１冊だけだ。思った通り、軌道エレベーターはすいている。朝夕は混む。午後にしたのは正解だ。月までのシャトルは３時間、ちょうどいい暇つぶしになる。シャトルが動き出した。地球を離れるのは久しぶりだ。

「本のタイトルは『キャッシュレス経済』か。出版は・・・２０１８年！　60年も前じゃないか。ということは、『父親』は１００歳を超えているのか。」

「体や脳のパーツを入れ替えながら長生きしているみたいです。旧式人類の長生きは珍しいですね。旧式人類でも５００年くらいまで寿命を延ばせるそうですよ。」

「この『キャッシュ』というのは何かな？　聞いたことがないな」。すぐにメンターロボットが調べてくれる。

「キャッシュは今でいうペイアウトの道具みたいですね。働いたり何かを売ったりしてキャッシュを手に入れてそれで必要なものを買って生活していたみたいです。１００年くらい前は紙や金属をキャッシュとして使っていたみたいですよ。」

旧式人類はずいぶんと無駄なことをしていたものだ。つまり、食事やシャトルでの移動と引き換えにキャッシュというものを渡していたわけだ。古代の物々交換と同じではないか。今では私たちの行動はすべてデータベース化され、ペイアウトが自動的に計算される。キャッシュなどというものを持ち歩くことはない。

「旧式人類の世界ではキャッシュを手に入れるために他の人と競争したり、いがみ合ったりしていたそうです。」

大変愚かなことだ。それで20年も戦争したのか。キャッシュのない今では経済や社会の日々の運営は人工知能が担っており、大まかな計画にだけ人間が関わるようになっている。旧式人類はとかく自分と他人を比べたがる。意味のないことだ。本の内容はキャッシュが使われなくなりつつあるということのようだ。「教育」という言葉が時々出てくるが・・・少し飛ばして第7章を見てみよう。「人生は子供時代、現役時代、退役時代の3つを経る」。なんだ、これは。

「旧式人類は成長ボックスを使わなかったので、成長に時間がかかったようです。様々な知識も自分で覚えて脳細胞ネットワークが自然と形成されるのを待っていたようです。教育では親や教師などの周囲の人間が重要な役割を担っていて、キャッシュの量も教育に影響したそうです」。メンターロボットは私が頭の中で考えていることも察して情報をくれる。人間が教育をするということは、教育が得意な親や優秀な教師にたまたま出会えば十分な教育が得られ、そうでなければ十分な教育が得られないということだ。旧式人類の世界では人生の多くの部分が偶然に左右されていたようだ。しかし、必要な知識を得るのに22年間もかかったのか。退役時代というのは・・・どうやら脳や体が衰えて働けなくなる時代のことらしい。昔はパーツの交換ができなかったからだな。新式人類は私が最も年長で30歳。数十年後の私や未来の世界はどうなっているのだろうか。

「面白いのはその前の章です。最後の方に私たちのことが書いてありますよ。」

どれどれ・・・確かに、私たちのことが書いてある。アモリスシティの名前まで登場している。相当な予測力だ。当時の旧式人類たちはこの本を読んでどう思っただろうか。

「静かの海到着まであと5分です。到着したらすぐにホテルに行きますか？」「いや、アモリスシティ建設予定地を見てからホテルに行くことにするよ。」

シャトルが着陸態勢に入った。『父親』に会うのがますます楽しみになってきた。

第7章

キャッシュレス時代の金融教育

キャッシュレス経済では現金のような物理的な支払い手段がなくなるため、特に子供に対する教育は工夫が必要となる。日本ではこれまで十分な金融教育が行われてこなかったため、子供だけでなく大人も金融についての知識が欠けている。そこで、本章ではキャッシュレス経済から少し脱線して、ライフプランとマネープランの考え方を紹介する。

1　どうして金融教育が必要か

「お金」に関する話はタブーだとされてきたために、ほとんどの人は適切な金融教育を受けていない。金融教育というとお金を増やすための小手先のテクニックだと思われがちだからという理由もあるだろうし、金融教育を受けたことがない人が大部分であるために子供に何を教えていいのか分からないという人も多いだろう。実際に、世の中には「確実に稼ぐ方法」や「私は1億円稼ぎました」などの広告文句が流布している。金融屋とか守銭奴とかいうかなり悪いイメージの言葉もある。マスコミは株価が上がっただの下がっただのという話題で大盛り上がりで、証券会社に勤めている人へのイメージは今でもあまり良くないらしい（これまでひどい営業を行ってきた証券会社の責任もあるだろう）。結局、金融とはFXや株で儲けるということか、となっても仕方がない。筆者の周囲でも、つまり大学教授や研究者の間でも、「株で100万円儲かった」などの話をする人がいて、まるで競馬で儲かったかのような話題として扱われている。つまり投資はギャンブルなのであって、ギャンブルは身を持ち崩すことだから、できるだけギャンブルから遠ざかるべきだ、となる（ギャンブルから遠ざかるのは正しい判断だ）。このような環境の中では、自分の子供を「金融」という言葉にも近づけたくない、という思いが強くなる一方だろう。

また、第8章で見るように、多くの文化圏で生活の糧は労働によって得るものだという固定観念が根強いことも金融教育の普及を阻んでいる。しかも、「額に汗水たらして」という言葉があるように、この場合の労働は肉体労働を指していることが多い。肉体を動かさないでお金を稼ぐのは邪悪なことだという先入観が何世代にもわたって刷り込まれているために、そもそもお金のことを知りたいとも思わなくなっている。

金融教育を受けないと生きていけない、というわけでもない。そういう意味であらゆる教育機会に対して人生に直接関係ないものは不要だ、という意見もあるだろう。考え方は人それぞれだから教育を否定する人を説得しようとは思わないが、筆者は物質的な意味だけでなく精神的な意味も含めて豊かな人生を送るためには教育や勉強は不可欠だと強く信じている。読者の皆さんも多かれ少なかれ教育や勉強の必要性を感じているからこそ、この本を読んでいるのだと思う。宇宙の仕組みや歴史を学ぶことは今日一日を生きていくのには必要がないかもしれない。私たちの体が粒からできているのか紐からできているのかなど関係のないことだ。しかし、様々な角度や分野から私たちが住む世界の仕組みを知ろうとすることは意義のあることだ。私たちの経済社会においてお金は重要な役割を果たしている。それなら金融について学ぶことは社会の仕組みを学ぶことでもある。

金融教育の話をしようとすると、「お金が全てではない」という反論を受ける。これは真実だ。人生はお金が全てではなく、価格で表現できないものもある。だからといって、無知であっていいわけではない。「あなたやあなたの子供が金融の知識がないために貧しい人生を送っていいのか」「あなたやあなたの子供が特殊詐欺に遭って心に傷を負いながら老後を過ごすことが幸せなのか」と再反論してみると金融教育の必要性が分かる。金融教育は単に教養を深めることにとどまらず、自分や家族の大切な財産を守って管理する知識も得ることができる。特に「守る」という部分を強調したい。近年、特殊詐欺による被害が高齢者に多くみられる。ニュースで詐欺の手口を聞いて、なぜこのような簡単なトリックに騙されるのか不思議に思うだろう。一方で大学生も様々な詐欺に遭い、最終的に借金に追い込まれるケースが後を絶たないことから、詐欺は年齢の問題ではない。金融や法制度の簡単な知識があれば防げたケースも多い。特に、子供のうちから経済や法に関する教育を行う必要性を強調しておきたい。

金融教育は子供の成長に応じて徐々に積み重ねていく必要がある。金融に関する法制度は変わり、新しい金融商品が次々に開発されていくことから、大人への教育も必要であり、老後を控えた世代には年金などの知識も含めたマネープラン再教育が必要となる。老後を控えた世代への再教育については、大手企業などでは研修を実施しているようだが、筆者は高い費用をかけた研修が本当に役立っているのか、プログラムの内容を定期的に見直しているか、研修の効果を測定しているのかなどの点が非常に気になる。研修を実施すること自体が目的となってしまい、「講師にお任せ」となっていないだろうか。

金融教育では、収支の管理から資産目標の設定、金融商品の基礎知識など専門的な内容を徐々に学んでいくが、心理学的な面も欠かせない。マネープランでは20年や30年、子供たちへの教育では50年を超えるような長期を対象とする。長い人生の間には慢心がはびこるブームやパニックが引き起こすバストが何度も生じる。詐欺の多くは簡単に利益を得られますよ、と誘いかけて心理的なスキを突いてくる。医者は詐欺のカモになりやすいという話を聞く。筆者はデータを持っているわけではないので真偽は不明だが、プライドが高いために騙されたかもしれないと思っても相談しないのだとか。あり得る話ではあるがここで重要なのは、問題を感じたときにどうやって確認するのかということであり、相談窓口や診断ソフトを気軽に利用できる体制づくりが必要となる。

マネープランと心理学的な面を同時に説明するのは難しいが、長期の統計データは有用なツールだといえる。最近は心理学的な面を取り入れた行動経済学の知見も多く知られるようになっている。ただ心理学的な側面については本書の対象外とさせていただきたい。どのような分野でも質の低い教育にはあまり意味がないように、金融教育でも質の高い教育が必要であり、安っぽいビジネス本や怪しげなWebページではなく、きちんとしたテキストを選ぶことが何よりも重要だ。本章の最後でいくつかテキストを紹介する。

筆者は大学で1年生や2年生に向けて本章で説明するようなライフプランとマネープランの話をするが、学生たちからはもっと早い段階でこの話を聞きたかった、という感想を聞く。全くその通りだと思う。遅くとも高校2年生までにはライフプランについて考えさせるべきだと思う。金融教育は最終的には「なぜ勉強するのか」「大学に行く理由は何か」などの問いにもつながる。読者の皆さんは子供から「なぜ勉強するのか」と聞かれて明確に答えられるだろうか。本章を読んだ後なら少なくともマネープランの観点からは明確に応えられるようになるだろう。繰り返しになるが、お金が全てではない。経済的により豊かになるために大学に行くのは良い判断だと思うが、人生における価値尺度はお金だけではない。あえて大学に行かないという選択肢もある。[*1]

2　ライフプラン

人は、子供時代、現役時代、退役時代を通過する。全ての時代で消費活動を行うという点は共通しているが、消費に必要なお金は誰が手に入れるのか、消費計画の方法などそれぞれの時代で経済学的な特徴が異なる。まずは、それぞれの時代の特徴とどのような金融教育が必要なのか見ていこう。本章では投資という言葉が出てくる。投資には株式などの金融商品を買うという意味と企業の設備投資を指すこともあり混乱しやすいので、金融商品を買う行為を金融投資と呼ぶことにする。

子供時代

子供時代は消費活動をするものの、その費用は親など他人に依存している状態を指す。一般的には、生まれてから高校や大学を卒業するまでの期間を指す。子供時代には人とのかかわり合いや社会の仕組みなどを学び、自らの能力を高めていく。能力は学業成績にとどまらず、体力や創造性なども含めて幅広く捉え、習慣なども含めて考えてよい。子供時代の習慣に関して必ずといっていいほど言及されるのかマシュマロテストだ。これは4歳の子供を対象にしたテストであるが、子供時代のテストだけで終わらずにその後の状況を追跡調査して相関関係を明らかにしようとしたところに意義がある。テストは以下のように行う。4歳の子供に実験者がマシュマロを1つあげる（アメリカのマシュマロだからかなり大きいと思う）。実験者はその後部屋を出て子供は一人残されるが、その際に「マシュマロは食べてもよい、ただし戻ってくるまで食べないで待っていたらもう1つマシュマロをあげる（つまりマシュマロを2個食べることができる）」と伝えておく。15分ほど子供を1人にしておき、その間にマシュマロを食べるかどうかを観察するという実験だ。だいたい3分の2の子供がマシュマロを食べたそうだ。その後の追跡調査では、学業成績や年収に明確な差があるという。もちろんマシュマロを食べなかった子供の方がいい成績を収めている。

4歳が対象なのは条件を理解するために一定の成長が必要だということかもしれないが、マシュマロを食べるかどうかはIQのような情報処理能力よりも自制心によるところが大きい。自制心や我慢

＊1　近年、先進国では大卒などの高学歴者であっても十分な収入が得られる職業に着けるとは限らない。例えば日本では高卒者への求人はかなり多く、人手不足になっている。重い学費負担や大卒者が必ずしも所得の高い職に就けるとは限らないことなどを考えると、あえて大学に行かないという選択が経済的に合理的であるケースもあるだろう。

は経済学では時間選好率という。時間選好率が高い個人は将来よりも現在を優先させる。時間選好率は個人の消費や投資に関わる研究から、国際収支の状況まで様々な場面で使われているが、なぜ人によって時間選好率が異なるのか、という問いには経済学は答えていないようだ。

このテストでは子供たちは何分我慢すればもう1つマシュマロをもらえるのか分からない。15分後にもう1つもらえることが事前に知らされていれば、もっと多くの子供が2つ目のマシュマロをもらえただろう。つまり、いつ結果が出るか分からないが現時点で努力をしなければならない、という課題をクリアできるかどうかがこの実験のポイントだ。いつマシュマロがもらえるか分からないという意味で将来は不確実であり、目の前にマシュマロが1個あるという意味で現在は確実である。不確実よりも確実を好むことを危険回避者というが、経済学の世界では家計が危険回避者、金融機関が危険中立者、企業が危険愛好者となり、三者の間でリスクが配分される。人は不確実な状態よりも確実な状態を好みがちであり、不確実な将来のために努力するためには何らかの要因や誘因が必要となる。この場合は、生まれてから4歳までの教育や生活習慣ということになる。我慢をすることは子供にとって（大人にとっても）つらいことだが、そのつらさを乗り越えるといいことがある、という経験をさせることが大切だということを表している。三つ子の魂百までという諺があるが、マシュマロテストはこの諺の証明の1つといえる。なお、Google scholar で検索した限りでは、日本人を対象とした実験の論文はヒットしない。

子供時代は働いて所得を稼がず、生活費や教育費などのコストを自分で負担しないため、収入と支出のバランスのコントロールを実感することが難しい。そこで小遣い制やお年玉の管理などを通じて収支のコントロールを学ばせる必要がある。また、チラシを切り取ってお店ごっこをするのもいいだろう。何かを買えばお金は減り、何かを売ればお金が増えることを体験できる。スーパーのチラシなどを使えば、食品などの相場観を養うこともできる。このような教育の際に、現金社会であれば硬貨や紙幣を手に取って支出や残高を視覚的に認識することができる。貯金箱の重さなどの感覚も役立つだろう。キャッシュレス経済の下では物理的な形や重さなどの感覚情報は得られないため、視覚情報をうまく利用した適切なアプリを探す必要がある。自作のトークンも役立つだろう。子供が作る「お手伝い券」も一種のトークンだ。年齢が低いうちは子供だけでの買い物をしないようにさせればトークンでも資産管理できる。月払いの小遣いなどに加えて、家事の手伝いなどに応じてトークンを渡すのもいいだろう。ＲＦＩＤタグやアプリを連動させて親がトークンの管理を簡単にできるような商品の開発を望みたい。子供時代にはお金は親が渡すため、定期的な収入は子供にとっては天から降ってくる当然の権利に見える。お金を安易に子供に渡さず、例えば欲しいものの価格が高ければ現在の消費を我慢して必要額が貯まるまで待つなどの経験をさせることが必要となる。貯蓄の重要性を学ばせることが大切である一方、小遣いの前借は最悪で将来借金癖が付くことになる。

　中学生くらいになれば、小遣いの管理に加えてライフプランについて少しずつ話をしてもいいだろう。１カ月当たりの生活費はどれくらいかかるのかなどの身近な話題から始めて、人生における様々なイベントとそれにかかる費用、職業観の形成など徐々にトピックを広げていく。ＥＵでは中学生あたりから学校と企業との接続が意識され始める。[*2] 世の中にはどのような仕事があるのか、人は社会とどのようにかかわっていくのか、などの意識を高める必要があるだろう。本書のテーマからはずれるが、若年層の流出に直面する地方では、自治体、学校、商工会議所などが連携して効果的な職業観形成プロジェクトを実施する価値があるだろう。

高校生ではより専門的な知識を習得する必要がある。いわゆる金融リテラシーである。例えば、クレジットカードやデビットカードの仕組み、資産運用とギャンブルとの違い、社会保障とは何か、などを勉強していく時期だ。また、本節や次節で扱うライフプランやマネープランについて学ぶ時期でもある。メディアでは価格の高いものや浪費がもてはやされる。このような間違った情報を真に受けると、現役時代のマネープランが破綻しやすくなる。公式な統計データはＷｅｂで簡単に手に入るため、統計を用いながら話をすれば経済感も養うことができるだろう。また、ライフプラン教育として、25歳や30歳の時にどのような大人になっていたいのかを考えさせるのがいいだろう。職業だけでなく、どこに住んでいるのか、誰と住んでいるのか、休日は何をしているのか、など想像させる。家の間取りなどを考えると作業が楽しくなる。子供が考えることなので現実離れしていても構わない。大人の目線で否定するのではなく、より突っ込んで調べさせるのがいいだろう。弁護士になりたいという子供にはどうしたら弁護士になれるのか、服などのバイヤーになりたい子供にはどのような知識が必要になるのか、などをより具体的に調べることが進路決定にも役立つだろう。

この時期にはアルバイトをするケースも出てくるだろうから、収支の管理や計画について再教育する必要もあるだろう。筆者は高校生の時期にアルバイトをするのは貴重な資源である時間を浪費することであり、大変もったいないことだと思う。一方で高校生が欲しがるものの中には価格の高いものもあるだろう。高レベルの支出を維持するために収入を増やすのではなく、収入に応じたレベルまで支出を減らすことを学ぶ方が現役時代を迎えるにあたってより望ましい。

現在は大学や専門学校などが最終学歴になる人が多いため、子供時代も20代にまでずれ込んできている。この時期には生活費や学費の一部を自分で負担するケースもあり、子供時代と現役時代が少しずつ重なる時期でもある。収入や支出の金額は大きくなりがちであり、金融リテラシーの知識を実践する段階でもある。この時期にはより具体的な知識が必要となる。クレジットカードのリボルビング払いはポイントがたまって得だと思っていたり、月々の支払いが一定になり有利だと思っていたりする学生がかなりいて驚かされる。リボ払いは多額の金利を支払うものだということが理解できていない。Webのカード比較サイトを見てポイントが多くたまるから、という理由でカードを作るが、そのカードはリボ払いがデフォルトだとかリボ払い専用カードだとかいう情報は比較サイトには載っていない。ただし、筆者は学生にクレジットカードを作ることを進めている。クレジットカードを作ることで信用情報機関に個人データが作成される。データがない状態で年を重ねていくと、どこかの段階でローンが組みにくくなる可能性がある。カード払いが怖い、と感じるのならば年会費無料の学生

＊2　ＥＵにはRegiostarsという地域の取り組みを表彰する制度があり、子供たちの教育に関するプロジェクトも紹介されている。ＥＵのホームページで過去の様々な取り組みを見ることができる。

用カードを奥深くにしまって持ち歩かないようにすればよい。そうすれば延滞がない人として認識される。

日本学生支援機構などの貸与の奨学金とアルバイト代を同じ口座で管理するのも問題がある。お金には色が付いておらず、口座の中の借金である貸与奨学金と所得であるアルバイト代を分けることは難しい。借金と所得を別々に管理することは支出を抑制することにつながる。色の付いてないお金に心の中で色を付けることをメンタルアカウントという。行動経済学ではメンタルアカウントは非合理的な行動として説明されるが、収支管理の面ではメンタルアカウントを大いに利用したい。

国民年金の学生特例納付制度を本人に申請させることも、社会保障制度を意識させるという点で教育効果がある。年金の仕組みを学ぶいい機会だ。

人間の習慣は簡単には変えられない。年をとっても若いころの習慣から抜けきれないという経験があるのではないだろうか。子供時代の金融教育の成果は一生を左右する。子供たちが偶然まともな経済観念を身に付けるのを期待するのではなく、きちんと知識をつけて実践することが子供時代に求められる。

現役時代

現役時代には働いて所得を稼ぎ、それを日々の消費に使いつつ、退役時代に備えて貯蓄を行う。これら三者の間には、所得=消費+貯蓄という関係があるが、よく言われているように、貯蓄=所得−

消費ではなく、消費＝所得－貯蓄と置き換えることが重要だ。同じ式のように見えるが、前者の式は受け取った給料のうち消費を行った後に残った金額を貯蓄に回すという意味であり、後者の式は給料を受け取る際にまず一定額を除いて貯蓄に回してから残りの金額で消費計画を立てる、いわゆる天引き貯蓄を表している。貯蓄が貯まりやすいのは後者であることは疑いがない。現役時代に必要なのは所得を消費と貯蓄にどのように配分するのかを考えることにある。

そのためにはまず、現役時代にどのような費用が必要になるのかを知ることが大切である。表７－１に主な費用の一覧を挙げた。必要な費用は、居住する場所や生活スタイルなどに依存して決まる。地方に住め

図表7-1　現役時代にかかる主な費用

項目	費用
生活費	単身世帯（月額）：17万0816円 ２人以上世帯（月額）：31万2926円
住宅購入費	一戸建て：2670-3646万円 マンション：3308-4754万円 修繕費：1039-2081万円
教育費	高校卒業まで：540-1770万円 大学生（学部４年間）：440-956万円
自動車	車両：180-3000万円 維持費：600-3660万円
結婚式	196-399万円

注：教育費は授業料なども含む、大学生の場合は授業料の他に家賃なども含む。自動車の車両は30-500万円×６台、維持費は１年当たり車検費用2万-5万円、駐車場0-36万円、任意保険1-5万円、燃料費7万-15万円×60年で計算。

出所：総務省統計局『家計調査』、『労働力調査』；生命保険文化センターホームページ；小松幸夫・遠藤和義「戸建て住宅のライフサイクルコストの推計」『日本建築学会計画系論文集』第534号；文部科学省『平成28年度子供の学習費調査』；日本学生支援機構『平成26年度学生生活調査』；ゼクシィ『ゼクシィ結婚トレンド調査2016』

ば住居にかかる費用は低くなる一方で、日々の移動のために自動車を保有する必要が出てくる。図表7－1は日本全体の平均であり、あくまでも目安にすぎず、個々人のライフプランによって数値は大きく異なる。特に、結婚するかどうか、子供を育てるかどうかは経済状況に大きく影響するが、子供時代から現役時代に移る時点では不確定なことが多いため、とりあえず費用を見込んでおいた方が無難だ。特に教育費は大きな金額になりがちであるため、パートナーができたらライフプランについてよく話し合う必要がある。

図表7－2は1カ月当たりの支出の内訳を表している。この数値もあくまでも日本の平均であり、個人差が大きい。例えば社会人大学院に通っている単身独身者の教育費は高くなるだろう。また、住居費は親から持ち家を相続して費用がほとんどかからない人やアパートを借りてかなりの家賃を払っている人など様々なパターンの平均になっている。2人以上の勤労世帯の時系列データを見てみると、

図表7-2　勤労世帯の月々の消費支出（2017年）

項目	２人以上世帯	単身世帯
食料	7万4634円	4万2623円
住居	1万8576円	2万7396円
光熱・水道	2万1135円	9288円
家具・家事用品	1万0965円	3896円
被服及び履物	1万3206円	7124円
保健医療	1万1511円	6166円
交通・通信	4万9496円	2万4113円
教育	1万9161円	16円
教養娯楽	3万0560円	1万8710円
その他	6万3681円	3万1486円
貯蓄	9万8166円	9万0586円

出所：総務省統計局『家計調査』。

月額収入は2000年の52万6331円から2017年の49万4142円に傾向的に下がっている。それに合わせるように消費支出も2000年の34万0977円から31万2926円へと下がっている。収入が増えるかどうかは個人差が非常に大きいが、日本の平均を参考にするならば収入がどんどん増えて消費がたくさんできるようになる、というライフプランは立てない方がよい。なお、この数値は勤労世帯のものであるので、とりあえずは高齢化の影響は除外されていると考えてよい。

現役時代の費用は生活費のように日々定期的に発生するものと、住宅の購入や結婚式の費用、自動車の買い替えなど一度だけ、または数年おきに発生するものもある。また、医療費などそもそも発生するかどうかが不明確なものも含まれる。大きな病気や交通事故などに遭うと働けなくなって所得が減少するリスクもある。これらのリスクに対処するためには一定額の貯蓄と保険が必要となる。

現役時代の貯蓄は退役時代に向けた資産形成と病気などのリスクをカバーするための生活費補填用の2種類に振り分ける。補填用については、生活費の6カ月分から1年分くらいが望ましいとされているが、いきなり生活費1年分を目指すのではなく、保険を活用しながら月々の消費の節約分などから徐々に貯めていくのが現実的だろう。退役時代に向けた資産形成は所得や老後にどのような生活をしたいのかによって決まってくる。20歳の人が70歳の自分を想像するのは不可能に近いが、ざっくりとした資産額の目標を決めておくのがいいだろう。

保険については日本人は保険に過剰に加入していることが指摘される。例えば、30代で補填部分の貯蓄を確保している単身者が加入すべき生命保険はあまりない（自動車の任意保険は必要だ）。一方で、同じ30代であっても子供が生まれたばかりで貯蓄が少なければ生命保険の重要性は高い。自分が死亡したときに子供の教育費を残す必要があるからだ。しかし、子供の成長に応じて必要保障額は低くなるため、定期的な保険の見直しは必要になる。また、資産形成分も含めて貯蓄額が大きくなれば、医療保険も含めて保険の必要性は小さくなる。

いずれにせよ、現役時代には所得を消費と貯蓄に適切に配分するための消費計画が必要で、子供時代と同じように限られた金額の中で支出する習慣がカギとなる。現金社会では、例えば1カ月に8万円使う人が毎週2万円ずつ口座から降ろしてその範囲で使うことが比較的容易にできる。財布を見れば残り金額は一目瞭然で、直感的に収支を判断できる。キャッシュレス経済では現役時代の消費計画がより難しくなる。財布に現金はなく、画面上に数字が表示されているだけだ。クレジットカード、電子マネー、モバイルペイメントなど支払方法が複数あっても支出額をまとめて表示するアプリが欠かせない。

図表7-3　男女別・正規非正規別の年収分布（%，2017年）

	男性・正規	男性・非正規	女性・正規	女性・非正規
100万円未満	1.2	26.9	5.0	44.3
100-199万円	4.6	28.8	15.5	38.8
200-299万円	14.2	22.5	28.1	12.5
300-399万円	19.8	12.1	22.8	3.0
400-499万円	18.1	4.6	13.0	0.8
500-699万円	22.7	3.2	11.1	0.4
700-999万円	14.1	1.4	3.8	0.1
1000-1499万円	4.4	0.3	0.7	0.1
1500万円以上	1.0	0.2	0.1	na

出所：総務省統計局『労働力調査（詳細集計）』、naはデータなしを表す。

収入についても見ておこう。図表7－3を見ると、男性・正規では年収5―600万円台、女性・正規では200万円台が最も多いことが分かる。正規社員の場合、若いうちは年齢に応じて年収は増加し、50歳代でピークを迎えてその後は低下していくというカーブを描く。一方で非正規社員の場合は年齢が上がっても年収が増えない傾向にある。40歳を過ぎてから子供が生まれると、最も教育費がかかる大学生の時期に自分の収入が減少することになるため、教育資金の準備が必要となる。

なお、家計調査によると2人以上の勤労世帯では毎月7万6400円貯蓄を行っていることになり、1年間では91万6800円を貯めている。その大部分を預金で保有しているが、適切な資産運用が欠かせない。

退役時代

退役時代には消費活動を行うが、消費には現役時代の貯蓄を充てることになるため、現役時代の貯蓄額が経済的な水準を決めることになる。なお、賦課方式の日本では年金は自分の貯蓄ではなく、現役世代からの拠出によって支払われている。悪い言い方をすれば、現役世代から搾取して消費しているともいえる。退役時代に搾取が許されるのは、自分が現役時代に搾取されてきたからだ、という理屈で運用されている。筆者はこの考え方、つまり賦課方式はおかしいと思っているが、現行制度を前提にライフプランを考えるしかない。

退役時代の生活費は2人以上の世帯で月額24万7701円、単身世帯で15万4472円になる。現役時代に比べて支出額が低下しているが、これは収入の低下に関係している。図表７－４は退役時代の収入の推移であるが、年齢を増すごとに減少していく。男性の平均額２９７万円は年金収入の平均だと誤って報道されることもあるが実際には給料も含まれている。60代は働いている人も70代、80代になるとは退職することが多いため、収入が減少する。また、企業年金には期限が付いていることも多く、ある時点で打ち切りになって収入が減少する。企業年金の有無や仕組みは企業ごとに異なるため、よく調べておくことが必要だ。期限付きなのに終身年金だと思っているとライフプランが大きく揺らいでしまう。

年収で２４０万円ということは月額で20万円に相当する。実際にはここから税金等が差し引かれるため可処分所得は20万円を下回る。退役時代には一緒に暮らすパートナーがいるかどうかが経済

図表7-4　退役時代の年齢別年収（万円、カッコ内は年金収入）

	男性	男性単身	女性	女性単身
65-69歳	335.0 (225.8)	237.7 (177.6)	164.8 (130.7)	195.4 (147.1)
70-74歳	321.9 (250.1)	244.5 (188.8)	146.0 (128.0)	176.2 (151.0)
75-79歳	284.5 (247.5)	245.0 (217.1)	140.8 (129.4)	184.4 (168.9)
80-84歳	242.3 (223.9)	233.5 (213.7)	146.3 (179.1)	179.1 (168.5)
85-89歳	247.3 (229.5)	262.0 (237.9)	150.3 (177.9)	177.9 (168.6)
90歳以上	226.4 (213.3)	206.4 (200.2)	142.8 (161.9)	161.9 (154.3)
65歳以上平均	297.3 (239.0)	240.5 (199.6)	149.8 (180.1)	180.1 (161.2)

出所：厚生労働省『年金制度基礎調査（平成30年）』。

水準を大きく左右する。生活費を分担できれば結婚する必要はない。

なお、年金は65歳から受給できるが、65歳よりも早く受け取る繰り上げと65歳よりも遅く受け取る繰り下げがある。厚生労働省の『厚生年金保険・国民年金事業の概況（平成28年度）』によると、2016年時点で年金受給者3056万人のうち繰り上げが393万人（12・9％）、繰り下げが40万人（1・3％）にとどまっており、繰り下げを選択する人が圧倒的に少ないことが分かる。子供時代で紹介したマシュマロテストを思い出してほしい。退役時代になると、自分にどのくらい時間が残されているのかが不明確であるため、子供のときよりも短期志向になってしまう。繰り下げをすると82歳前後で総受取額が65歳受給者を上回る。健康状態、何歳まで働くか、同居するパートナーや家族に収入があるかなどを考えてライフプランを考えることが重要になる。

退役時代でもっとも重要な費用は医療費だ。治療はお金もかかるが時間も費やすことになる。退役時代は人生の残り時間が刻一刻と少なくなる時期であり、治療で失われる時間の価値は非常に大きい。子供時代から健康な食事、適切な運動、規律ある生活習慣などが退役時代の医療費のリスクを低下させる。実はライフプランがカバーする範囲は非常に広い。

退役時代の最大の不確実要素は寿命である。70歳で亡くなる可能性もあれば110歳を超える可能性もある。長生きをすればするほど生活費が大きくなる。年金収入だけでは生活を維持するのに十分でないため、現役時代の貯蓄は不可欠となる。持ち家に住む場合は定期的な修繕費も必要になる。さらに、自然災害などで居住地を移さなければならなくなるリスクもある。老人ホームに入居すれば、入居費や月々の費用も必要になる。これらの費用も寿命に応じて大きくなる。自分の寿命を知ることは現在のテクノロジーではできないため、長めの寿命を前提にライフプランを立てる必要がある。退役時代はどこで誰と過ごすのか、どのような生活スタイルを望むのか、それにはいくらかかるのか、などを考えておく必要がある。

最近は現役を引退して海外旅行を楽しむ人々も見かける。人生を楽しむことは大いに結構だが、あくまでも収支の計算が成り立っていることが前提だ。中でも退職金は一度に大きな金額を手にできるため、きちんとした計画もなしに使ってしまうと退役時代の後半で苦しい生活を送ることになる。仮に３０００万円の退職金があったとしても、退役時代が30年間とすると1年間に使える金額は１００万円だということを意識する必要がある。退役時代は現役時代よりも生活水準が下がる。より厳格な収支管理をした上で人生を楽しみたい。一方で、貯蓄に全く手を付けないで人生を終えるのも非合理的だ。子供や孫への経済支援は良いことかもしれないが、金融教育の観点からどの程度の支援が望ましいのかも考えるべきだろう。お金を欲しがる人に簡単に与えるのは、時間選好率を高めたり、消費計画を立てて実行する能力を低めたりする恐れがある。

最後に、退役時代の終わりには相続も発生する。相続に関しては本書では扱わないが、大きな財産が残りそうならプライベートバンカーに相談するのがいいだろう。プライベートバンカー試験（ＰＢ）も実施されているので、試験を受けるかどうかはともかく、本を買って自分で勉強することもできる。

ライフプランは人によって異なるが、退役時代を迎えるにあたって３０００万円から５０００万円の金融資産があると安心だ。次節ではどのようにして金融資産を形成していくのか見ていこう。

3　マネープラン

ここまで、子供時代から退役時代までのライフプランを見てきた。ライフプランとは結局、どこでどのように人生を送りたいのか、ということになる。子供時代であれば大人になったらどうしたいのか、現役時代や退役時代でも10年後にどうしていたいのか、と考えることが大切だ。もちろん、途中で変わっても構わない。逆に何も考えないで無計画にいるのは経済的なリスクが大きい。時間選好率が非常に高い人が目標もなしに貯蓄することは不可能だ。マネープランでは、ライフプランを見ながらどのようなお金の計画を立てるのかを考えていく。どの時期にどれくらいのお金が必要なのか、それをどのようにして実現させるのかを考える。一般的には退役時代に向けた現役時代の貯蓄を考えるが、本書では子供時代も含めたマネープランを紹介する。

アセットマネジメントの基本式

まずはアセットマネジメントの基本式を見ていこう。アセットとは資産を表す言葉であり、通常、アセットマネジメントとは金融資産の管理を指す。しかし、本書では人生を通じたアセットマネジメントを考えており、より広い範囲の資産を管理する。本書でのアセットマネジメントの基本式は、以下のようになる。

資産＝時間＋人的資本＋金融資産

通常のアセットマネジメントのテキストでは資産＝人的資本＋金融資産であり、働くという形で人的資本を徐々に金融資産に変換し、その金融資産を適切な管理で守ったり増やしたりする。本書ではこの式に時間を加えて、子供時代も含めた広義のアセットマネジメントを考えたい。

まずは式の各項目を見ていこう。時間は各人が持っている（または各人に残された）人生における持ち時間を表している。各人の寿命は不明であるため私たちは自分にどれくらいの時間が残されているのかを知ることはできないが、生まれた瞬間が最も多く、それから刻一刻と減少していく。物理学や哲学の話はさておいて、時間は全ての人が同じペースで消費していく。人々は時間を消費、投資、労働に配分する。消費とは現在の効用（満足度ともいえる）を高める行為であり、休んだり遊んだりする時間を指す。十分で計画的な睡眠は学習能力を高めるのに必要だが、ここでは仮

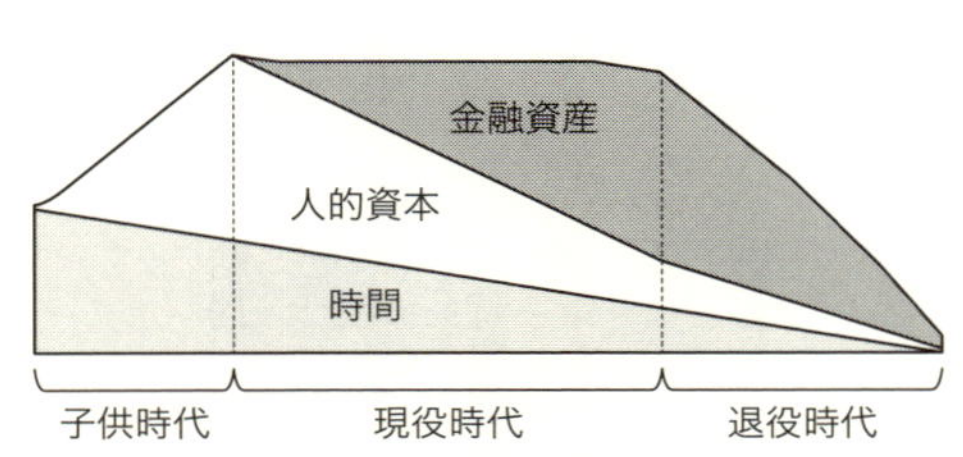

図表7-5　ライフプランとマネープランから見た資産の推移

に睡眠も消費にしておこう。同様に、食事などの生活に欠かせない時間や病気の治療などの時間も消費にしておく。投資は人的能力を高めるために費やされる時間を指す。ものすごく簡単に言うと勉強している時間といえる。勉強や訓練は必ずしも成果が出るとは限らないが、ここでは時間を投資に費やすと人的資本が高まるとしておこう。労働は文字通り働いた時間を表す。私たちは生まれてから死ぬまでの間、時間を消費、投資、労働に配分しながら生きているが、どのような配分にするのかはどのようなライフプランを考えているのかによる。非常に労力のかかる資格を取りたいのであれば、消費への時間配分を減らして投資に多くを振り向ける必要がある。

人的資本とはその人の能力ともいえる。能力が指し示すものは非常に広いが、本書は金融を扱っているのでお金を生み出す能力と定義しておく。人的資本と時間を組み合わせるとお金に変換できる。難しそうな言い方だが、働いて稼ぐということだ。どれくらいのお金が稼げるのかは状況により様々だが、一般的には人的資本が高ければ高いほど、時間を多くかければかけるほど、所得は増える。時間と人的資本のうち、人的資本の方が所得を増やす効果は高い。どこで働くのか、という場所の問題も重要だ。高度なアセットマネジメントの知識を持った専門家が砂漠の村で仕事をするのとウォール街で仕事をするのでは、得られる所得は全く異なるだろう。本書ではこれ以上言及しないが、人的資本（つまり能力）を生かすには適切な場所を選択することも大切だといえる。「良禽は木を択んで棲む」ということだ。これはお金を稼ぐ面にとどまらず、自己実現や自分の人生をどのように表現するのかなどの面でもいえる。

最後に金融資産だが、特に新しい説明は不要だろう。預金、株式、債券などの金融商品からなるポートフォリオを管理する必要がある。通常は現役時代から金融資産の管理が始まり、人生の最後の瞬間まで続く。念のために繰り返しておくが、アセットマネジメントはギャンブルとは違う。本書からは1年で資金を2倍にする方法は得られない。短期的な利益を狙って頻繁に売買を繰り返す人は長期的に見たリターンが低いことが知られている。一般に男性にこの傾向が強く、個人の男性は金融投資によるリターンが低い。短期、レバレッジなどの用語はマネープランとは一切関係がない。後に見るように、本書では年率1%以上の値上がり益と2%の配当益で計算している。アセットマネジメントの世界ではかなり控えめな設定だといえる。実際には、インフレ率+1%以上の値上がりを目指すことになるが、本書ではインフレ率は考えないことにする。

「時間」という貴重な資産の管理

ここでは、子供時代を大学卒業までの22年間、現役時代を67歳までの45年間、退役時代を30年間とする。生まれた瞬間の時点では、アセットマネジメントの基本式のうち人的資本と金融資産はゼロと仮定する。実際には裕福な家庭に生まれると将来使える金融資産はゼロではないし、親の七光りでたいした能力がないのに高給を得ることもあるだろう。世の中は不平等だし不公正でもあるが、本書では生まれた瞬間は人類みな平等であることを仮定する。ただし、各人がどれくらいの時間をもって生まれたのかは不明確であるという意味で（時間という資産を量として測れるのであれば）資産にはバラッキがある。97歳は現在の平均寿命よりも長い設定だが、平均よりも長生きして人生の最後に金融資産がゼロになるのを防ぐためだ。

子供時代には時間を消費と投資に配分する。投資に配分されると人的資本が形成されるが、時間から人的資本への変換は子供時代が最も効率が良い。現役時代にも人的資本を増やすことはできるが子供時代よりも効率が悪く、退役時代にはさらに効率が悪くなる。人的資本が指し示す範囲は広いので、親子でスポーツを楽しんだり天体観測をしたりするのも一概に消費とはいえず、消費と投資が混ざっている状態だといえる。人的投資の形成＝習い事をさせる、というわけではない。子供は親の影響を受けるので、親の日々の行動が子供の人的資本形成に大きくかかわる。いくら外でバリバリ仕事をしていても、家でゴロゴロしながら子供に「勉強しなさい」などといっても、人的資本形成の面から見れば何の足しにもならないだろう。

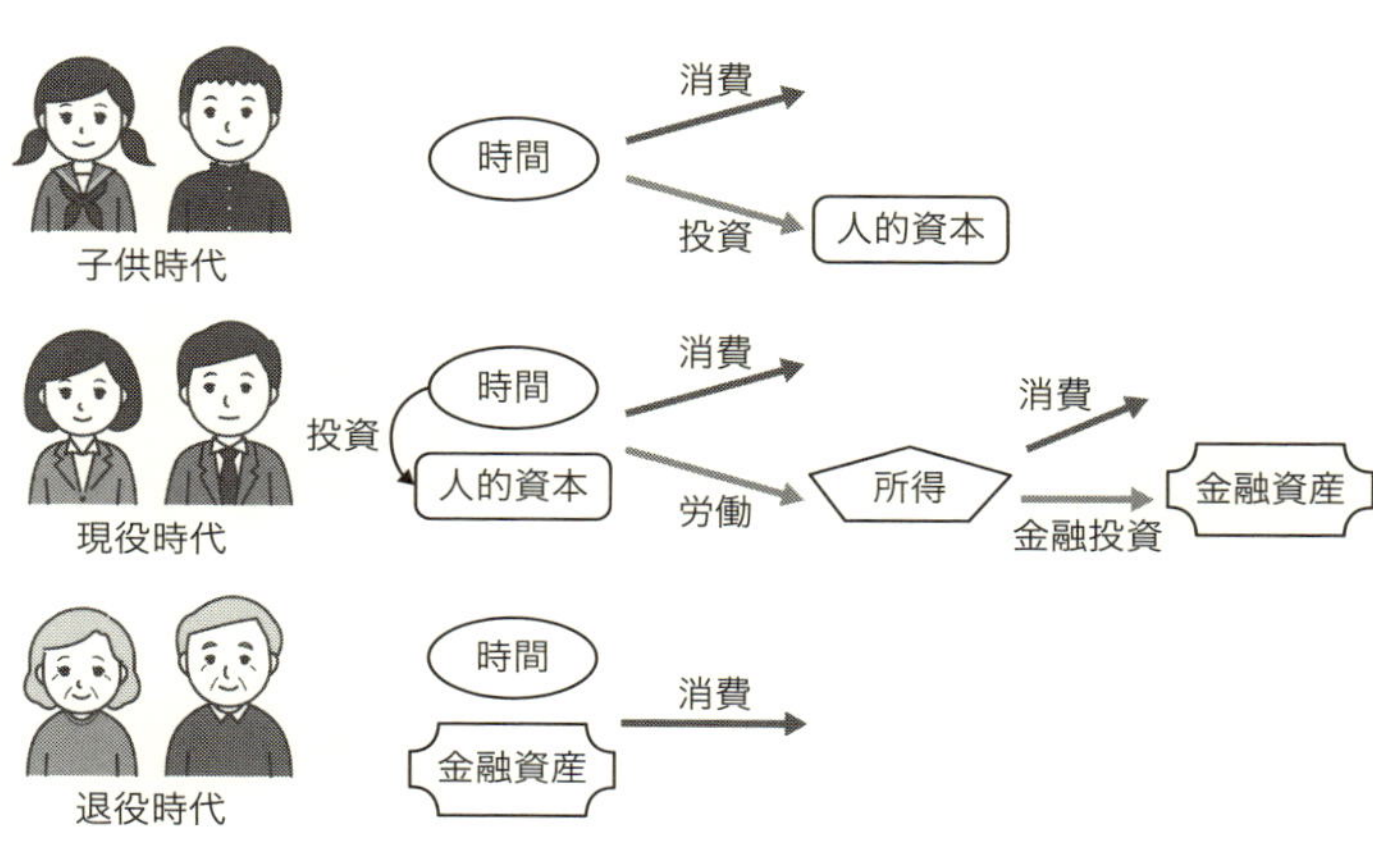

図表7-6　人生の3時代

前節で見たように、子供時代にはライフプランやマネープランの適切な教育を行うことが重要だ。現在は半数以上の子供が大学まで進学する。大学（高専や専門学校）は専門的な知識を身に付けるという意味で人的資本形成に大きく貢献する。多くの大学生が遊ぶことに血道を上げてほとんど勉強しない姿を見ると不安になる。昔の学生が今の学生よりも勉強したという証拠はどこにもなく（今はキャリア教育などがどの大学でも実施されているため今の方がましかもしれない）、日本では貴重な大学時代が人的資本形成に生かされてこなかった。体力と根性だけで経済成長できた時代はともかく、各人の高い能力が求められる現在では「ゆるい」大学教育は日本経済の大きな足かせでもあるのだろう。もちろん筆者にも責任の一端がある。

ところで、大学で1年間留年するとマネープランにどのくらいの負担をかけるのだろうか。概算してみよう。私立大学文系の場合、１年間の授業料は約１００万円かかる。これは直接支払う費用だ。その他にも本来得られるべき収入が失われるが、これを経済学では機会費用という。機会費用は３つある。第1は給料部分だ。22歳で卒業する予定が23歳で卒業すると初めの1年間の給料が減るように思われるがそうではない。22歳で卒業しても23歳で卒業しても初任給はほとんど同じであり差がない。差が出るのは最後の1年の部分になる。本来は67歳時点で労働45年目になるはずが44年目にとどまってしまい、67歳時点の1年分の給料が機会費用となる。厚生労働省の『賃金構造基本統計調査』によると、65―69歳の男性大卒の年収は４８２万円、女性は４５９万円になる。第２の機会費用は運用収益である。あとで見るように、年間１００万円を金融投資に回したとすると、１年間の投資機会の逸失は年間約6万円の配当収入減少につながる。これが30年続くので、機会費用は約１８０万円となる。第３は年金収入である。図表７－４でみたように、男性の年金収入は年間約２４０万円、女性は約１８０万円になる。現在は60歳まで年金の積み立てを行うため、１年間の留年は40分の１の積み立て不足を意味する（計算期間には含まれるが支払い計算には含まれない）。留年中に年金の掛け金を支払えば国民年金は減らずに済むが、就職していないので厚生年金部分は積み立てられない。年金の計算は複雑なのでここでは計算を単純化して、男性は２４０万円の40分の１で６万円、女性は４・５万円が30年に渡って失われるとしておこう。そうすると、１３５万円から１８０万円が機会費用になる。全てを合計すると、８７４万円から９４２万円の負担がマネープランにかかることになる。その他にも「あなたはなぜ留年したのですか」と面接で聞かれていい就業機会を失うかもしれないリスクなどがあるが、ここでは考えない。９００万円の価値があることのために留年するのであれば特に問題はない。

現役時代になると、時間を消費、投資、労働に配分する。1日8時間働くのであれば1日の3分の1が労働に費やされることになり、労働への配分が非常に大きくなる。時間と労働を使って所得を稼ぐが、先ほど見たように時間のファクターよりも人的資本のファクターの方が所得に与える影響が大きい。獲得した所得は消費と貯蓄に配分し、貯蓄は何かあった時のための生活費の補填用の貯蓄と金融投資に配分される。具体的な金融投資については後で見よう。ここでいえることは、できるだけ早く金融投資を始めるべきだということだ。

退役時代も現役時代と同じように時間を消費、投資、労働に配分できるが、年齢を重ねるほど消費の割合が大きくなる。新たに勉強を始めることもできるが、人的資本を形成して所得を増やすというよりも教養を高めたり学ぶこと自体を楽しんだりする消費（つまり趣味）に分類されるケースがほとんどだろう。勉強後に働かないからだ。また、治療のための時間も消費に分類しておく。退役時代のライフプランは人それぞれだが、現役時代に充分に貯蓄を行い、適切な金融投資を実行していれば、消費に多くの時間を割くことができる。退役時代には人的資本を必要としない単純作業などしか働く先がない、ということも多い。残された貴重な時間を生活費のための労働に費やさなくてもいいように、マネープランをしっかりと立てて実行することが肝心だ。

金融投資はできるだけ早く始めるべき

図表７－７を見てほしい。左図は毎年50万円を右図は１００万円を貯蓄したケースを表している。以降では左図を前提に話を進めていくが、右図は全ての数値が2倍になるので１００万円積み立てられる人は2倍の数値で読み替えてほしい。

はじめの数年は積立額をやや低くしてあり、22歳の時には左図は20万円（右図では40万円）、23歳で30万円、24歳で40万円、25歳から50万円に設定している。月々３万円×12カ月＋ボーナス時７万円×２回で年間50万円になる。実家から職場に通うケースなどでは年間１００万円も十分可能だろう。年間50万円の積み立てが難しいという人は（家賃なども含めて）支出を見直し、できるだけ多くの貯蓄に励んでほしい。40歳代や50歳代では教育費や住宅ローンが家計を圧迫する可能性もある。特に住宅は長期のマネープランを考えずに高い物件を買うと充分な金融資産を形成できなくなる恐れがある。不動産業者の口車に乗ると数十年後に後悔することになる。

それぞれのグラフの点線は運用せずにお金を貯めただけのケースを表している。本来は金利収入が得られるがここではゼロと仮定した。年に50万円の貯蓄を40年間続ければ２０００万円になる。一方、実線は株式などに投資したケースを示している。運用の成績は、値上がり益を年間プラス１％、配当益を税引き後２％、配当成長率を１％とかなり控えめな仮定をしている。より保守的な計画を立てるべきという意味もあるが、１年間で50万円ピッタリを投資できずにいくらか余った分を翌年の買い付けに回すなどして資金効率が落ちることも考慮している。

金融投資の収益はキャピタルゲインとインカムゲインに分けられる。キャピタルゲインとは安く買って高く売るときの差額のことであり、値下がりした場合はキャピタルロスという。実際に売っていなくても、買った時よりも値上がりして計算上利益が出ていることもあ

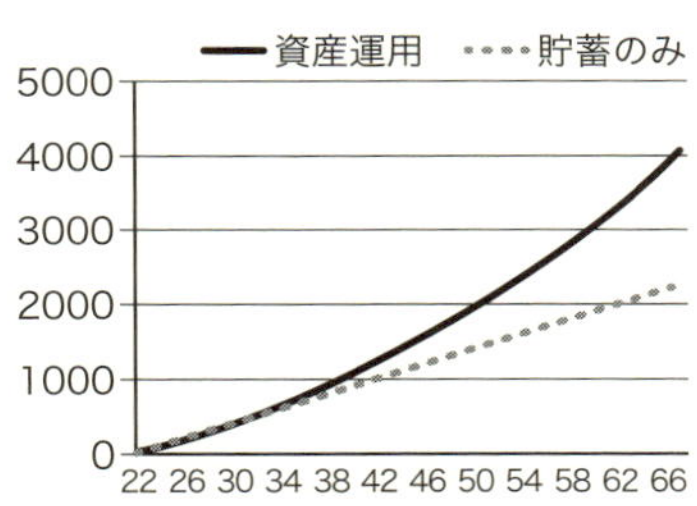

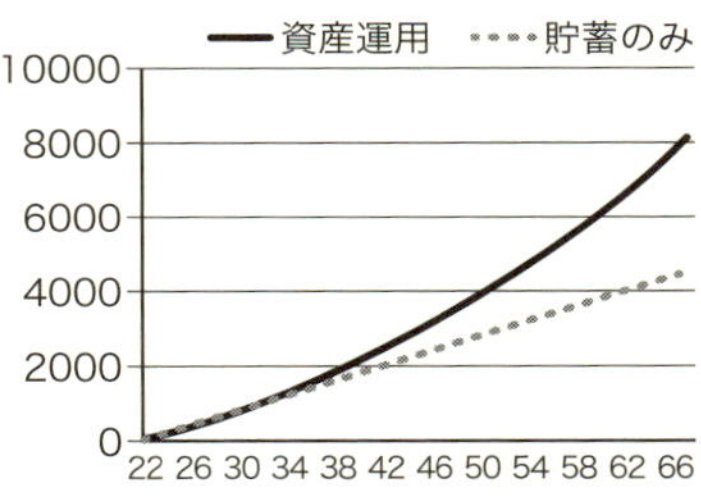

図表7-7　貯蓄と運用成績（万円）

る。この部分もキャピタルゲインとしておこう。インカムゲインは配当や金利収入のことである。本章では、現役時代にはキャピタルゲインは使わずにインカムゲインの一部を消費に回すことを提案する。具体的には、受け取った配当金のうち4分の1を小遣いなどで生活費に繰り入れて、残りの4分の3を再投資することにしている。配当は受け取りの際に課税されて金融資産を増やす効果が削がれてしまうため、金融資産を増やすことだけを考えれば配当金がない銘柄を選択するべきだ。しかし、40年も先の果実を得るために毎月節約して貯蓄を捻出するのは簡単なことではない。毎年少しでもご褒美がある方が意欲が続く。

値上がり益に加えて再投資も年々増加するために、点線と実践の差は次第に大きくなっていく。22歳で金融投資を始めて1年後の23歳の時点では、20万円の投資額に対して４０００円の配当収入を得て、１０００円をご褒美に、３０００円を再投資に回している。非常にささやかな金額だ。しかし、時間とともに金額はどんどん大きくなる。40歳の時点では配当収入は20万８０００円まで増え、そのうち約5万２０００円をご褒美に、15万６０００円を再投資に回せる。最終年の67歳の時点では配当収入は年間79万円になる。金融資産の総額は貯蓄だけの人で２２４０万円、金融投資をした人で４６３万円と約2倍まで差が広がっている。何の準備もしない人（例えば貯蓄がほとんどない人）、運用をせずに貯蓄だけをした人（図の点線）、適切な運用をした人（図の実線）で退役時代の経済状況が大きく異なるのは明らかだ。適切な運用をしていれば、68歳以降は貯蓄額を減らさずに年間約80万円を手にできる。貯蓄や金融投資はできるだけ早く始めるべきだという理由がここにある。子供時代でもアルバイト代や小遣いなどからほんのわずかな額でも貯蓄に回すことを習慣付けるといいだろう。

ノルウェーのファンドに学ぶポートフォリオ構築

ここでは、具体的にどのような金融商品に投資すべきなのかを見ていこう。株式や債券などの金融商品は市場で日々取引されるため、価格が変動する。例えば円安が進むと輸出企業の株式は値上がりする傾向があり、円高局面では値下がりする傾向がある。円高による金融資産の値下がりを防ぐためには輸入企業の株式も保有しておけばよい。輸入企業の株式は円高局面で値上がりする傾向があるためだ。配当も株価と同じように増減するだろうから、輸出企業と輸入企業への分散投資により為替レート変動による価格の変動リスクを抑えつつ、一定額の配当金を得ることが可能となる。このような分散投資が金融投資の基本となる。

分散投資は時間と金融商品の種類の2つがある。株価など金融商品の価格は上がったり下がったりするため、定期的な購入により平均購入価格を安定させることができる。このような投資法をドルコスト投資法という。毎年一定額を金融投資に充てることで、価格の高い年には少なめに、価格の低い年には多めに買うことができる。金融商品の種類については、株式や債券など金融商品の種類を分散させる、株式の中でも輸出銘柄や内需株など業種を分散させる、金融商品の発行国を分散させるなどの方法があり、現在では個人でも比較的簡単に実現できる。銀行預金も含め、様々な金融商品の保有割合をポートフォリオという。

ここで、ノルウェーのGovernment Pension Fund Globalというソブリン・ウェルス・ファンド（ＳＷＦ）のポートフォリオを見てみよう。ＧＰＦＧはノルウェー政府が運営する世界最大規模のＳＷＦであり、約９０００億ドルを運用している。運用手法は保守的だが成績が非常に良いことで知られており、１９９８年から現在まで年平均で５％以上の運用実績を上げている。この期間にはＩＴバブルの崩壊やリーマンショックも含まれており、運用が上手だといってもいいだろう。[*3]

ＧＰＦＧのポートフォリオは、株式と債券が２対１の標準的な割合になっており、２０１０年代に脚光を浴びた不動産投資の割合は非常に低くなっている。多くの国に分散投資をしているものの、先進国の割合が高い。我々は日本に住んでいることから、日本の株式や債券（国債や社債）を中心にアメリカやヨーロッパに投資をすればいいことが分かる。国別の分散投資では３カ国以上に投資をすることが有効だ。外国

図表7-8　ノルウェーのSWFの資産配分（上位10カ国、%）

投資国	株式	債券	不動産	合計
アメリカ	23.2	12.5	1.5	37.2
イギリス	6.1	2.3	0.7	9.1
日本	5.7	2.6	0.0	8.3
ドイツ	3.3	3.3	0.2	6.8
フランス	3.2	1.5	0.5	5.2
スイス	3.0	0.6	0.1	3.7
カナダ	1.3	1.5	0.0	2.8
オーストリア	1.3	0.8	0.0	2.1
中国	1.7	0.3	0.0	2.0
韓国	1.0	0.9	0.0	1.9

出所：Government Pension Fund Global, Annual Report 2016, p.27.

の株式や債券を直接選ぶのが難しい、ということであれば、非常にコストの低いインデックスファンド（アメリカ株であればS&P500に投資するファンド）やＥＴＦ（上場投資信託）を選択することもできる。金融投資を通じて社会の変革に寄与したいのであれば、ＥＳＧ（環境・社会・企業統治）に力を入れている企業を探せばいいだろう。いずれにせよ、短期的な収益ではなく長期的な資産形成を考えるのであれば、頻繁な買い替えを避け、一度買ったら少なくとも10年は保有するつもりで長期に存続できる企業を中心に選べばよい。割安株を購入して長期に保有する投資スタイルをバイアンドホールドというが、ウォーレン・バフェットが得意としているスタイルでもある。

金融投資の重要キーワード、手数料と税金

金融投資において重要なキーワードが他にもある。手数料と税金だ。どちらも長期の投資には大きな影響を与える。日本で販売されている投資信託の多くは非常に手数料が高い。短期的な過去のパフォーマンスよりも手数料の低さに注目すべきだろう。１％の信託報酬は極めて高いという認識が必要だ。また、コストを少しでも抑えるためにはオンライン専業業者の利用も視野に入る。数十年の長期の金融投資には短期志向のアナリストレポートは不要だ。経済ニュースもネットや新聞で手に入る。情報サービスの利用料もコストであり、運用成績に悪影響を与える。どこまでの付加サービスがあ

＊３　一方、カリフォルニア州職員退職年金基金（CalPERS）は名前は有名だが、運用が下手なことでも知られている。

必要なのか、各人の見極めが大切だ。

税金も重要な要因だ。証券会社の通常の口座（例えば源泉徴収ありの特定口座）では、配当金に対して20・315％が課税される。配当金からは約20％が税金を差し引かれ、再投資は税引き後の金額を回すことになり資金効率が悪化する。節税がカギとなる。現在、日本では、通常の課税口座（証券会社や銀行の口座）、税繰り延べ口座（DC、iDeCo）、非課税口座（NISA、積み立てNISA）が利用可能となっている。DCやiDeCoは年金の資金を自分で運用する口座であり、運用益の課税は60歳まで繰り延べられる。掛け金は年金扱いになるため拠出額を所得から差し引いて所得税の計算をすることができ、節税の効果が高い。残念ながら株式の個別銘柄を購入することはできないため、できるだけコストの低いインデックスファンドなどの商品を選ぶしかない。または、投資信託しか選べないことを逆に活用してリスクの高い新興国などの外国株式や外国債券などを選択して分散投資を図ることも考えられる。NISAはイギリスのISAに比べて使い勝手が悪いが、値上がり益が非課税になるメリットを最大限に生かすようにする。これらを組み合わせてポートフォリオを構築しよう。例えば、課税口座では預金も含めてリスクの低い金融商品を、税繰り延べ口座では長期的な成長の果実を得られるような金融商品を、非課税口座ではリスクの高い金融商品を選ぶことでトータルの税コストを抑えられる。

セーフティーネットを忘れずに

良いライフプランやマネープランを立てて実行していたとしても、人生には様々な不確実性が付きまとう。交通事故に遭ったり大きな病気をしたりして長期に渡って働けなくなる可能性もある。その時には、セーフティーネットを利用しよう。失業保険や生活保護を想像されると思うが、社会保険、社会福祉、公的扶助などの制度がある。これらは申請しなければ利用できないため、制度があることを知らなければ利用できない。全ての制度を暗記する必要はなく、困ったことがあったら使えるものがないか調べたり相談したりすればよい。セーフティーネットの利用は権利であるため、遠慮せずに使うべきだ。

4　リーディングリスト

本章ではライフプランとマネープランの一部分を紹介した。紙幅の都合で金融商品の具体的な説明や金融市場の仕組みについては紹介できなかった。ここではいくつかの本やＷｅｂページを紹介したい。

知るぽると（金融広報中央委員会）のサイト

日本銀行情報サービス局による金融情報サイト。トップページから「お金の知恵シリーズ」に行くとＰＤＦファイルがある。「大学生のための人生とお金の知恵」はページ数も多く充実しているので一度見てほしい。教育関係者には冊子の無料配布サービスがあり、筆者も利用させていただいている。

アング『資産運用の本質』きんざい

アセットマネジメントについての基礎知識が得られる。金融や統計学について一定の知識があることを前提としているがなくても十分読み進められる。非常に良い本だが価格が高いのが難点。

ウィジャー、クロスビー『ゴールベース資産管理入門』日本経済新聞出版社

短期志向ではなく、ライフプランを見据えて金融投資の目標を決めるべきと説く。金融投資の基本的な用語も解説している。

マルキール『ウォール街のランダム・ウォーカー』日本経済新聞出版社

フォックス『合理的市場という神話』東洋経済

アントナッチ『ウォール街のモメンタムウォーカー』パンローリング

タレブ『まぐれ』ダイヤモンド社

市場は効率的なので人間の運用によってプラスアルファの収益を上げることができないという効率的市場仮説の是非を論じている。また、運用が成功しているときは自分の能力のおかげとし、失敗したら他のせいにしがちだ。人間が状況をコントロールしているという思い込みについても考えてみたい。

ミラノヴィッチ『不平等について』みすず書房

本章では生まれた瞬間はみな平等だと仮定したが、本当は違う。様々な統計を利用して経済の格差などについて分析している。

第8章

「おかね」とはなにか

この本の副題は「21世紀の貨幣論」であるのに、「貨幣」という言葉がここまでほとんど登場していない。それは貨幣という言葉には「丸くて刻印のある金属」というイメージがあるからだ。本書ではずっと「お金」という単語を使ったが、本章のタイトルが「おかね」とひらがなであるのも同じ理由だ。「金」という漢字がどうしても金属を連想させてしまう。ただ、「おかね」は読みづらいので、本章では主に「通貨」という用語を使うことにする。

通貨とは何か（おかねとは何か）、という問いは非常に古くからあり、現在でも続いている。誰もが身近に使っているものなのに、今でも一体何なのかはっきりしないのはとても不思議なことだ。現代なら、通貨（貨幣でもいい）やお金という言葉からは金属でできた硬貨よりも紙幣を連想する人の方が多いだろう。しかし、歴史上は、そして現代においても、金属の硬貨と紙の紙幣は別のものだとする考え方がある。このような区別に違和感を覚える人は多いのではないかと思う。筆者もその一人だ。このような区別が正しい理解を妨げている。また、通貨に対して人々は様々なものを投影する。例えば、通貨は権力のシンボルとして見られることもある。そのような心理的な投影も正しい理解を妨げる。

キャッシュレス経済が到来すれば、通貨からは実体がなくなり、通貨は単なる電子的なデータに過ぎなくなる。そもそも実体がないのだから金属や紙の区別には何の意味もない。キャッシュレス経済は、素材の違いへの誤ったこだわりから人類を解放してくれる。大げさだが人類にとって一歩賢くなれるチャンスが到来する。

本書の結論は、「通貨とは購買力を表す記号である」と極めてシンプルだ。結論に行く前に、他の研究に倣って通貨の機能から見ていくことにしよう。

1　通貨の機能

通貨には計算単位、流通手段、価値保存の3つの機能があるといわれている。3つの機能を満たすものは何でも通貨になるわけではなく、人々から通貨として認められなければならないが、これを一般受容性という。まずは3つの機能を見ていこう。

歴史上は必要だった計算単位の機能

計算単位とは、本書は税抜き2000円というように物の価格を通貨単位で現せるということだ。現在では当たり前でわざわざ言及する必要もないように思えるが、歴史上は重要な役割だった。計算単位の話で必ずといっていいほど引用されるのが、ホメロスの『イリアス』だ。イリアスはトロイとギリシャの戦いの物語で、人間だけでなくギリシャ神話の神々も多く登場する。ゼウスは神々の介入を禁止したことから当初はトロイが優勢だったが、ヘラなどがゼウスをだましてギリシャ側に加担することで形勢が混沌としていく。最終的には神々の介入が認められて、ギリシャ側が優勢に戦いを進め、ついにはトロイの英雄ヘクトルを斃す。有名なトロイの木馬はこの後の話となる。シュリーマンがトロイ遺跡を発掘したことで単なる神話ではないと考えられるようになっている。今から2700年くらい前にまとめられたと考えられているそうだ。本書でも慣例に倣って(?)イリアスから2カ所引用する。*1

「二人は戦車から飛び降り、手を握り合って誓いを交わした。ところがこの時、クロノスの子ゼウスはグラウコスの頭を狂わせてしまった—なんと彼は、テュデウスの子ディオメデスと武具を交換するのに、黄金製のものを青銅製のものと、値にすれば一方は牛百頭のものと、他方はわずか九頭のものとを取り換えたのであった。」

「ペレウスの子はすぐにまた、三番目の競技、苦しい角技の賞品を、ダナオイ勢の面々に披露しながら前に置いた。勝者には火に掛ける大きい三脚の釜、アカイア人の間では牛十二頭と値踏みされたもの、また敗者のためには一人の女を場の中央に立たせたが、様々な技術を身に付けた女で、一同の値踏みは牛四頭であった。」

第1の場面はトロイとギリシャが戦う戦場で2人の将軍が互いに名乗り合ったところ、代々親交のある家同士だったことが分かり、ここでの戦いを避けることにして鎧を交換したというくだりだ。ポイントは鎧の価値を牛で計っているということだ。2人の鎧には約10倍の価値の差がある。グラウコスは高い鎧を差し出して安い鎧を手に入れたが、それは本人の意思ではなく神の意思だった。ちなみにその後の合戦で、両軍の将であるトロイのヘクトルとギリシャの大アイアスが一騎打ちをするが、引き分けに終わって両者は武具を交換して引き上げる。この時には大体同じくらいの価値の物を交換している。

第2の場面はパトロクロスの死を悼んで開催される競技会のくだりだ。苦しい角技は今でいうレスリングのような競技だと思われる。大アイアスとオデュッセウスが戦うが引き分けに終わる。主催者のアキレウスは「双方対等のものを受け取って」というが、どちらがどれを受け取ったのかは記述がない。現在の価値観では賞品が適正であるかどうか議論があるだろうが、ここでも牛が価値を計る基本単位になっている。なお、この次に徒競走が行われるが、1位の賞品はおそらくかなり大きな銀製の混酒器、2位は大きくて脂身の付いた牛一頭、3位は黄金半タラントンだった。オデュッセウスがアテネの助けを借りて優勝し、終盤までリードした小アイアスは最後にとんでもないアクシデントに遭いながらもなんとか2位に入った。最下位のアンティロコスは主催者のアキレウスをおだてて賞品を黄金1タラントンに増額してもらっている。

徒競走の2位の賞品は間違いなく牛そのものであったと考えられる。イリアスの中では牛を食べる場面も登場する。牛は家畜や食料として重要な存在だったのだろうが、多くの部分で牛は様々なものの価格の表示に使われる計算貨幣として利用されている。計算貨幣は必ずしも金属である必要はな

＊1　ホメロス、松平千秋訳『イリアス』岩波文庫より、第1の引用は上巻 pp.195-196、第2の引用は下巻 pp.366-367 より。

い。多くの人の間で価値や価格に関する共通の理解が得られればよい。ちなみに、タラントンは重さの単位だが、時代により、場所により基準が異なるようだ。イリアスの中では1タラントンが何グラムの金に相当するのかははっきりしないが、1タラントンの金の価値は牛1頭に相当するようだ。今で言えば1kgくらいだろうか。

牛では納得がいかないかもしれないので、計算単位の機能に関するエピソードをもう1つ見てみよう。[*2] 13世紀ころのヨーロッパでは、私たちの想像とは異なり商人たちはかなり広い範囲で活動していた。そこで問題となるのが、通貨の種類だ。商人たちは様々な領地や国を経由して旅をする。それぞれの地域では固有の通貨が流通しており、通貨間の交換が常に問題となる。前後の時代も含めていくつか挙げてみると、スターリング銀貨、マルク銀貨、ドゥニエ銀貨、リーブル銀貨、カルリーノ銀貨、ジリアート銀貨、マタパン銀貨、フローリン銀貨（金貨もあった）、ソルド銀貨などがある。もちろん金貨、銅貨、青銅貨などもあったが、銀貨が良く使われたようだ。銀についてはドイツなどに鉱山があり商業取引を満たすのに十分な供給量があった。金はヨーロッパでの産出があまりないうえに装飾品などに使われて不足気味だったため、金貨はあまり使われなかったようだ。それでも13世紀ころにはアフリカから流入した金を使って金貨も鋳造されたようだ。いずれにせよ、名称だけでなく、重さ、大きさ、含まれている銀の含有率も異なる様々な銀貨を扱うのは面倒な作業だったに違いない。イギリスではスターリング建てで表示されていた毛皮をフランスではドゥニエ建てで表示しなければならない。商人の間では銀貨に含まれる銀の重さで交換比率、つまり為替レートが決められた。しかし、もっと統一的な単位があると望ましい。この時代にはグロ銀貨が登場した。グロ銀貨は実際に存在もしたが計算貨幣としても使われたようだ。それぞれの地域の中では独自の銀貨が流通していたが、地域をまたぐ商人はグロ建てで計算すればよい。計算はグロ建て、支払いは各地域の銀貨というように使い分ければよい。ちなみに、グロ銀貨は重要な銀貨であったことから、様々な国で同じ名前の銀貨が鋳造された。

流通手段

通貨のない世界でバイオリニストが時計を手に入れようとすれば、音楽を聴きたがっている時計職人を探さなければならない。サービスも含めて物々交換の世界では、当事者が互いに相手の持ち物を欲しがっていなければ取引は成立しない。これを要求の二重の一致という。取引を成立させやすくするためには間に何かを挟めばよい。バイオリニストはパン屋に音楽を聞かせてバゲットを手に入れ、そのバゲットを時計に交換することで時計を手に入れることができる。つまり流通手段の機能は取引の仲立ちをすることであり、本書は日常の買い物での流通手段の形が変わってきていることをテーマにしている。

小さな町で暮らしている人々にとってはコミュニティの中で通用する流通手段があればそれで十分

＊2　ル＝ゴフ、井上櫻子訳『中世と貨幣』藤原書店、第5章。

だ。それは硬貨の形でなくても構わない。第３章で見たように様々な地域通貨があり、電子化されているものもある。しかし、コミュニティがより広範に展開すればするほど、流通手段もより広い範囲を行き来する。より多くの人々に流通手段として認められるもの、移動の苦労があまりないものが流通手段として選ばれることになり、歴史上、金属の硬貨が使われてきた。青銅製の１セステルティウス硬貨が西暦１００年頃のローマを旅した物語がある。[*3] ローマで鋳造された１枚の硬貨がヨーロッパを北上してスコットランドに達し、今度はスペインを経由して地中海を旅して北アフリカ諸国からエジプトに到着してナイル川をさかのぼる。そこで硬貨はインド商人の手に渡り、インドまで旅をする。この物語自体はフィクションで、本当に１枚のセステルティウス硬貨が当時のローマ領内をくまなく移動したわけではない。しかし、言葉も文化も宗教も異なる多くの人々の間を転々と流通したことは事実であり、セステルティウス硬貨はより多くの人々に流通手段として認められる何かを持っていた。この場合は、軍事力に支えられたローマ帝国の権威ということになるだろうか。

価値保存

価値保存は退蔵に使われることを指している。これまで仮想通貨（第４章）や電子通貨（第５章）の章で退蔵という言葉が登場した。第７章では現役時代に貯蓄を行って退役時代に備える必要性を説いた。現役時代には適切なアセットマネジメントが必要だったが、アクシデントに備えてポートフォリオの一部を現金や預金の形で保有しておく必要があり、この部分も退蔵とみなすことができる。いずれにせよ、退蔵の目的は現在保有している「ものを買う力」つまり購買力を将来に繰り延べることにある。

退蔵に使うものは、長期に渡って価値が目減りしないことが重要だ。牛で退蔵しようとしても牛は次第に年を取って死んでいくため、長期に渡って価値を保存することができない。金属は硬貨の形でも地金（じがね）の形でも長期間の保存が可能で、実際に金の延べ棒は中央銀行をはじめ様々なところで退蔵に使われている。金属の問題点は、退蔵の金額が大きくなればなるほど盗難対策や場所の確保など保管にコストがかかるようになることだ。退蔵した金属を使う際にも輸送費がかかる。

退蔵を購買力の繰り延べだとすれば、金属でなくても不動産や絵画などでも構わない。現代ならば株式など金融資産への金融投資も有力な手段だし、仮想通貨のようなバーチャルなものでも構わない。

2　通貨に価値は必要か

一般受容性と価値

通貨が人々に受け入れられるためには、通貨として認められなければならない。これを一般受容性

＊3　アンジェラ、関口英子・佐瀬奈緒美訳『古代ローマ帝国1万5000キロの旅』河出書房新社。

という。現代の通貨は法律によって規定された法定通貨であり、多くの人は法定通貨を受け入れるだろう。ビットコインは法定通貨ではないが、受け入れる人や企業が増えつつある。現時点では一般受容性を獲得していないが、徐々に獲得しつつある。

一般受容性はどこから生まれるのか。本章では少し古い時代の人、18世紀にイタリアのナポリ王国で活躍したガリアーニを先人の代表ということにして意見を聞いてみよう。[*4] 金や銀などの金属が人々を魅了した理由は美しさと光沢にあるという。多くの人が同意するのではないだろうか。金は電子デバイスに必須の素材だが、それは最近の話であり、長い間、金が持つ美しさが金の需要を生んできた。美しさゆえに人々は金を価値のあるものとして受け取ってきたといえる。

金は採掘にコストがかかる。この採掘コストが金の価値だと主張するかもしれないが、それは違う。例えば本書を書くために筆者は多大な労力を投入しているが、残念ながら労力が価値の源泉ではない。読者の皆さんがお金を支払ってでも読みたいと思えば本書はそれなりの価格で売買されて本棚に置いてもらえるだろうが、読む必要はないと思えば古本サイトで1円で投げ売りされるだろう。図表4－10（165ページ）で見たように、ビットコインのマイニングにかかる費用、つまりハッシュパワーはビットコイン価格にあまり影響を及ぼしていなかった。むしろ費用が増えれば増えるほどビットコイン価格が下がるという関係が見られなくもない。ビットコインの誕生以来、ハッシュパワーは増加し続けているが、ビットコインの価格は2018年に入って上下している。生み出す労力と人々から得られる評価との間にはあまり関係がない。これは金も含めてあらゆる商品やサービスについて言える。金には固有の価値があるとの主張は歴史上も多くみられる。ガリアーニも貴金属の価値を実態よりも低く見積もる人よりも高く見積もる人の方が多いと主張している。多くの人は金の輝きに目が眩んでしまい、過大評価してしまったのだろう。

金が高く評価される理由の1つには、金が希少だということがある。確かに希少性は人々の主観的な評価に影響を与えるものの、最も重要な要因ではない。例えば核廃棄物は鉄よりも希少だが、お金を払って欲しがる人はほとんどいない。

人々の評価の中には、主観的な評価だけでなく実用的な理由も含まれている。例えば白金（プラチナ）は、金と同じように宝飾品としての需要もあるが、金が電子デバイスに使われるように白金にも車の排気ガス除去装置の触媒としての需要がある。確かに、白金の価格は車の生産台数に応じて上下する。このような実用的な需要をみて価値を見出す人もいるだろう。価値があると思えば、人々は支払い手段として受け取ろうとする。それがたとえ実体のないビットコインであっても問題ない。

教育や社会的な慣習も主観的価値に影響を及ぼす。金は貴重で価値が高いと教育された子供は金を大切に扱うだろう。トマス・モアの『ユートピア』の世界は金がありふれているために人々が欲しがらないという設定だ。しかし、地球上に豊富に存在する水はミネラルウォーターとして販売されている。ポイントは量にあるのではなく、金には売買するほどの価値がないという、ユートピア世界での

＊4　ガリアーニ、黒須純一郎訳『ガリアーニ　貨幣論』京都大学学術出版会。

社会的通念にある。もちろん『ユートピア』はフィクションだが、そのような文化が存在する可能性はある。

一般受容性は人々が見出す主観的価値に依存しており、経済学だけでなく心理学や社会学など幅広い領域にまたがる問題だ。ここでは、金属そのものが持つ特性よりも主観的価値の方が重要だということで次に移ろう。

貴金属硬貨の一般受容性

現在では、硬貨に使われる金属にはあまり価値がないことが多く（銅貨やアルミニウム貨は金属自体の価値も高い）[*5]、硬貨が少しくらい欠けていても気にする人は少ない。しかし、金や銀が硬貨の材料であった時代には、硬貨に模様や数字を打つ刻印よりも重量の方が大切だった。例えば10グロという同じ刻印がある銀貨でも、状態によって価値に差があった。中世のヨーロッパでは硬貨の縁の削り取りが大きな問題だった。ナイフで硬貨の縁を少しだけ削り取っても硬貨の見た目は大きく損なわれない。1枚なら大したことはないが、数百枚、数千枚と削り取りをすれば結構な重さの金属が手に入る。削り取りが僅かであれば人々はあまり気にしないかもしれないが、複数回削り取りが行われれば、きれいな硬貨とは異なるものだとみなされるだろう。「悪貨は良貨を駆逐する」という言葉がある。ヨーロッパの人々は縁を削り取られた硬貨を積極的に使用し、きれいな硬貨を手元に退蔵しようとしたため、市場には品質の悪い硬貨が出回ることをいう。

中世の日本では金貨や銀貨ではなく銅貨が流通していたが、日本でも硬貨の品質が問題となった。一部が欠けた硬貨や質の悪い私鋳銭は鐚銭（びたせん）と呼ばれていた。今ではあまり使われないが、わずかな金額のことを「びた一文」という。これは質の悪い硬貨1枚に相当する小さな金額を意味していた。鐚銭の受け取りを拒否する撰銭（えりぜに）という習慣もあったそうだ。

ヨーロッパと日本では硬貨を巡る事情の違いがある。ヨーロッパでは硬貨に含まれる貴金属の量が問題であり、硬貨が恒常的に不足していた日本では銅貨の質が問題だったが、額面ではなく硬貨の状態によって人々による主観的価値が決まる点は共通しており、硬貨の状態があまりにも悪い場合は一般受容性を失うこともあった。硬貨への額面の打刻や政府による法令は、硬貨の発行が適切に行われていないと効力を発揮しない。

通貨の発行量とインフレ

発行が適切に行われるというのは、どういう意味だろうか。貴金属の硬貨の時代では、1枚1枚の硬貨に含まれる貴金属の量と発行枚数を管理することに相当する。

貴金属の量を頻繁に変えると社会が混乱する。歴史上は硬貨に含まれる貴金属の量を減らすことが多かった。同じ額面の硬貨であっても交換比率が生まれることになる。

＊5　ユーロの1セントや2セントは銅でできているため、銅価格が高いときには溶かされて銅地金として転売されているのではないかという観測もある。

量に関しては、まずは適切な発行量を知る必要がある。ガリアーニは自分が住んでいるナポリ王国でどれくらいの通貨が必要か計算している。ナポリ王国では貿易収支は均衡している（輸出と輸入が等しい）と仮定し、人々の1カ月当たりの生活費をもとにして1年間でどれくらいの商品が売買されるか推定し（農家の自家消費や賃金の現物支給などを除外している）、通貨の流通速度（1枚の硬貨が1年間に何回取引に使われるか）で割ることで、必要な通貨量を導こうとしている。ガリアーニの推定量は1800万ドゥカートに相当する金ということで、ちょうどバランスが取れているように見える。用いられた数字や仮定には科学的でないものもあるが、350年前に行われた推定としてはなかなかのものだといえる。もし、必要な通貨量よりも実際の通貨量の方が多ければ、インフレが生じる。このような考え方を貨幣数量説という。ガリアーニの計算方法はまさに貨幣数量説だ。現在では通貨と物価に関してはより複雑な波及経路が考えられているものの、国内の通貨の総量を表すマネーサプライ（日本ではマネーストックと呼ぶ）とインフレ率には一定の関係があると考える人が多い。この関係から、通貨の量を増やせば取引量が増える、つまり景気が良くなるという考え方もあり、2010年代の先進国で行われた量的緩和にもつながっている。[*6]

政府が通貨を乱発するとインフレが生じて一般受容性が失われるという例は硬貨だけでなく紙幣でも生じる。モンゴル帝国では交鈔（こうしょう）と呼ばれる紙幣が発行された。銀貨の代わりになるもので、受け取りを拒否すると死刑になるというルール付きで流通したが、発行量を増やし過ぎたために価値が下落して廃止されることになった。筆者の単なる希望的観測かもしれないが、もし、政府が発行量をうまく調節したならば、このような紙幣は長く使われたのではないだろうか。第1章では日本のキャッシュレスな取引を紹介したが、金属の硬貨を大量に持ち運ぶことは、コストもかかり安全上の問題がある。紙幣のような持ち運びやすい支払い手段は本来は歓迎されるはずだ。

現代の現金の工夫

紙幣が通貨の大部分を占めるようになった現代では、どうだろうか。現代では、紙幣の発行量を中央銀行がコントロールできない。私たちはATMなどから現金を引き出すが、同じように銀行も中央銀行の口座から現金を引き出す。中央銀行がたくさん紙幣を印刷したとしても、銀行が引き出さなければ、つまり私たちが引き出さなければ国内に流通しない。このような項目を自律的要因(autonomous factor)という。ヘリコプターから紙幣をばらまけば景気が良くなるということをいう人がいるが、紙幣を拾った人は銀行に預ける（または引き出す予定だった紙幣を引き出さないで拾ったお金を使う）ため、あっという間に中央銀行に戻ってくる。インフレが生じるかどうかも微妙だ

＊6　筆者は景気を支えるための過剰な金融緩和を、病気を治せないのに診断したり治療を施したりするやぶ医者に例えて、病的緩和（quackish easing）と呼んでいる。21世紀に入って先進国では深刻なインフレがあまり生じていないことをディスインフレというが、この原因に関しては様々な説がある。筆者は世界に広がるグローバル化による価格下落圧力が大きな要因だと考えている。このような視点の研究の一例は、Auer et al（2017），“The globalisation of inflation”, BIS Working Paper, No. 605.

が、消費が増えるということはなく、無駄な経費がかかるだけだ。

紙幣の質については重要な問題で、今も中央銀行が最新の技術を紙幣に投入し、マイクロ文字や透かしなどコピー機では再現できないような技術が使われている。手元にある紙幣を取り出して、じっくりと見てほしい。例えば、1万円札の裏面の右側で、表に「日本銀行券」と印刷されている部分(鳳凰が見つめている先)には、「NIPPON」という文字が隠れている。うまく角度を調節しないと見えづらいが、このような印刷はコピー機やプリンターには再現できない。

第2章では、イギリスの紙幣がポリマー紙幣に切り替わりつつあることを紹介したが、ポリマー紙幣は偽造が難しいだけでなく、触り心地で偽造が見破りやすくもなっている。ユーロの紙幣では、紫外線を当てると星の部分が光るようになっている。スーパーなどのレジではユーロのお札を機械に通したり光に当てたりしているが、本物か偽物かをチェックしている。ちなみに、ユーロの紙幣に使われている塗料はユウロピウムという。硬貨では近年、バイメタル貨が増えてきている。硬貨の内側と外側で違う種類の金属を使うことで、偽造を難しくしている。

紙幣や硬貨の質が低ければ容易に偽造され、人々は本物か偽物か分からない現金を使うことには不安を覚えるだろう。人々が安心して使える安全なものが通貨として人々の間で使われる。貴金属の硬貨であっても紙幣であっても同じことが言え、電子通貨であっても事情は変わらない。

キャッシュレス時代の支払い手段には価値があるのか

電子マネーやポイントなどは企業や団体が発行したもので、政府が発行したものではない。しかし、多くの人が世界中で電子マネーを使っている。人々が電子マネーを現金と同じくらい信用できると考えているかどうかは分からない。途上国の一部では、現金よりも電子マネーの方が信用（信認）されているかもしれない。仮想通貨ではビットコインのように発行体すら存在しないものもある。人々はなぜこれらの支払い手段を使うのだろうか。

発行体が電子マネーと引き換えに資産を保有したり、ポイント引当金を計上したりするケースもある。仮想通貨でも発行体が資産を保有しているものもある。しかし、多くのユーザーは発行体の財務状況など知らないはずで興味もないはずだ。いざという時には電子マネーを現金に戻してくれることになっていても、いざという時には発行体が破綻している。本来ならば他のお金と分けて管理しなければならない資産が食いつぶされているかもしれない。つまり、電子マネーに本当に価値があるのかどうか確証はない。しかし、そのようなリスクについてユーザーはほとんど気にしていないように思われる。

「なぜ電子マネーを支払い手段として使っているのか」、と問われれば、「みんなが使っているから」という回答が返ってくるのではないだろうか。利用者の増加が更なる利用者を惹き付けることをネットワーク外部性という。なぜ仮想通貨を支払いに使うのか、それは使える場所があって、他の人が使っているからだ。ビットコインの仕組みは何となくしか分からず（または全く分からず）、ビットコインクライアントにコマンドを打ち込んだことがなくても、ビットコインで買い物をすることができる。それでいいではないか。電子マネーやポイント、仮想通貨には価値があるような気がするし、実際に価格がついている。しかし、突き詰めて考えると価値が本当にあるのかどうかは分からない。そのような状況でも支払い手段として使われている。

通貨のそのものには価値は必要ない

本章では通貨の歴史を振り返ったが、実はこれが「おかね」の本質を見誤る原因だ。歴史を振り返ってみると、通貨には物理的な形があったし、金や銀などの通貨の素材そのものに価値があった。硬貨に含まれる貴金属の量は価格変動の要因だったし、硬貨と商品の価格について長々とした議論が多くの識者の間で続いた。現代の私たちが「おかね」の歴史を探るとこのようなエピソードや議論に多く出くわす。その一方で、古い時代の人々の間では、現実に存在する硬貨の価値にとらわれずに議論を進めようとする試みもあった。本章で先人代表にしたガリアーニも、理想貨幣、想定貨幣、計算貨幣などの用語を持ち出している。計算上の通貨と実際の通貨を分けて考えなければならなかったのは、当時の通貨のエコシステムでは政府による金属含有量の頻繁な変更や発行量の意図的な増加、硬貨の削り取りのような問題が頻繁に起きたからだ。ガリアーニは紙幣についても論じている。政府が発行する紙幣や銀行が発行する紙幣が取り上げられているが、政府が紙幣を乱発したり銀行が詐欺的行為を働いたりして紙幣が信認を失ったことが説明されている。紙幣の発行を制御する良いシステムがなかったことが原因だといえる。

時代が進んで支払い手段が多様化してくると、素材そのものの価値を論じるのは難しくなってくる。紙幣は当初は金などの金属と交換してくれる兌換性があったが、現在の紙幣には兌換性はない。紙幣を発行している中央銀行は発行額に見合うだけの資産を保有しているが、いざという時にその資産を紙幣と引き換えに渡してくれることはない。紙幣発行には裏付けとなる資産があるというのは象徴的な意味合いに過ぎない。さらに進んで支払い手段が電子化されてくると、物理的な実体もなく、支払いは電子データの移動に過ぎなくなる。仮想通貨を単なる電子データだと批判する人もいるが、銀行預金も単なる電子データだ。銀行預金は現金として引き出せるが、銀行という交換所で預金と現金を交換しているに過ぎない。仮想通貨と同じことだ。電子マネーも単なる電子データだ。裏付けとなる価値はありそうだが、支払い手段そのものには価値はない。キャッシュレス時代になると、人々は素材が何かということには興味がなくなる、というよりも素材は電子データであり、0と1がたくさん並んでいるだけだ。

「価値」よりも「システム」

人々がなぜその支払い手段を使うのか、それは支払い手段を支えるエコシステムを信認しているからだ、ということになる。0と1の羅列に物理的な価値があるからではない。特にビットコインは発行のサイクルや発行額の上限が厳格に決められており、誰も恣意的に変更することができない。恣意性を排除したシステムの設計そのものが信頼性の源になっている。このようなシステムの中では、支払い手段、つまり通貨は購買力を表す記号であるに過ぎない。古い時代にはシステムへの信頼性がなかったために、人々は硬貨を1枚1枚吟味せざるを得なかったのだ。

新しい種類の支払い手段が人々に受け入れられるためには、技術の進歩に対する理解、大げさに言えば文明の進歩が必要だ。ガリアーニの時代の人々に電子マネーを見せても何のことか全く理解できなかっただろう（ガリアーニは理解してくれただろうか）。紙幣が登場した時にも、「これはいつでも金属と交換できる」という説明をして初めて人々に受け入れられた。今ならそんな説明は不要だ。本書では何度もＱＲコードという言葉が出てきたが、何の説明もしていない。おそらく全ての読者が見たことがあり、背後で動くプログラムを知らなかったとしても、どういう役割を果たすかは知っているだろうと思ったからだ。「ＱＲコードを支払いに応用できる」と書いたら、「そんなの当り前だ」という反応が返ってくるだろう。しかし、Ｓｕｉｃａが登場する２００1年よりも前に本書を出版したとしたら、電子マネーで支払いができるという説明に対して「そんな怪しいものはけしからん」という反応が返ってきただろう。紙に印刷した四角が集まっている模様に銀行口座の情報が書いてあると説明しても信じてもらえなかったかもしれない。この20年くらいの間で、人々は新しい技術への理解を深め、実際に利用するようになった。今を生きる私たちと20年前の人々では「おかね」に対する考え方も違っているだろう。残念ながら研究者たちの考え方が変わるペースは非常に遅いが、それでも20年前よりも今の方が本書の主張を理解してくれる人が多いだろう（賛成してくれるかどうかは分からないが)。

3 「おかね」への愛憎

お金は好きですか?

読者の皆さんが意外に思うかどうか分からないが、筆者の肌感覚としては、適切な資産運用をして長期的なマネープランを立てている経済学者は非常に少ないように思われる。金融の専門家で株式市場の仕組みについて大学で講義をしていても、自分では株式を買ったことがないという人も多いように思われる。理由を聞いたことはあまりないが、「怪しいから」という答えを聞いたことは何度かある。難しくて理解できないから、という意味も込められているのかもしれない。あまり書くと学会で筆者と話をしてくれる人がいなくなってしまうのでここまでにしておきたいが、世間一般としては、第7章でも見たように「株式などで儲けようとするのはけしからん」ということではないだろうか。

「お金は好きですか?」という質問に対して「大好きです!」と答えるのには抵抗があるかもしれない。生活に最低限は必要で、よりよい生活を送るために今よりももっと欲しいけれど、「好き」と公言するのははばかられる。生きていくのに必要なものであり、くれるといわれれば多くの人がありがたがってもらうのに、なぜか嫌われている不思議な存在だ。ともかく、お金が絡む話では「けしからん族」が大幅に増えることは間違いない。

お金や蓄財が嫌われる理由として、高利貸しや奢侈との関連がある。高利貸しは多くの社会で嫌われ者だ。他人の弱みに付け込んで高い金利を要求する。貸すときはニコニコでも返せなくなればどんな手段を使ってでも取り立てる。お金がたくさんあることと高利貸しとが連想されても不思議ではない。中世のキリスト教では高利貸しは死後に地獄行きだったが、次第に煉獄というところに行くことになり、救済の道が開かれたという。[*7] その間のいきさつは明らかではないようだが、教会に寄付をするなどの妥協はあったかもしれない。

奢侈は社会にとって悪か

奢侈についてはどうだろうか。奢侈が嫌われる最大の理由は、金持ちが妬ましいからだ。働かないでぜいたくな生活をしているのを見ると、妬みたくもなるだろう。ぜいたくな生活が人々を堕落させるから、という理由づけもよく見られる。大金持ちは何もしなくても一生が保障されていると思うかもしれないが、それは違う。財を成すのはほとんど偶然によって決まる。才能や努力があっても成功するとは限らないし、何の才能もなくても時流に乗って大金持ちになる人もたくさんいる。成功者は成功の理由がある（しかも自分にある）と主張するが、それは勘違いだ。しかし、財産を数世代にわたって維持して拡大させるためには金融教育、資産管理、事業展開などに関する教育や不断の努力が必要だ。長年にわたって続く企業の多くはファミリービジネスの形で運営されている。一家には日本風に言えば家訓、現代風に言うとファミリーミッションステートメントがあり、適切なアドバイザー

（例えばプライベートバンカー）の下で事業を運営していく。日本の場合、ファミリービジネスを長年にわたって成功させている家では養子を取るケースが多いそうだ。能力の高い人を見つけ出すことも重要で、人を見る目も養わなければならない。財産を作るのは偶然、財産を守るのは実力だ。大金持ちだけでなく、全ての人にとってライフプランとマネープランを適切に計画して実行することは、退役時代の経済的苦境から身を守るために必要であることは第7章で述べた。大金持ちの間ではこのような考え方が古くから実践されていたわけだ。奢侈について視点を変えてみると、芸術や化学などを支援する機能も持っている。貴族の支援者がいなかったらモーツァルトは作曲に専念できなかっただろう。現在でも富裕な人はエンジェルとして新しい事業を起こそうとする人々を資金面で支援している。エンジェル税制の改革は競争力向上のための重要な施策の1つだ。

4　通貨は誰が発行すべきなのか

政府以外の発行者

第1章で見たように、現金は中央銀行が発行する。本書ではあまり登場していないが、銀行が中央銀行に預けている準備預金も中央銀行が発行する。一方で、銀行預金は銀行が発行している。銀行預

＊7　ル＝ゴフ『中世と貨幣』第7章。

金も通貨であることから、通貨の発行主体は政府に限る必然性はない。電子マネーも事実上の通貨だとみなしている人も多いのではないだろうか。仮想通貨にも通貨という言葉が付いている。これらの支払い手段のうち、現金は法定通貨であり、法律によって強制通用力が与えられている。「現金で支払いますよ」といわれたら受け取りを断れないということだ。ただし硬貨の強制通用力は20枚まで で、３００円の支払いで10円を30枚使おうとすれば、店舗側から50円や１００円に変更するよう求めることができる。銀行預金は銀行法によって運営が決められており、預金保険制度で１０００万円とその利息額までが保護されている。一方で仮想通貨については法的な保護はない。

経済が安定している時期にはこれらの保護を気にする人はいないが、経済危機や大災害、戦争など危機の時代には、どの支払い手段を信認すべきか考える必要が出てくる。通常は、危機時には現金への信認が高まり、現金を引き出す人が増える。第２章でユーロの例を見た。ただし、政府への信認が非常に低ければ、現金ではなく他のものが使われるようになり、商品貨幣が復活することもあり得る。法でどのように強制されようとも、人々が従わなければ意味がなく、危機時には法に従わない人が多く出てくることもある。

ここでは、経済が安定している時期に絞って考えてみよう。人々は、信認がおける、利便性の高い支払い手段を使うだろう。金貨のような支払い手段そのものが持つ価値ではなく、システムの安全性が信認するかどうかの基準となる。様々な支払い手段が存在している現在のように、支払い手段の発行は政府に限る必要はないのではないか。つまり、通貨の発行を政府が独占する必要はなく、誰でも自由に発行していいのではないか、そう考える人々もいる。最も有名なのはハイエクだろう。

ハイエクの議論は日本語では「貨幣発行自由化論」と呼ばれるが、もともとのタイトルは「Denationalization of Money」だ。日本でよく知られたタイトルと英語の原題が指し示す内容が少し違うことから、「貨幣の脱国営化論」とする邦題もある。[*8] ハイエクの主張は、政府はインフレを人為的に起こして政府債務を目減りさせようとするため信認できない。通貨の発行を自由にして、最も信認のおける通貨を人々が使えるようにすればいいということだ。つまり、政府と民間が競争するのではなく、そもそも政府に通貨を発行させるべきではないという主張だ。ハイエクの主張を本書流に無理やり解釈すると、通貨を乱発しがちな政府が運営するシステムは信認できない、ということだ。しかし、この考え方には反論もある。法的な問題もあるがここでは置いておくとして、政府以外の経済主体が信認に足る通貨を発行できるのか、という反論には説得力があるように思われる。最も有名な例はアメリカのフリーバンキングだろう。

アメリカのフリーバンキング

アメリカでは1837年から1865年にかけて銀行は何の規制もなく自由に紙幣を発行できた。法律はあったものの誰でも自由に銀行を始めることもできた。この時代をフリーバンキングの時代と

＊8　ハイエク、池田幸弘・西部忠訳『貨幣論集』春秋社。

いう。[*9]フリーバンクと呼ばれた銀行には、紙幣を発行するために株式や国債、不動産、金などの価値のあるものを保有することが求められた。紙幣は現在と同じように人の手から手に渡って行ったが、誰かが銀行に持ち込めば金などと交換する義務があり、義務が果たせない銀行は閉鎖されることになっていた。銀行が保有する国債などの価値が減少すれば、紙幣の発行枚数も減らさなければならない。さらに、銀行は年報や四季報を発行しなければならず、人々はそれを見て銀行の安全性を確認することができた。

これだけの仕組みが整っていれば、失敗する要素は何もないような気がする。事実、ニューヨークなど一部の州では混乱は発生しなかった。しかし、フリーバンキングは１８６５年に廃止になる。フリーバンキングが失敗したのは、紙幣を自由に発行できたからではなく、銀行による適切な資産管理や銀行を監督する適切な仕組みがなかったことによる。人々がフリーバンキングというシステムを信認しなかったために存続できなかった。ミシガン州では１８３７年１月には９行しかなかったフリーバンクが１８３８年２月には40行まで増加したものの、１８３９年９月には９行しか営業していなかったという。イリノイ州では１８６０年10月から１年半の間に95行のうち80行が破綻しており、ウィスコンシン州でも１８６１年の１年間で１０８行のうち35行が破綻している。ただし、１８６０年代は南北戦争の時期でもあり、経済や社会が混乱していたことを考慮する必要があるだろう。

法に抜け穴や問題点があったことは想像できるが、銀行側の姿勢にも問題があった。発行した紙幣を銀行に持ち込まれたら金などに交換しなければならないため、銀行としてはできるだけ紙幣が戻ってこないように工夫する必要があった。そこで、銀行は1店舗でも営業できることを利用して、紙幣の流通地域から非常に遠い場所に本店を開くケースもあったようだ。また、資産の中身を工夫して、元手が非常に少なくても多くの紙幣を発行することもできた。そうして大量の紙幣を発行した後に計画的に倒産して、資産を持ち逃げすることができたようだ。つまり、はじめから長期的な営業を考えていなかった銀行も多かったのではないだろうか。そのような状況から、フリーバンクの発行する紙幣は額面よりも低い価値しかないと見られていた。それぞれの銀行の紙幣がどれくらいの価値を持っているのかを比較する表が不可欠だったようだ。

ICOは現在のフリーバンクか

ここで紹介したフリーバンキングのレポートは１９９６年に公表されたものであり、当時広がりつつあった電子マネーはフリーバンクと同じだろうか、という問いも発せられている。それから20年以上経った現在では、ＩＣＯ（イニシャル・コイン・オファリング）が脳裏に浮かぶ。ＩＣＯは資金調達者が事業内容などを投資家にアピールして、ビットコインなどの仮想通貨を調達する代わりに独自のトークンを発行するパターンが多いようだ。スマートコントラクトを使えば、誰でも簡単にトークンを発行することができる。これまでアイデアがあっても銀行からお金を借りられなかった人にとっ

＊9　Dwyer (1996), "Wildcat Banking, Banking Panics, and Free Banking in the United States", Economic Review, Vol. 81, Nos. 3-6, Federal Reserve Bank of Atlanta.

て、ICOはクラウドファンディングと並んで貴重な資金調達の場となっている。ICOから世界的な企業が生まれる可能性もある。ICO事業者は受け取ったビットコインを研究開発や事業展開に使っているはずであり、事業者の資産には使い切れてないビットコイン、特許などの知的財産、事業所などがあるはずで、発行したトークンの価値と釣り合っているはずだ。ただし、通常はトークンの払い戻しをしないため、フリーバンクの紙幣とは異なる面もある。

しかし、筆者はICOやハードフォークによる新しい仮想通貨の発行の多くは詐欺だと考えている。また、新しい技術が生まれれば多くの詐欺が発生するのは当然のことだとも考えている。新しい技術は人々をワクワクさせる。詐欺師は人々の心を煽って夢物語を聞かせ、資金を拠出させる。長距離を移動できる航海技術が発達すると、実在しない島や国の物語を聞かせて人々を騙し、探検費用や土地の権利代金を出させる詐欺が発生した。[*10] 騙されてお金を奪われただけでなく命を失った人もいるが、未知の地域の探検によって正しい地図が作成され、航海の安全に寄与した。探検や航海術そのものが悪いのではなく、それを利用した詐欺が発生しがちだということだ。必要なのは探検や航海を禁止することではなく、契約条項の標準化や投資家保護対策（集めたお金の一部を供託しなければならないなど）などを整備する必要があったのだ。

フリーバンクの中には、きちんとした営業を続けていたところもあった。フリーバンキングは失敗例として挙げられることが多いが、フリーバンキングという制度自体の問題ではなく、新しい仕組みを利用した詐欺の早期発見や詐欺を防止するルール作りの重要性を教えてくれる事例であるように思う。ＩＣＯだけでなく、電子マネーなどの支払い手段でも同じことが言える。ハイエクの主張の通りに誰もが自由に通貨を発行できるようにすれば、多くの通貨が自由に競争して、私たちは最も良い通貨を選ぶことができる。ハイエクが仮想通貨を見たらどう思っただろうか。しかし、その一方で、詐欺的な通貨も多く作られるだろう。想定外の手口の詐欺が登場したり、現行のルールの欠陥が見つかったりするだろう。そういう意味では、新手の詐欺もイノベーションといえる。詐欺を防ぐためのルールの側にもイノベーションが求められ、そのようないたちごっこがさらなる新技術を生み出すこともあるだろう。技術は常に発達し、社会は常に変動するのだから、ルールも常に変えていくべきだ。

本書のむすびにかえて：私たちの暮らしと通貨、支払い手段

世界経済のグローバル化が進み、国境を越えた経済活動は当たり前になりつつある。その意味では、人間が地球上に勝手に引いたバーチャルな線のこっち側とか向こう側とかいう発想自体が古くなりつつある。国際的に利用できる支払い手段への需要は高まりつつあり、国際的に使える通貨を創る動きが出てくるのは当然だ。一方で、日常的な経済活動が狭い範囲に限定されている人々も数多くいる。そこでは地域通貨を創る意味があるかもしれない。通貨の単位が「国」でなければならないとい

＊10　ブルックヒッチング、関谷冬華訳『世界を惑わせた地図』ナショナルジオグラフィック。

うこと自体、古い発想なのかもしれない。筆者は現時点では国単位の通貨を廃止しようと主張する気はない。「国」というのは古い発想かもしれないが、それに代わる柔軟に範囲が伸び縮みする新しい概念を理解して受け入れられるほどには私たちは進化していないと思うからだ。

ヨーロッパではすでに19カ国がユーロを導入しており、ユーロ地域の3億人を超える人々が国境に関係なく同じ通貨を利用している。[*11] ヨーロッパには1つの町の中に国境線が引かれているところもあり、その町に住んでいる人にとっては国境線よりも町の中か外かということの方に関心があるだろう。経済学には最適通貨圏という議論がある。ある通貨の最適な利用範囲を探る研究だ。統計上の問題などで国を単位として考えざるを得ないが、もっと柔軟に地域を設定できたら多くの知見が得られるだろう。経済学だけでなく社会学などとの連携も必要になるはずだ。ちなみに、日本では外国の諸地域の経済や社会を対象にした地域経済の研究が下火になっている。他地域の事例の研究は日本の役に立つことも多いと思うが、残念な傾向だ。

私たちの日常的な生活では、長い間、通貨が唯一の支払い手段だった。現在は電子マネーや銀行預金を使ったモバイルペイメント、仮想通貨など、選択肢が広がっている。この分野で専門家同士で話をすると、「フリクション」という言葉が出てくる。摩擦という意味だが、「現金以外は受け取りません」とか「現金は受け取りません」とかいう店舗では、私たちの方が店舗の条件に合わせないと買い物ができない。この部分が摩擦というわけだ。選択肢が多くなればなるほど摩擦も大きくなるが、技術の進展が摩擦を小さくしてくれる面もある。例えばQRコードさえ使えれば、銀行預金、カード、電子マネー、仮想通貨など種類は問わずに支払い可能という技術はすぐに登場するだろう。本書では主に個人が利用する支払い手段を取り上げたが、企業間や金融機関同士の支払いでも新しい技術が生まれつつあり、特に国際送金の面で摩擦を減らしてくれるだろう。それが取引をより活発にするだろう。

支払い手段がどんどん生まれつつあるという意味で、私たちは黎明期に生きている。様々な問題も生じるだろうし、それを解決するために私たちは知恵を絞らないといけないが、停滞している時代よりも楽しいのではないだろうか。本書が読者の皆さんの知的好奇心のみならず、ビジネスにも役立つことを願いつつ筆を置かせていただきたい。

＊11　EUに加盟していてEUのルールに基づいてユーロを導入している国々の領域をまとめてユーロ地域（euro area）という。ユーロ地域にアンドラ、モナコ、サンマリノ、バチカン、モンテネグロなどEUに加盟していないがユーロを通貨として使っている領域を加えたものをユーロ圏（euro zone）という。

著者紹介

川野 祐司（かわの・ゆうじ）

1976年生まれ。大分県出身。東洋大学経済学部国際経済学科教授。2016年より現職。2005―2006年三菱経済研究所研究員、2014年より一般財団法人国際貿易投資研究所（ITI）客員研究員。2018年より日本キャッシュレス化協会代表理事。日本証券アナリスト協会認定アナリスト。専門は、金融政策、ヨーロッパ経済論、国際金融論。

主要著書：
キャッシュレス経済―21世紀の貨幣論―（文眞堂、2018年）
ヨーロッパ経済の基礎知識2020（文眞堂、2019年）
いちばんやさしいキャッシュレスの教本（インプレス、2019年）。

キャッシュレス経済
――21世紀の貨幣論――

二〇一八年八月一日 第一版第一刷発行
二〇一九年九月三〇日 第一版第三刷発行

著 者――川 野 祐 司
発行者――前 野 隆
発行所――株式会社 文 眞 堂
〒162-0041
東京都新宿区早稲田鶴巻町533番地
TEL：03-3202-8480
FAX：03-3203-2638
http://www.bunshin-do.co.jp/
振替00120-2-96437

製 作――真興社

定価はカバー裏に表示してあります
ISBN978-4-8309-5001-8 C0033